杭州学刊

HANGZHOU JOURNAL

2018年第1期
（1986-2018）

社会科学文献出版社
SOCIAL SCIENCES ACADEMIC PRESS (CHINA)

目录 CONTENTS

杭州学刊

2018 年第 1 期（总第 147 期）
（1986 – 2018）
Vol. 147, No. 1, 2018

编辑委员会
主　任 沈　翔
副主任（按姓氏笔画排序）
　　丁永刚　朱师钧
　　朱学路　许　杭
　　孙　璐　张旭东
　　张志军　周建华
　　周　膺　涂冬山
　　黄菊火
委　员 孙立波　方晨光
　　　　　王立嘉

主　编 周　膺
副主编 方晨光（常务）
编　辑 王立嘉

时　间　每季末出版
地　址　杭州市解放东路 18 号
　　　　D 座 811 室
邮　编　310026
邮发代号　2 – 2982
电　话　（0571）85811580
传　真　（0571）85811580
网　址　http://www.hzsk.com
信　箱　hzyj85811580@163.com
QQ 群　95723407

特稿

1　改善杭州城市气候环境的策略研究
　　　　俞　布/张玮玮/梁卓然/胡德云/崔　洁
10　浙江省高中教育改革实施现状、存在
　　问题及对策建议　姚　伟/周丽婷/王静丽

经济

18　钱塘江金融港湾金融产业集聚模式及
　　对策研究　　　　　　　　　　林志华
29　杭州高标准规划建设海绵城市
　　研究　　　　　　　　　　　　王邓红
37　新经济体背景下营销改革发展探微
　　——以 2017 年天猫"双十一"为例
　　　　　　　　　　　　　　　　王诗玮
46　经济新常态下萧山区小微企业和谐
　　劳动关系调查与分析　　　　　赵　晖

社会

56　幸福社会何以建设
　　——基于"斯密难题"的文化定向哲思
　　　　　　　　　　　　　　　　李　敢
72　大学生参与社区居家养老志愿服务
　　长效机制探讨
　　——以杭州市为例
　　　　　　　　　孙　雁/李群鑫/周亭楠
81　试析合作化过程中浙江省手工业艺人
　　境况的变化　　　　　　　　　陈　麟
90　日本社区营造的历史沿革及启示
　　　　　　　　　吴　云/方炜淼/邓媛祺

政务

101　破解杭州公共服务一体化障碍对策研究
　　　　　　　　　　　张伟平/王光军/郑　敏

109 微博微信在突发事件信息传播中的
差异与引导策略　　　焦俊波/刘思汝
119 基层干部心理健康服务体系的构建研究
　　——基于杭州的调研　　　霍团英

文化

129 文化景观视角下南宋皇城遗址保护
问题研究　　　　　　　　　王　晓
147 钱塘江南沙文化特色探析　　方晨光
165 杭州市民办博物馆发展困境与对策
研究　　　　　　　陈燕飞/吴舒倩
175 文化话语视域下的人才研究
　　——以浙江晚清进士汤寿潜为例　　　张迎春

历史

185 论清代历科进士及历朝巍科人物的
省级分布　　　　　　　　沈登苗
203 鲁王监国时期张岱行实考补　周　霄

文学

216 百年中国文学中的杭州想象　黄道友
227 繁华落尽　胜景难留
　　——韩侂胄南园考述　　　张雅丽

《杭州学刊》投稿须知

汇聚时代智慧
构建新型智库

启　事

《杭州学刊》（原《杭州研究》）创办30多年来，发挥了杭州智库和决策参考咨询平台的作用，为社会科学研究成果转化应用做出了贡献。《杭州学刊》以开放性、专业性为办刊宗旨，突破自身局限，创新办刊理念，并逐步达到与中国集刊标准和南京大学CSSCI标准接轨的目标。

汇聚时代智慧，构建新型智库。《杭州学刊》注重学术性，力求在基础理论建设上有所突破；注重开放性，力求在办刊理念上有所创新，在用稿范围上进一步拓展。尤其欢迎十九大提到的对未来工作有指导意义的文章。主要设有哲学、政治、经济、政务、法治、社会、文化、城市、历史、信息化、文学理论等栏目。

所投稿件须首发，无任何知识产权争议。凡在《杭州学刊》发表的研究报告和论文等，作品著作权视作全部转让给《杭州学刊》编辑部，编辑部有权对已经发表的作品进行数字化处理与应用。目前，本刊已与中国知网、中国集刊数据库、超星学术期刊、维普资讯等数据库平台合作，凡在《杭州学刊》上刊出的作品同时也会在上述数据库平台上发表。

凡需要《杭州学刊》的单位和读者，可直接到当地邮局订阅，邮发代号：2-2982。

欢迎大家踊跃投稿，投稿规范详见刊末《杭州学刊》投稿须知。网址：http://www.hzsk.com/。邮箱：hzyj85811580@163.com；hzyjb-jb@sina.cn。QQ群：95723407。

CONTENTS

Special Report

Strategy Research on Improving Urban Climatic Environment in Hangzhou / *Yu Bu, Zhang Weiwei, Liang Zhuoran, Hu Deyun and Cui Jie* / 1

Status Quo, Problems and Suggestions on the Reform of Senior High School Education in Zhejiang Province / *Yao Wei, Zhou Liting and Wang Jingli* / 10

Economy

Research on Mode and Countermeasures of Financial Industry Agglomeration in Qiantangjiang Financial Harbor / *Lin Zhihua* / 18

Research on High Standard Planning Sponge City Construction in Hangzhou / *Wang Denghong* / 29

Exploration of Marketing Reform and Development in the Context of New Economy: Taking "Double 11" of Tmall in 2017 as the Case / *Wang Shiwei* / 37

Investigation and Analysis on Harmonious Labor Relations of Micro-enterprise in Xiaoshan District under the New Economic Normal / *Zhao Hui* / 46

Society

How to Build a Happy Society: Based on the Cultural Oriented Philosophical Thinking of "Smith's Problem" / *Li Gan* / 56

Study on Long-term Mechanism of College Students Participating in Old-age Volunteer Service in Community: Taking Hangzhou as the Case / *Sun Yan, LI Qunxin and Zhou Tingnan* / 72

Analysis on the Changes of the Handicraftsmen in Zhejiang Province during the Process of Collectivization / *Chen Lin* / 81

Historical Evolution and Enlightenment of Japanese Community Building / *Wu Yun, Fang Weimiao and Deng Yuanqi* / 90

Government Affairs

Research on Solving the Barriers of Public Service Integration in Hangzhou / *Zhang Weiping, Wang Guangjun and Zheng Min* / 101

Differences and Guiding Strategies of Weibo and WeChat in the Dissemination of Emergency Information / *Jiao Junbo and Liu Siru* / 109

Research on the Construction of Mental Health Service System of Grass-root Cadres: Based on the Survey of Hangzhou / *Hou Tuanying* / 119

Culture

Research on the Protection of the Imperial Site of the Southern Song Dynasty under the Cultural Landscape / *Wang Xiao* / 129

Exploration and Analysis of Qiantang River Nansha Cultural Characteristics / *Fang Chenguang* / 147

Development Predicament and Countermeasures of Private Museum in Hangzhou / *Chen Yanfei and Wu Shuqian* / 165

Research on Talents in the Context of Cultural Discourse: Taking Zhejiang's Jinshi Tang Shouqian in the Late Qing Dynasty / *Zhang Yingchun* / 175

History

On the Provincial Level Distribution of Imperial Examination Jinshi and Wei People in the Qing Dynasty / *Shen Dengmiao* / 185

Textual Research and Complement of Zhang Dai's Actual Behavior during the Period of the King of Lu / *Zhou Xiao* / 203

Literature

Hangzhou Imagination in Chinese Literature for a Century / *Huang Daoyou* / 216

Bustling Scenery Fades away, Wonderful Scenery is Hard to Leave: Textual Research on Han Tuozhou's South Park / *Zhang Yali* / 227

Instructions for Authors

改善杭州城市气候环境的策略研究

◎ 俞　布　张玮玮　梁卓然　胡德云　崔　洁

提　要：城市化发展在给当地带来机遇和便利的同时，也对城市气候环境产生了明显的影响，如城市热岛、通风不畅、空气污染等气候环境问题。随着公众对气候变化与全球变暖的意识逐渐增强，适应气候变化创造宜居城市环境是当前城市气象、规划部门的重要课题。然而在目前的城市规划设计中对城市气候信息的应用却非常有限，甚至较少考虑城市气候问题，以至于未来城市将不可避免地面临更加严峻的城市病。本文结合杭州城市气候环境研究，介绍了杭州城市气候环境现状，城市气候环境图的构建方法，并提出多种改善城市气候的规划策略。明确指出开展城市气候环境图研究对实现城市规划多规合一的重要性和必要性，同时也为我国快速城镇化中气候信息在城市规划中的应用提供了可借鉴的参照范例。

关键词：城市气候环境　城市热岛　气候环境图　杭州

作者俞布，杭州市气象局工程师；张玮玮，浙江省气象服务中心工程师；梁卓然，杭州市气象局工程师；胡德云，杭州市气象局高级工程师；崔洁，杭州市气象局工程师（邮政编码　310051）。

政府间气候变化委员会（IPCC）第五次评估报告指出，1880～2012年全球平均地表温度上升约0.85℃，2016年全球平均气温14.83℃，为有记录以来全球最高平均气温。根据杭州近66年气候观测记录，杭州年平均气温增幅0.28℃/10年，高于全国0.25℃/10年。2016年杭州年平均气温达到18.2℃，为1951年以来历史第三高值，仅低于2007年（18.4℃）和2006年（18.3℃）。同时，结合杭州平均风速特征来看，20世纪80年代以来杭州平均风速呈现明显减小趋势，降幅约每10年0.36米/秒，这与杭州城市发展的集中期相对应。由此可见，在全球变暖与快速城市化背景下，大部分城市普遍存在高热压、通风不畅的城市病，并对城市生态环境与居民身心健康构成严重威胁。同时，城市静风特征与空气污染息息相关，尤其是在静稳天气控制下的晴朗夜晚更为严重。当盛行风对城市通风的驱动作用受到限制时，需要结合城市通风廊道或山谷风、海陆风等局地环流，将周边山区或郊区的新鲜空气引入城区，促进城市通风。因此，城市总体规划设计必须考虑城市通风特征，并在关键的通风结点上设置必要的开敞空间，并对该地区的建设强度加以限制，进而改善城市内部的通风环境，提高人体舒适度水平，这也是开展城市气候环境图（Urban Climatic Map）研究的主要目的。

一　杭州城市气候环境现状评价

（一）城市气候变暖趋势明显，热岛效应加剧，并呈现外疏内聚、岛链分布的热空间形态

近五十年来，杭州年平均气温增幅0.28℃/10年，高于全国0.25℃/10年，高温日数增加3.3天/10年；平均热岛强度1.5~2.0℃，属于中等到强热岛等级，极端小时热岛强度达5℃，略低于上海的6℃。杭州呈现外疏内聚的热分布形态，以山地丘陵和江湖湿地为载体的六条生态带为临近城市的重要冷源，对城市具有明显的热疏解作用。以主、副城和城市组团为核心的城镇区域则表现为热聚集区，呈现组团式、岛链状的热分布特征（见图1）。杭州主城、滨江-萧山、下沙、临平、临安、富阳六个城市热组团，另有未来科技城和大江东产业集聚区呈现潜在的热聚集状态。目前，除主城、滨江-萧山两组团外，各热组团总体保持良好间距，并在钱塘江两岸分别形成两条东西走向的城市热岛链。随着城市扩展，临平、下沙热组团具有西向蔓延趋势，并有可能与主城热组团合并，而原本相互独立的滨江-萧山热组团继续呈现合并扩张的发展趋势，有可能使杭州的"链状"热岛特征消失，形成围绕主城的"摊大饼式"强热岛中心。

（二）城市通风能力减弱，城区静小风特征明显，但郊区尚存在可利用的风资源区

20世纪80年代以来杭州城市平均风速显著降低，降幅约0.36米/秒/10年，高于全国指标0.12米/秒，并呈现城区静小风"低谷"特征，中心城区风速较郊区偏

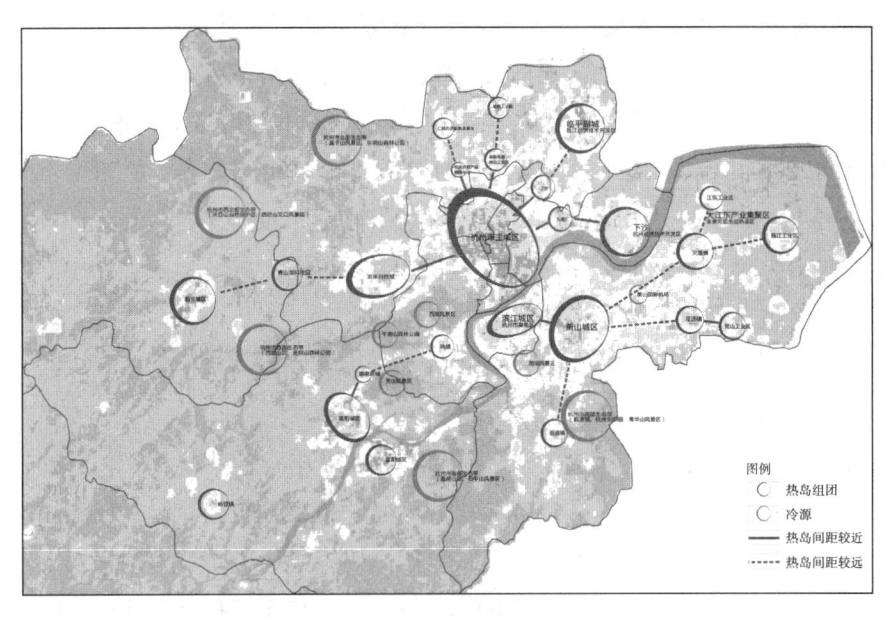

图1 杭州城市热岛结构分析

小30%。根据城市通风潜力现状，杭州郊区存在5个通风良好的大风资源区（见图2），分别为东天目山—径山大风区、灵山—龙坞—午潮山大风区、龙门山大风区、钱塘江大风区和江东湿地大风区，该地区平均风速大于3米/秒，为城区周边的重要通风源地；同时，城市小风区、富春江沿岸小风区和临浦谷地小风区为杭州现存的3个通风条件一般的区域，平均风速低于1.2米/秒。受两侧山体对冬、夏季主导风的遮蔽作用，富春江沿岸为杭州冬季小风区，临浦谷地为杭州夏季小风区。受西部山地和东部海洋气候调节作用，杭州存在山谷风、山地平原风和海陆风等局地风资源，是静稳天气条件下可利用的清洁风源，可以有效地改善局地风流通环境。其中，海陆风主要影响大江东地区，山谷风和山地平原风资源主要分布在北部东天目山—径山、西部西湖风景区及南部青华山、石牛山一带。此外，受地形遮蔽及中、小尺度局地环流影响，杭州城市主导风空间差异明显，并可划分为14个风玫瑰分区。

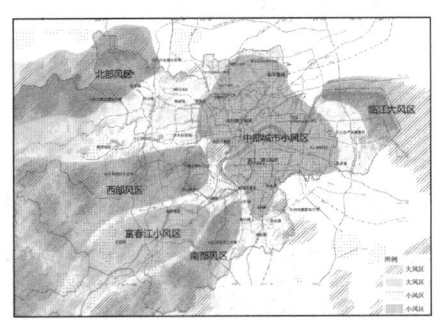

图2 杭州冬、夏季风环境分区结构（左图冬季　右图夏季）

(三) 城市短历时、致灾型降水概率增大，暴雨强度空间差异明显

杭州呈现小雨日数减少、大雨日数增多特征，其中3~6小时短历时、致灾型降水概率明显增大。杭州城区1年、5年和10年一遇1小时雨量最大值分别为46毫米、75毫米和87毫米。此外，根据各历时最大降雨量空间分布，杭州城市暴雨强度空间差异明显，并可划分为17个暴雨强度公式分区。受地形迎风作用和局地气候影响，余杭北部、富阳南部、萧山中部及下沙东部为杭州城区暴雨强度中心区，而萧山南部、余杭东部等区域暴雨强度总体偏弱。

二 杭州城市气候环境图的构建

城市气候环境图理论是指从城市气候与环境学角度分析宏观、中观和微观尺度下城市现有的问题，通过对城市各项气候参数，如风向、风速、太阳辐射、气温等信息的分析，以地图册的形式展现城市中现存的环境和气候状况，继而将所有科学研究结果转化为有针对性的城市规划建议，提供给城市规划师、建筑师、政府管理者等。参考国内外研究思路及技术方法，我们构建了针对杭州城市气候环境图的研究框架，并主要从四个方面展开研究。①客观评估杭州城市热环境、风环境气候环境特征，明确杭州存在的主要城市气候环境问题。②定量分析自然地理环境和人为活动因素（包括人为热、城市建筑形态等因子）对城市气候环境的影响，并结合气象数值模拟分析划定杭州城市优良气候资源空间和较差城市气候待偿空间，初步形成杭州城市气候分析图。③针对杭州现存的城市气候环境问题，综合划定城市优良气候资源空间和亟待改善的气候待偿空间。通过构建城市气候规划建议图，预留出可用于城市气候环境改善的气候敏感空间，并给出相应城市规划调整建议及用地策略。

同时，在研究过程中应用气象观测、数值模拟、空间分析和规划设计四种主要技术手段。①基于气象观测的城市气候特征分析。运用杭州市域范围内约309个自动气象站近十年的气象观测数据，分析杭州城市气温、风、降水要素的时空分布特征，明确杭州面临的城市气候问题，以及可用于规划利用的城市气候环境资源。②采用城市气象多尺度数值模式，开展针对杭州城市现状气候特征，以及城市规划方案情景下气候特征的模拟分析。通过对比两者的差异，提出杭州城市气候规划的合理策略或方案，以达到改善局地城市气候条件，提高城市气候舒适性的目的。③基于可分辨城市建筑形态和精细遥感影像来定量分析杭州城市气候环境。包括对自然环境（如海拔、坡度、植被覆盖、水系分布等）和典型城市形态因子（天穹可见度、建筑密度、建筑表面积、迎风面系数等）对杭州城市气候环境的影响评价。

利用多时相高分辨率遥感影像分析杭州城市地表热环境，进而研究杭州城市热岛、城市冷岛的时空分布及其成因。④提供杭州城市规划应用策略，基于杭州城市气候热环境和风环境气候分析图综合构建杭州城市气候环境规划建议图。协同城市规划师详细分析杭州城市气候环境特征，实现气候语言向规划语言的转化，最终以规划应用视角完成包括杭州城市通风廊道和城市热环境改善的气候规划建议图（见图3）。

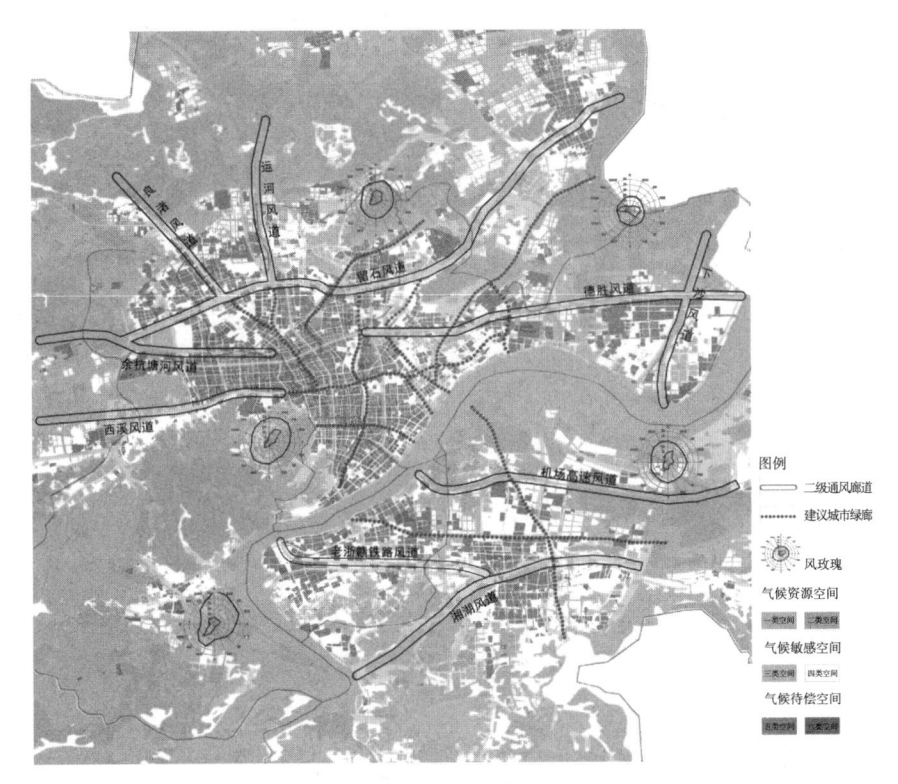

图3 杭州城市气候规划建议

三 改善杭州城市气候的策略

（一）预留保护城市风廊，改善城市呼吸

一级通风廊道为杭州的"城市通风动脉"（见图4）。目前，现存的一级通风廊道主要分布在城郊，为杭州主要城市通风空间。受冬季西北风，夏季偏南、偏东风的主导风影响，杭州一级风廊总体呈"三纵三横"格局。其中冬季风道分为六条，总体呈西北—东南方向，包括西部南苕溪、北苕溪两条风道，东部江东风道，萧山东风道，南部浦阳江风道及北部余杭东风道。夏季风道分为五条，总体呈西南—东北方向，包括北部苕溪风道，中部钱塘江风道，南部富春江风道，以及东部的两条杭州湾风道。目前，杭州一级风廊主要以生态空间或低强度开发空间为主，基本形态保存良好。

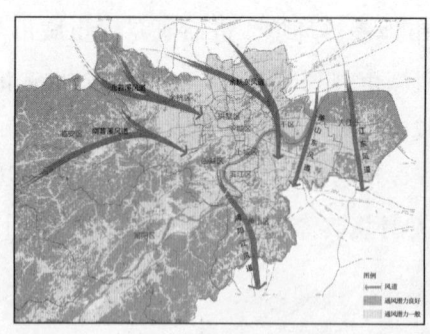

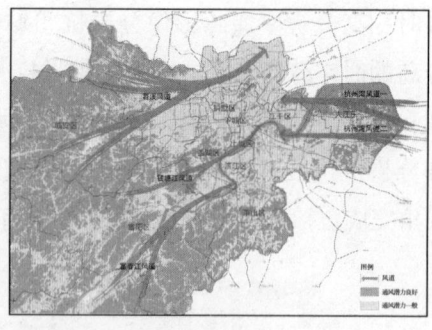

图 4 杭州冬、夏季一级城市通风廊道建议

二级通风廊道主要分布在城市边缘,作为一级风廊向城市内部延伸的"城市通风静脉",呈现"六横四纵、外承内接"的空间分布特征。六横分属留石风道、余杭塘河风道、西溪风道、德胜风道、机场高速风道和湘湖风道;四纵为下沙风道、运河风道、良渚风道和沪昆高速风道。受城市下垫面粗糙度增大影响,二级风廊的通风能力有限且难以实现城市贯通。后期需结合城中村改造、腾退用地等城市改造契机,预留并拓宽通风廊道,尽可能向城市内部延续通风空间。

三级通风廊道总体位于城区内部,呈现"五横七纵"布局(见图5)。三级风廊已不具有明显的通风功能,但仍可作为二级风廊渗入城市内部的"毛细血管",可以通过绿廊规划的方式合理布局,对缓解局部热压,改善局地空气流通具有重要的气候价值。

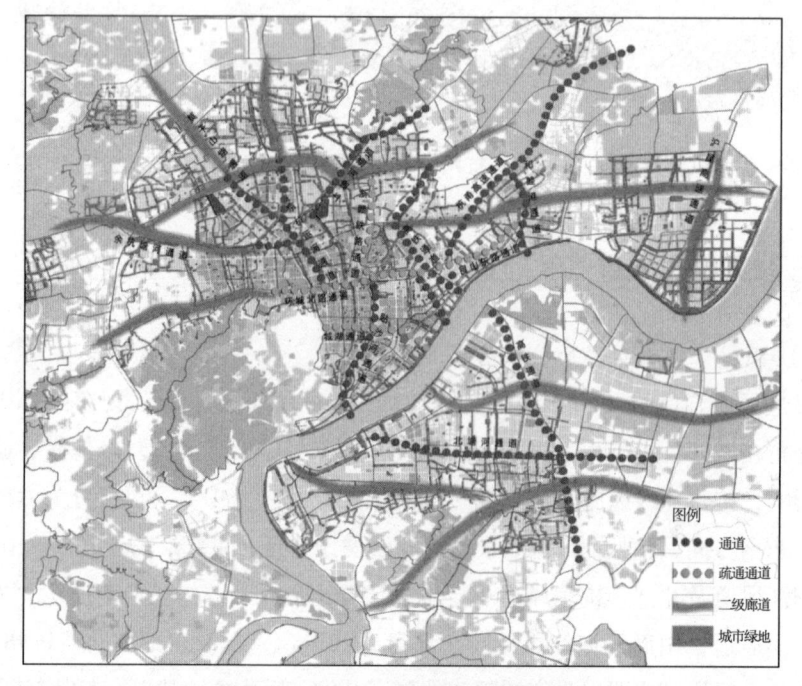

图 5 杭州二级、三级城市通风廊道

（二）修复拓展生态缓冲区，疏解城市热岛

在城市总体规划层面，对以生态带为载体的热疏解区需加强保护，并强化对临近城市生态冷源的禁建控制。在六个城市热岛组团之间，需结合城市一、二级通风廊道修复并构建连续、稳定的生态缓冲区，有效隔断各热岛组团，保持良好间距的岛链形态，控制热岛组团的蔓延趋势。同时基于三级通风廊道（城市绿廊），构建由外而内的城市绿楔，由此打通城市组团外围与内部的空间联系，促进城市热岛的缓解。

在详细规划层面，通过与控规单元结合，基于地块的热压状况适时调整用地性质、建设强度及绿化率等规划指标（见图6）。针对热岛较强的区域，应强化气候论证，构建可与外部生态带及绿楔相联系的带状绿地，并鼓励城市中心绿化、屋顶绿化和立体绿化。

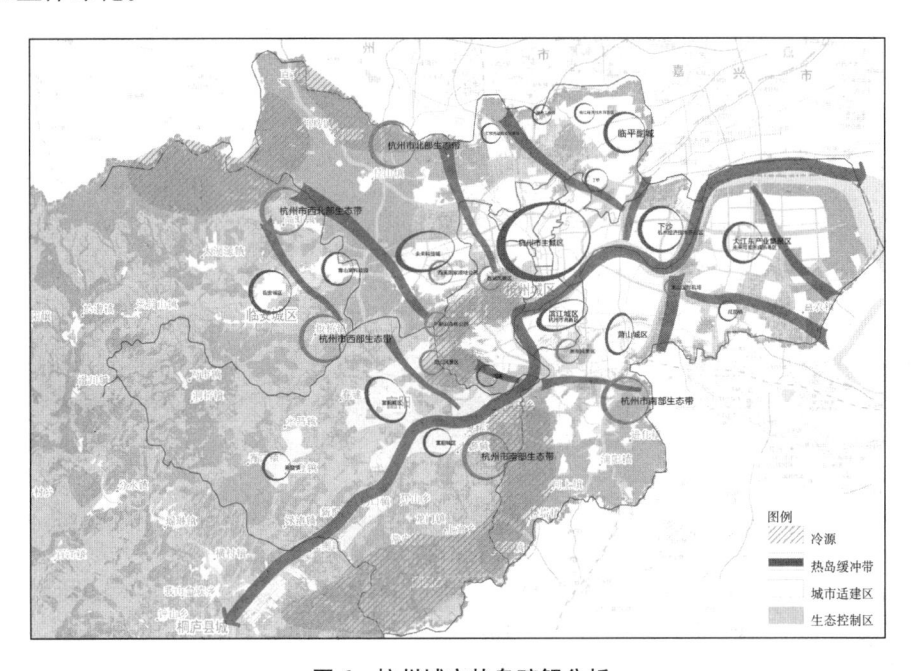

图6　杭州城市热岛疏解分析

（三）强化小气候资源应用管理，推进城市分区精细规划

杭州绘制完成覆盖市域范围的分区风玫瑰图和分区暴雨强度公式，在城乡规划、小城镇规划、海绵城市建设时，各归属行政区均应结合属地风玫瑰和暴雨强度公式加以应用。同时在气候变化背景下，每隔10年适时修编分区风玫瑰图和暴雨强度公式。此外，应强化对山谷风、海陆风等气候资源的保护和控制性开发，如山脊鞍部和山谷不宜作为建设用地，局地风流域应避免布置工业用地等，如因公共需要确须进行规划、建设时，应提前进行气候可行性论证。

(四) 注重气候可行性论证，融入杭州城市"多规合一"

气候可行性论证是针对城市气候环境的重要规划评价策略。目前，世界上已有15个国家超过50个城市开展相关研究和应用。未来杭州需推动针对城镇规划、重大工程建设的气候论证，注重对项目气象安全及对周边气候环境影响的综合评价。通过建立常态管理机制，将气候可行性论证纳入城市管理体系。同时，根据国家发展改革委、国土资源部、环境保护部、住房城乡建设部等部委联合下发的《关于开展市县"多规合一"试点工作的通知》，杭州已经基本实现了城市规划的"多规合一"，将国民经济和社会发展规划、城乡规划、土地利用规划、生态环境保护规划等多个规划融合到一个规划体系中，解决现有各类规划自成体系、内容冲突、缺乏衔接等问题。然而值得注意的是关于城市气候环境的相关信息尚未全面应用到城市规划系统中。例如目前的城市规划往往仅依靠单一的城市风向玫瑰图，并未充分考虑城市通风、城市环境容量等气候信息，气候学家并未真正参与到城市总体规划设计当中。因此，在推进多规合一融合时，需增强城市气候对城市规划和管理的引导作用，使得城市气候真正融入杭州城市总体规划。

参考文献

Ng. E., Policies and technical guidelines for urban planning of high-density cities-air ventilation assessment (AVA) of Hong Kong, Building and Environment, 2009, 44 (7).

Kubota. T., M. Miura., Y. Tominaga., A. Mochid., Wind tunnel tests on the relationship between building density and pedestrian-level wind velocity: Development of guidelines for realizing acceptable wind environment in residential neighborhoods, Building and Environment, 2008, 43 (10).

Yoshie. R., H. Tanaka., T. Kobayashi., Experimental study on air ventilation in a built-up area with closely-packed high-rise buildings, journal of environmental engineering, 2008, 73 (627).

Wong. M. S., J. E. Nichol., P. H. To., J. Wang., A simple method for designation of urban ventilation corridors and its application to urban heat island analysis, Building and Environment, 2010, 45 (8).

朱亚娴、余莉莉、丁绍刚：《城市通风道在改善城市环境中的运用》，《城市发展研究》2008年第1期。

杨易、金新阳、杨立国、金海、薛明、郑宗毅：《高层建筑群行人风环境模拟与优化设计研究》，《建筑科学》2011年第27卷第1期。

刘辉志、姜瑜君、梁彬、朱凤荣、张伯寅、桑建国：《城市高大建筑群周围风环境研究》，《中国科学（D辑：地球科学）》2005年第S1期。

张士翔：《从风环境试验看建筑群对自身风环境的影响——深圳福田商城建筑风洞风环境试验研究》，《四川建筑科学研究》2001年第2期。

张伯寅、桑建国、吴国昌：《建筑群环境风场的特性及模拟——风环境模拟研究之一》，《力学与实践》2004年第2期。

洪亮平、余庄、李鹍：《夏热冬冷地区城市广义通风道规划探析——以武汉四新地区城市设计为例》，《中国园林》2011年第2期。

李鹍、余庄：《基于气候调节的城市通风道探析》，《自然资源学报》2006年第11期。

张新乐、张树文、李颖、谢云峰、匡文慧：《城市热环境与土地利用类型格局的相关性分析——以长春市为例》，《资源科学》2008年第10期。

刘姝宇、沈济黄：《基于局地环流的城市通风道规划方法——以德国斯图加特市为例》，《浙江大学学报》2010年第10期。

任超、吴恩融、Katzschner Lutz、冯志雄：《城市环境气候图的发展及其应用现状》，《应用气象学报》2012年第23卷第5期。

任超、吴恩融、卢茨·卡施纳：《城市环境气候信息在德国城市规划中的应用及其启示》，《国际城市规划》2013年第28卷第4期。

赵敬源、宋晓明、刘加平：《城市气候环境图集的内容与应用》，《城市问题》2010年第7期。

刘姝宇：《城市气候研究在中德城市规划中的整合途径比较研究》，浙江大学博士学位论文，2012年。

黄良美、邓超冰、黎宁：《城市热岛效应热点问题研究进展》，《气象与环境学报》2011年第27卷第4期。

吴志强：《德国城市规划的编制过程》，《国外城市规划》1998年第2期。

车生泉：《城市绿色廊道研究》，《城市规划》2001年第11期。

朱强、俞孔坚、李迪华：《景观规划中的生态廊道宽度》，《生态学报》2005年第9期。

任超、袁超、何正军、吴恩融：《城市通风廊道研究及其规划应用》，《城市规划学刊》2014年第3期。

（责任编辑　方晨光）

浙江省高中教育改革实施现状、存在问题及对策建议

◎ 姚 伟 周丽婷 王静丽

提 要：新一轮浙江省教育改革包括教育改革和高考改革两个方面。浙江是首先进入新一轮教学改革的省份，三年来是否交上了满意的答卷？本文作者就高中教育改革这一问题展开了深入调查，并根据调查数据进行了分析，总结了存在的问题，提出了浙江省高中教育改革的对策建议。

关键词：高中教育改革 高考改革 适应性调查 浙江试点

作者姚伟，民进杭州市委会调研处副处长（邮政编码 310026）；周丽婷，杭州师范大学附属中学副校长；王静丽，杭州师范大学附属中学学生发展中心。

为了进一步让教育适应社会发展的需要，2014年3月教育部《关于全面深化课程改革落实立德树人根本任务的意见》正式印发，作为试点省份的浙江首先进入新一轮高中教育改革。三年来，无论是学校、学生、家长，还是社会，都在关注方案的落实情况，针对改革的评论也从未停止。在此背景下，如何完善改革方案，且真正地将改革精神落地，成为值得关注的一个重要问题。

一 浙江省高中教育改革现状的调查

2012年,浙江省教育厅制定了深化课程改革方案。本次课改的核心是优化育人模式,为每个学生提供适合的教育,以满足不同潜质的学生的发展需要。以"调结构、减总量、优方法、改评价、创条件"为总体思路,推进选修课程建设,把"更多的课程选择权交给学生,把更多的课程开发权交给教师,把更多的课程设置权交给学校",促进高中多样化、特色化,进而使学生在共同基础上实现个性发展。

2014年,与之相配套的旨在"增加学生选择权,促进科学选才"的新高考方案出台,实行了"一年两考""一考两用""录取不分批次,按专业填报平行志愿"等大动筋骨的措施。

然而,改革实施到现在,在肯定教育改革方向的同时,负面评价频起,尤其是对于考改方案,在网络媒体上,考生、家长、学校、高校似乎怨声沸腾。主要矛盾集中在考试时间、考试次数、学生负担、学生选择权的满足程度、高校录取政策、教师工作负担、学校应对措施等方面。为此,笔者所在的课题组从学生(高一、高二、高三、首届毕业生)、教师、家长三个层面,采用分地区、分事项随机抽样的方式进行了调研,并在此基础上,进行了专题分析。

(一)不同群体、不同地区对于高考方案的满意程度存在差异

在所调查的人群中,教师对方案的不满意比例(44.76%)明显高于学生(21.96%)和家长(22.84%)。

不同地区学生、教师和家长对新高考方案实施的满意程度有显著差异,绍兴地区的不满意度是最高的,并且显著高于其他地区,温州和杭州地区的不满意度显著低于其他地区(见图1)。

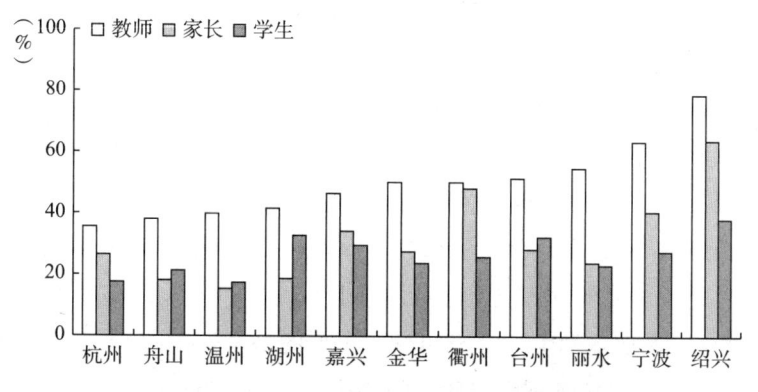

图1 不同地区人群对高考方案的不满意度

(二) 对高考方案的具体内容,学生与教师之间存在明显差异

我们就选考时间安排在10月/4月、将6门科目统一安排在6月、只允许学生在高三参加选考、选考科目实行等级赋分、选考两次机会等进行了调查,结果如表1所示。

表1 高考方案内容的支持率

单位:%

项 目	学生支持率	教师支持率
选考时间安排在10月/4月	77.6	18.7
将6门科目统一安排在6月	22.9	78.2
只允许学生在高三参加选考	39.0	68.8
选考科目实行等级赋分	66.0	30.3
选考两次机会	75.6	31.3

(三) 学生选择权的落实情况不容乐观,学校教学追求功利现象存在

课改、考改方案都强调将选择权交给学生,但事实上选择权的落实情况不容乐观。在对选择选考科目时学校是否存在套餐现象这一问题调查时发现,有39.05%的学生所在的学校开设了所有课程,可以自由选择,有50.92%的学生是在学校提供的套餐中进行选择,10.03%的学生表示不清楚。

通过调查发现,在实践过程中,扩大学生选择权的改革存在被功利对待的情况,一方面,很多学校为了取得好成绩,并未开放所有组合供学生选择,而是结合学校师资情况,给学生设置几个科目组合套餐,供学生选择;另一方面,学生和家长也以功利态度来对待。新高考改革设计,没有打破基本框架,是按照"3+3"的总分进行排序、录取。这就容易造成学生在选择科目的时候,首先考虑的是哪一个科目组合会得到高分,因此在选择的时候,大都从自身学习成绩出发,忽略了自己的兴趣(包括学科兴趣、未来的大学兴趣和专业兴趣)。

在对教师的调查中,我们发现学校存在的不利于学生学习和备考情况比较突出的是走班引起教学有序性下降、教师工作量差异大、教学班师资配备不均衡、有对选课进行限制的现象等(见图2)。

(四) 学生的压力变大,但是学生对压力的感知显著低于教师

在新高考之后学生压力感变化这一问题上,认为学生压力变大比例最高的是教师,占90.86%,其次是学生,占58.1%,最低的是家长,占54.55%。其中有1/3的家长和学生表示没有感觉到学习压力的变化(见表2)。

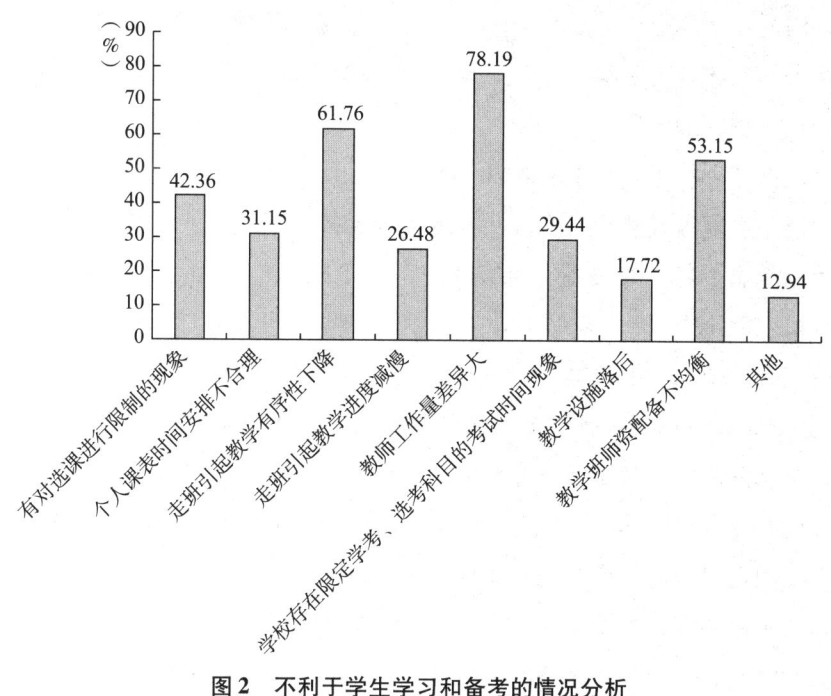

图2 不利于学生学习和备考的情况分析

表2 教师、学生对压力感知程度

单位：%

	压力变大	没感觉	压力变小
学生	58.10	32.42	9.48
家长	54.55	34.62	10.83
教师	90.86	7.70	1.44

二 浙江省高中教育改革存在的问题

（一）评价方式多样化、多元化力度不够，师生压力普遍过大

从调查数据来看，学生、家长、教师对学习压力的感知度普遍较高，尤其是教师，这与目前社会对学校、对学生的高中教育的评价方式有密切关系。新高考方案的最大亮点是打破"唯分数论"，实施"两依据、一参考"的多元评价机制，即依据统一高考成绩、高中学业水平考试成绩，参考高中学生综合素质评价信息进行录取。而在实际操作中，因综合素质评价的量化指标很难体现，高校招生仍以统一高考成绩作为唯一参考，高考招生依旧只能看到"分"，而看不到"人"。虽然不少高校加大了自主招生、三位一体比例，以清华、北大为例，2016年在浙江省录取总人数347人，其中裸分录取39人，占11%，但这些高校的自主招生门槛都与竞赛成

绩有关，因此竞赛热也会逐渐兴起，学生的学习压力不减反增。从对学生的调查数据可以看到，双休日需要参加培训班学习的占 27.74%，而各地兴起的教育培训机构也成为这一现象的佐证。

另外，浙江省高考方案采取的以分段填报录取替代原有的分批次录取，不向高中学校反馈学生高考成绩等措施，从一定程度上淡化了学生高考成绩与教师教学能力、学校办学业绩之间的关系。但实际上，由于家长、社会对孩子的期望值较高，面临中考招生的压力，各校会以各段分数线为依据，自发统计高考成绩进行或实或虚的宣传，无形中加大了教师、学生的压力。

（二）教师培训的实效性不足，教师教育理念的更新有待加强

从数据调查来看，对新高考方案中的一些具体内容，学生的认同程度明显高于教师。分析其原因，教学改革的任何措施对学生而言都是新的，不存在比较与改变，而对于教师而言，任何一项措施都需要改变原有的教学程序，破旧立新，这无疑加大了教师的工作难度，加重了工作量。以考试时间为例，在传统的高考模式下，每个学校的学科组有一套较为完备的、成熟的、可以继承和沿用的一轮、二轮甚至三轮高考复习进度安排，而考试时间的改变无疑打乱了这种按部就班的程序，需要对教学进度、教学内容进行重构，这对老师，尤其是老教师而言是一个较为复杂且困难的大工程，因此教师的不认同感加强也属于正常情况，这也需要加大教师培训力度，更新教师理念。但现在的教师培训，从学时数量上有明确的要求，但对于教学内容的有效性、是否满足教师需求等方面的监控相对比较薄弱，也存在明显的地区差异。从调查数据来看，对高考方案满意程度这一问题，地区的差异较为明显。

（三）教育改革制度设计本身存在不完善之处，学校、学生的功利性倾向需要引导

1. 学校的功利性倾向

七选三组合从理论上扩大了学生的选择权，但从调研的情况来看，50% 的学生反映学校存在"套餐式"选课，从一定程度上剥夺了学生的选择权，当然，师资、场地也成为学校存在功利性倾向的客观原因。另外，课程方案要求增加选修课，满足学生的个性化需求，但事实上由于选修课程与高考成绩无关，不少学校的课程建设方案与课程实施"两张皮"现象明显，在推进特色化高中建设方面停留在文本档案上，并未在优化育人模式上有实质性的改变。

另一种现象是利用政策的不完善进行所谓的"田忌赛马"或"学考会战"，通过限制学科、赶进度等方式，将教学、教育变成工厂化程序式操作，以求得学生在相关考试中的高分。

2. 学生的功利性倾向

新高考方案没有打破一个基本框架，即扔按总分排序、录取。所以学生在选择考试科目的时候，首先关注的是哪个科目能拿到高分。从调查数据来看，在选择选考科目的时候，有49.01%的学生首先考虑学习成绩，只有29.14%的学生根据兴趣选择选考科目，7.99%的学生考虑大学招生需求。而2017年高考高分考生出现"乌龙"现象的一个原因也与学生对大学了解不够有关。

另外，物理学科选考人数大幅下降也是一个值得重视的现象。其主要原因是物理学科比较难，在等级赋分制度前提下，与高手比拼会处于不利地位。虽然有些优质高校在专业要求中明确需要选考物理，但很多学生对自己的学习规划不足，仍以选择好大学，而不是以选择适合的专业为自己的学业目标。

三 进一步完善浙江省高中教育改革的几点建议

（一）加大教师培训力度，更新教师观念

教师是教育改革的直接执行者，改革的实施需要获得教师的认同才能更为有效。从调查数据来看，对新高考方案教师不满意的比例远高于家长、学生，一方面是由于教师作为改革的执行者，对新高考方案所暴露出来的问题看得最透彻，也最有发言权；另一方面，对于教师而言，任何一种改变都需要付出更多的精力，而没有做好心理准备、专业储备、教学理念等方面的转变去改变无疑是不适应的。另外，从数据分析来看，不同地区的不满意度比例也存在很大差异，这可能与地域文化有关，也可能与相关政策的解读、理念的渗透到位与否有关。因此建议各地教育行政部门能开展有针对性的调查，了解教师对改革不满意的真实问题，根据问题开展专项培训活动，更新教师的教育观念，保障改革的顺利推进。

（二）改变评价方式，切实减轻师生负担

从现行招生政策来看，仍未摆脱"总分优先"模式，综合素质评价"作为参考"虽被提及，但未真正落到实处。综合素质评价是对学生在普通高中阶段的品行、学业、特长等综合素质情况的记录与考核。目前高中学习遵循省厅相关指导意见，制定了各校的实施方案和实施细则，尽可能地保证评价工作公平、公正、公开进行，对学生的评价尽可能全面、客观、科学、实用。但从高校的招生细则来看，综合素质评价并未起到应有的作用。根据省厅的建议，"三位一体"招生，可作为报考条件和初次遴选的主要依据之一，高校可以从学生综合素质评价等级、特长表现情况、选修课程情况、社会实践情况等多方面提出要求，或纳入综合成绩。对于高考，在统一高考招生中，高校可事先对考生高中阶段综合素质评价提出要求，作为录取参考依据。但事实上,各高校的自主招生条件对竞赛奖项做了要求,"三位一体"招生对学考 A 等数量做了要求,对综合素质评价没有要求,甚至笔者了解到,有的高校在制定招生方案时根本不知道有"综合素质评价"。因此,如何细化综合素质评价的具体指标,让指标更具有可操作性、可评价性、可量化,在高考招生中真正体现其价值,推进构建多样化、多元化评价模式,这是相关教研部门需要研究的一个重要课题。为此建议,在浙江招生的各大高校能充分了解浙江学生的综合素质评价内容,根据各校的育人目标出台并公布相应的综合素质评价的考核要点,并在自主招生、"三位一体"、普通高考录取中进行不同程度的使用,真正体现"参考"作用。

削弱对竞赛、学考等单一的学业成绩要求,提升对学生全面素质的考察。从调查情况来看,50%以上的学生和家长都感觉学习压力增加,究其原因与目前自主招生、"三位一体"招生人数增加,普通高考招生人数减少有一定的关系。从表面来看,自主招生旨在选拔有特长的学生、"三位一体"则是打破了一考定终身的局面,体现了多元化评价的特点。但如果仔细分析各大高校招生简章,自主招生的标准几乎非常统一——对竞赛成绩有较高要求;"三位一体"招生对学考 A 等的个数有要求,由此引发的便是参与竞赛的人数大大增加、学考二考的比例也逐渐上升。因此,建议降低自主招生对竞赛成绩的要求,减弱"三位一体"招生中对学考 A 等的门槛要求,以能体现学生全面发展和特长的综合素质评价作为标准来进行衡量。

(三) 完善高考招生制度,健全相关配套措施

新高考制度导向"选择性",但选择带来的困惑与问题在方案正式实施后逐渐暴露。主要体现在考试时间、考试次数、等级赋分等方面。

1. 考试时间和考试次数的合理性研究

从调查结果来看,对于考试时间、考试次数学生和家长的满意度还是比较高的,学生普遍认为这样的设置比较合理,有利于减轻考试带来的负担。但从教师层面来看,满意度很低,主要原因在于这样的考试节点与现行的教学内容和教学进度不相匹配,给学校的课时安排和教师教学计划的安排带来了很大的冲击。目前,高中新课程标准正在研制,即将进入公布阶段,建议相关部门对于考试时间、考试次数等具体细节问题进行多方位调研,分析学校或教师反对的原因,权衡利弊后做出正确决策。

2. 等级赋分制度和理性的研究

根据《浙江省深化高校考试招生制度综合改革试点方案》规定,对选考成绩以高中学考成绩合格为赋分前提,根据一定的比例进行等级赋分,其主要目的是使不同科目的成绩具有相对的可比性。但由于划分等级的比例与选考人数相关,而赋分

结果又与选考学生相对的学科水平相关，因此这个本意上的相对公平在操作上却暴露了很多弊端。2017年9月底的选考学考报名恐慌就是这一制度的副产品，很多学校、家庭因被流传甚广的"物理选考报名人数断崖式下跌"的传闻搞得心神不宁，纷纷要求改报志愿，这显然与高考改革的初衷相违背，而从另一个侧面也反映了我们教育功利性的一面。为更好地解决这个问题，建议相关部门考虑学科内涵与学生终身发展的需求，通过合理设置科目层次梯度，设置不同赋分权重，设定不同科目选考保底人数等方式，减少学生选课功利性现象，以有利于学生真正的个性化发展。

另外，高校招生科目限定的无统一标准也是物理选考报名人数急剧下跌的重要原因，而另一方面，高校也在抱怨所招学生相关科目的学业基础过于薄弱，需要补习。因此，建议相关部门能修改高校招生科目限定要求，相关大类专业对选考要求有一定的标准，对选考要求能由原来的"三选一"改为"三选三"的组合式要求（即高校的科目要求为35种组合中的若干种，学生符合其中一种组合即可报考），让科目选择真正为专业导向服务，也给学生学习规划一个更为明确的导向。

3. 完善相关改革的配套措施

从对教师的调研来看，教师对新高考改革方案的不满意度最高，其中一个方面的原因是与新高考改革相配套的措施远远没有跟上，诸如教师工作量核定问题、学科教室建设问题、学校师生配比问题、课程编排的网络技术问题，等等，建议有关部门深入研究教育改革带来的一些配套跟进问题，并尽快出台相关政策与方案，让这些制度能更好地保障改革的顺利进行，而不成为改革的障碍。

4. 统一思想，增大学校违规办学成本

新高考方案出台后，有些学校的功利性办学目标为很多媒体和家长热捧，因此出现了"学考会战"（即停止与学考无关科目的教学，集中时间进行学考复习）；"田忌赛马"（即为了获得高分，限制学生选择权，要求学生统一选择技术科目，并通过停上其他科目，突击进行技术科目教学，提早参加选考而获得高分）等手段，这些显然是与学校的育人目标相违背的。建议教育行政部门加强对学校办学行为的监管，加强对违规的处罚力度，加大学校违规成本，以尽可能地减少学校因功利性行为而导致的学生发展受限制问题。另外，也建议取消分段录取政策，减少学校之间因分数段进行的攀比行为。

（责任编辑　方晨光）

钱塘江金融港湾金融产业集聚模式及对策研究[*]

◎ 林志华

提　要：金融产业集聚区是区域金融创新发展、转型升级以及金融经济互动发展的重要载体和平台。本文基于模块化理论的研究视角，对钱塘江金融港湾金融产业集聚模式的发展路径、实践特点以及竞争优势进行分析，并针对钱塘江金融港湾金融产业集聚过程中存在的问题，提出相应的对策和建议。

关键字：金融产业集聚　模块化　发展模式　钱塘江

作者林志华，中共杭州市委党校图书馆讲师（邮政编码　310024）。

金融资源自身的高流动性，是金融产业发生空间转移的前提和基础。在宏观政策、经济发展、市场需求、技术条件、地理环境等因素的影响下，金融机构、金融资产、金融市场以及金融人才等自由流动到某个特定区域，形成金融产业集聚区。当集聚区扩展到一定规模和范围，金融产业链呈现多样性和复杂化趋势，由此产生向模块化方向演进的内生性需求。金融产业集聚的模块化路径，包含"专业化分解"和"一体化整合"的双重含义，即模块的分解化和集中化，具体

---

[*] 杭州市社会科学界联合会课题"钱塘江金融港湾金融产业集聚模式及对策研究"（2017HZSL05）成果。

而言，即按照"看得见"的规则，将目标区域的金融产业链作为一个系统进行分解，形成若干个功能定位各不相同的子系统模块，每个模块分别集聚对应的金融机构以及相关联企业，通过"信息异化"和"信息同化"的作用机制，促进各模块的自由发展和模块之间的交互联系，实现金融企业集群整合升级，形成区域性金融中心。

钱塘江金融港湾以杭州市为中心，包括钱塘江、富春江两岸沿江的县（市、区），是浙江省、杭州市推动区域金融产业集聚和金融服务创新的空间载体和发展平台，也是政府打造财富管理和新金融创新中心的综合性金融产业集聚区。本文拟从模块化理论的研究视角，分析钱塘江金融港湾金融产业集聚模式的实现路径、现状特征以及竞争优势，并针对钱塘江金融港湾金融产业集聚模块化发展过程中存在的问题和面临的挑战，提出相应的对策和建议。

一 钱塘江金融港湾金融产业集聚模式的实践现状

（一）实现路径

金融产业自身的特性和发展阶段，是促成集聚模块化的重要原因。一方面，模块化适用于复杂系统的分解和集中，金融产业则符合这一要求；另一方面金融资源的高流动性也使模块化过程更加容易便利。钱塘江金融港湾作为一个汇集若干个金融企业集群的综合性复杂系统，在一定程度上具备模块化发展的内生引致性。2016年12月，浙江省出台的《钱塘江金融港湾发展规划》和《浙江省关于推进钱塘江金融港湾建设的若干意见》，对钱塘江金融港湾金融产业集聚的功能区块进行了划分，从制度上明确了钱塘江金融港湾金融产业集聚向模块化发展的方向和路径。因此，钱塘江金融港湾金融产业集聚模块化的实现路径，具有政府主导且结合市场内在需求的准外生性，它通过自上而下划分子系统模块的方式，对钱塘江金融港湾规划区域范围内的金融企业集群分别定位业态范围和发展目标，由此形成一个核心子模块和若干个特色子模块，前者包括钱塘江两岸的钱江新城和钱江世纪城，用来集聚高端金融资源要素；特色模块包括"钱塘江—富春江"沿岸一系列金融小镇（集聚区），用来发展私募金融、互联网金融以及新兴金融产业带，政府出台的政策、制度及指导意见构成主要的规则界面，同时配置发挥服务功能的保障模块，包括基础设施、资金扶持以及人才支撑等（见图1）。

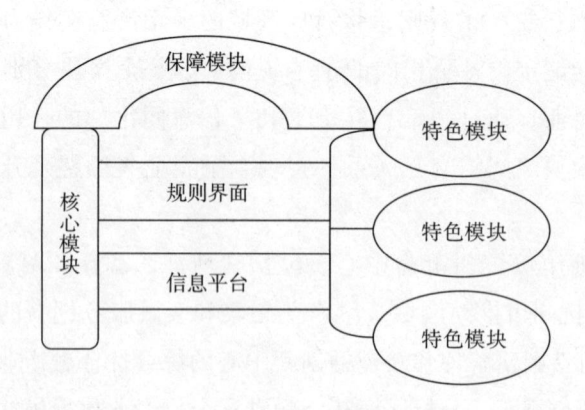

图 1　钱塘江金融港湾金融产业集聚模块化的内涵框架

(二) 实践特点

1. 以顶层设计为导向

Mainelli（2006）通过研究伦敦金融产业的集聚过程，发现政府并非简单地不干预，而是由国家或地区有关部门的人为设计、出台支持政策推动伦敦金融体系的产生和发展，并保持其活力。钱塘江金融港湾金融产业集聚模块化战略的实施，政府同样是举足轻重的规则设计者，并且在实践过程中发挥主导作用。例如，自2006年开始，杭州市政府先后发布了一系列吸引金融机构落户的政策措施和指导意见（见表1），为推进金融机构、金融市场、金融资本以及金融人才的模块化集聚提供了良好的政策环境和制度安排。

表 1　近年来杭州市促进金融业集聚发展的相关政策

年份	文件名称
2006	《杭州市人民政府关于支持金融服务业发展的若干意见》
2008	《杭州市人民政府关于推进长三角南翼金融中心建设的若干意见》
2010	《关于促进我市股权投资业发展的实施办法》
2011	《关于加快杭州市中心镇金融服务业发展的实施意见》
2012	《杭州市人民政府办公厅关于深入推进全市小额贷款公司健康快速发展的实施意见》
2014	《中共杭州市委、杭州市人民政府关于全面深化金融改革创新的若干意见》《杭州财富管理中心2014—2018年实施纲要》
2015	《杭州市人民政府关于加快我市私募金融服务业发展的实施意见》《杭州市人民政府关于支持金融服务机构加快集聚的实施意见》《杭州市人民政府关于进一步深化投融资体制改革扩大有效投资的若干意见》《杭州市人民政府关于推进互联网金融创新发展的指导意见》
2016	《杭州金融业发展"十三五"规划》《关于杭州市进一步推进小额贷款保证保险的工作意见》
2017	《杭州市人民政府关于加快推进钱塘江金融港湾建设的实施意见》

资料来源：http://www.hangzhou.gov.cn；http://sjrb.hz.gov.cn。

2. 以核心模块为引领

核心模块作为系统设计的主体部分，一般执行相对常规、收益稳定的任务，具有自律性强、信息处理和技术操作娴熟的特性。入驻核心模块的金融机构具备一定的行业垄断地位，战略发展倾向明显，能够提供专业设计的金融产品和服务，目标客户数量稳定，能够产生一定的示范效应，发挥引领市场风向的作用。钱塘江金融港湾设计 CBD 形态的金融集聚区作为核心模块，即钱江新城和钱江世纪城两个区域，重点集聚银行、证券、保险等金融机构省级以上总部、大型财富管理机构总部、大型投资机构总部、小额贷款公司总部以及各类金融要素市场等。目前钱江新城已入驻银行省级总部 5 家、保险公司全国总部 2 家和省级总部 7 家、证券公司省级总部 2 家，金融要素交易平台 5 家；钱江世纪城已入驻银行、保险、证券、期货等机构总部 5 家。

3. 以特色模块为依托

特色模块作为模块架构的子系统，与核心模块并非垂直附属的关系，而是通过"看得见的规则"和信息同化机制发生平行立体的网状联系，特色模块具有半自律性、创新行为显著的特点，模块内部的企业组织往往掌握"异化"信息，用来寻找更多的价值机会，模块之间的同业竞争较为明显，也存在一定程度的互补关系。与核心模块相比，入驻特色模块的企业组织规模相对较小，各自提供的产品和服务存在不同程度的差异，能够更加快速地响应客户的金融特征变化。钱塘江金融港湾以多个金融小镇作为特色模块，重点集聚私募基金、金融大数据、互联网金融及其他新兴金融产业（见表2）。

表2 钱塘江金融港湾部分金融小镇的发展目标及现状

名称	发展目标及现状
玉皇山南基金小镇	规划面积 5 平方公里，重点集聚私募基金管理机构。已入驻股权投资、证券期货、财富管理等各类金融机构 1556 家，包括敦和资管、赛伯乐投资等私募龙头
西溪谷互联网金融小镇	规划面积 3.1 平方公里，重点集聚互联网金融企业。已入驻各类金融机构近 400 家，包括支付宝、网商银行、蚂蚁金服、网金社、芝麻信用等知名互联网金融企业
运河财富小镇	规划面积约 3.3 平方公里，重点集聚风险投资机构。已入驻金融企业 100 余家，包括浙江省创业风险投资行业协会、绿地全球企业服务平台、阿里系创投联盟、投融长富集团等专业投资平台

资料来源：http://www.hangzhou.gov.cn；http://sjrb.hz.gov.cn。

4. 以基础模块为保障

基础模块也称为系统保障模块，由政府驱动自上而下进行配置，为复杂系统的分解和集中提供综合性服务，具有明显的外部效应和非排他性。钱塘江金融港湾基础模块的服务保障包括：一是产业和生活配套。产业配套指提供办公场地、优化工作环境、引入为金融产业提供中介服务或代理的机构等;生活配套指提供便利的宜居环境,如高品质住宅、国际化教育、优质医疗资源、便捷交通网络以及文娱体育设施等。二是资金扶持。设立财政专项用于入驻金融机构的办公用房补助、规模发展奖励和投资专项奖励;推出多项税收优惠激励入驻金融机构加快创新发展;发起设立行业、区域及直投三类政府产业子基金投入金融产业领域等。三是人才支撑。借鉴国家和省级"千人计划"的认定和激励模式,结合金融人才评价特点,出台和实施一系列金融人才培养、交流及引进方面的政策和措施,例如成立杭州金融人才协会,建立杭州金融人才管理改革试验区,出台《杭州杰出人才评选奖励办法》等。

二 钱塘江金融港湾金融产业集聚模式的竞争优势

钱塘江金融港湾金融产业集聚模块化,本质上是解决复杂系统的管理难题,确保系统整体功能和效率最大限度地发挥。

(一) 有利于金融业均衡发展

金融是现代经济的命脉与核心,随着经济活动复杂程度的提高,生产定制化、消费个性化的市场需求层出不穷,金融业面临的二元性矛盾问题日益突出,既要通过标准化运作以降低成本、提高效率,同时又要满足日益多样化的客户需求,这个矛盾实质上就是模块化理论需要解决的标准化与定制化问题。近年来,杭州产业结构发生了较为明显的变化,资本、技术密集型产业成为经济增长的新引擎,企业投资周期长,技术创新支出多,因此,除了获取传统的银行信贷资金支持外,还需要更加多元化的金融资产配置。另外,居民收入增加也需要改变单一的储蓄投资途径,通过个性化、多种类的新型投资工具有效实现财富管理,真正分享经济成果。钱塘江金融港湾以模块化驱动金融产业集聚,有利于打破金融资源长期集聚在传统金融机构的局面,吸引更多的"非银""类银"金融机构和场外交易市场进入新兴金融生态模块,促进金融业均衡发展。

(二) 有利于金融系统风险缓释

随着金融产业集聚区规模和范围的扩大,金融机构的交易活动会变得复杂多样,金融资本的流动会更加频繁,金融市场的风险压力也会相应增加,因此,有效的风险缓释机制,对金融产业集聚区的安全性至关重要。近年来,杭州金融市场扩展迅速,金融产品交易活跃,金融业务特色明显,金融业增加值呈上升趋势,风险防范和预警的需求明显上升。钱塘江金融港湾通过模块化分解,能够及时发现和化解每个子系统的风险隐患,并且将金融风险隔离在不同模块层面,通过降低金融风险传递的范围和速度,有效实现系统性和非系统性风险的规避和控制。

(三) 有利于金融机构创新进化

金融产业集聚区进化发展的内在动力，来自入驻企业的创新行为，因为仅靠知识溢出效应的共享和模仿，容易产生技术依赖的惰性，导致集聚区的逐渐衰退，而模块化能够深层次地激发每个模块的参与者进行研发和创新，通过形成自己独有的异化信息参与价值机会的市场竞争。近年来，杭州金融机构数量上升明显，截至2015年末，共有银行、证券、保险等金融机构409家，私募基金管理人995家，股权投资机构886家，小额贷款公司47家，第三方支付机构7家，密集程度居全国副省级城市前列，钱塘江金融港湾模块化发展有利于提高区域内金融机构优胜劣汰的速度和效率，保持金融产业的创新活力。

(四) 有利于集聚吸引力提升

自2016年开始，长三角地区主要城市先后出台"十三五"时期有关金融中心建设的方案和规划，区域之间吸引金融资源的市场竞争明显加剧。衡量一个城市的金融集聚能力，金融业增加值占GDP的比值是一项重要指标，它能够反映该城市金融业对周边的辐射能力以及金融深化程度。上海作为杭州的近邻，已经确立国内金融中心地位，金融业增加值占GDP的比值一直领先杭州（见图2）。随着上海金融极化效应的进一步增强，以及长三角地区城市加快金融产业集聚的步伐，钱塘江金融港湾以模块化的创新路径发展特色金融产业，能够有效提升集聚金融资源的吸引力。

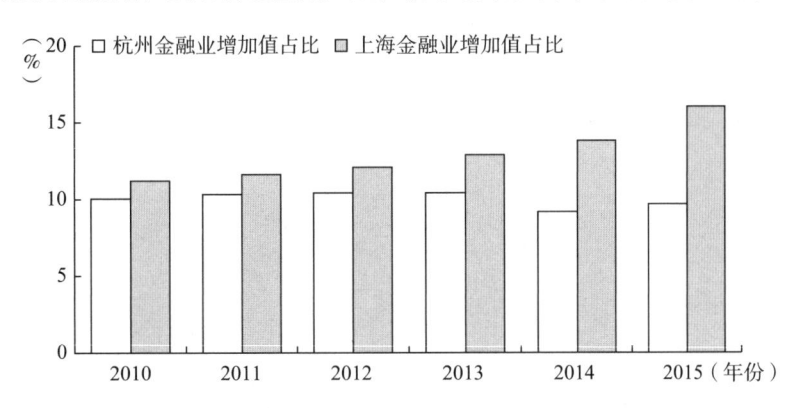

图2 近年来上海与杭州金融业增加值占GDP的比重及比较

资料来源：根据2011~2016年杭州统计年鉴、上海统计年鉴等相关资料整理。

三 钱塘江金融港湾金融产业集聚模式的瓶颈障碍

(一) 模块整合途径欠缺

钱塘江金融港湾将核心模块定位为集聚大型或总部金融机构，特色模块定位为集聚中小创新型金融企业，模块之间边界清晰，规则明确，分解合理，有利于提高专业化分解的效率和水平。从现状来看,模块之间的耦合度不够紧密,核心模块与特色模块之间缺乏系统内部的合作和共享,表现为核心区未能充分利用金融小镇的资源,金融小镇也未吸收核心区的辐射效应。另外,各个模块的收获和成果缺乏重新组合的途径,表现为核心区的标准化优势和金融小镇的创新优势未见有效整合,产生兼具实力和活力的最优模块。因此,充分发挥市场规则的调节作用,促进模块之间的资源流动,营造模块不断更新重组的环境,实现核心区和各金融小镇作为一个系统整体的进化和升级,是钱塘江金融港湾亟待解决的问题。

(二)模块内生集聚效率偏低

相关理论及实践证明,金融集聚是在经济发展到一定程度的基础上产生的,并且反过来促进经济的进一步增长。但由于金融市场是按照自身的逻辑和规律运行,金融产业与实体经济可能会出现某种程度的分离,或者说相对于实体经济而言,金融产业的发展速度偏快,甚至朝着虚拟泡沫的方向前行,不仅未能实现服务实体经济的预期目标,反而容易埋下金融风险的隐患。近年来,杭州金融机构贷款业务的金融内部效率(即存贷款比例,用本外币贷款余额与存款之比表示)一直高于金融外部效率(即贷款产出率,用 GDP 与本外币贷款余额之比表示)(见图 3),这种金融内外部效率的非协调性,表明金融机构发放的贷款未能充分拉动 GDP 增长,也反映了实体经济提供的金融需求不足,吸纳金融资金的能力有限,驱动金融产业集聚的市场力量相对薄弱,政府主导的成分偏多,钱塘江金融港湾金融产业集聚模块化的实际效率低于理论预期。

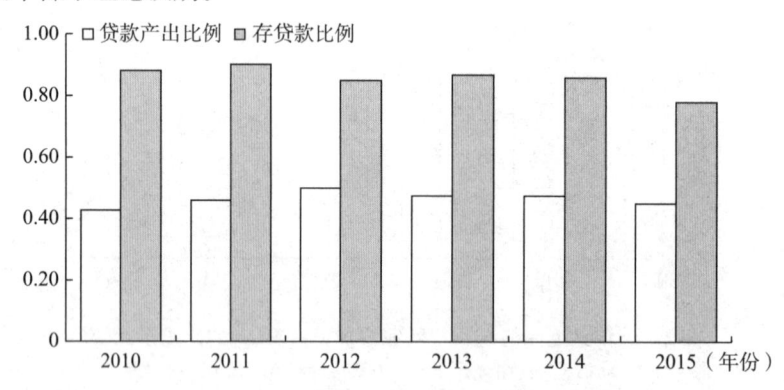

图 3 近年来杭州金融机构金融内外部效率差距

资料来源:根据 2011~2016 年杭州统计年鉴等相关资料整理。

(三)模块管理力量不足

模块化将一个复杂系统分解成若干个子系统的同时,又使整个系统变得更加复杂,管理难度也相应上升。地方金融工作办公室(以下简称金融办)在金融业"一行三会"的垂直监管体制中发挥政府管理的作用,执行规划发展、协调关系、监督管理、风险防范以及融资服务五大金融管理职能。从部门设置来看，杭州市金融办人员数量较少，正式编制仅十余人，区县（市）及以下尚未单独设立金融工作办公室，根据《杭州市人民政府关于加快推进钱塘江金融港湾建设的实施意见》，金融办负责牵头约50%的重点任务和项目，需要与近二十家单位部门配合工作，各方面协调难度大，面临"心有余而力不足"的困境。

（四）模块开发成本较高

目前钱塘江金融港湾模块化发展的成本与收益尚无数据统计，每个模块由于分头建设，各自开发，所需的资金支出有增无减。以构成特色模块的金融小镇为例，主规划区的"五镇"基本分布在老城区，土地利用空间十分有限，性质复杂多样，综合整治项目投入成本高，产出见效慢，很难吸引社会资本参与投资，主要依赖政府财政投入，资金方面尚存在一定程度的缺口。

四 钱塘江金融港湾金融产业集聚模式的对策建议

（一）优化模块层级关系

模块化路径并非简单地将钱塘江金融港湾这一复杂系统划分为若干个功能模块，任其自由发展，而是要通过科学的规则秩序，对模块进行适时分解和必要集中。针对钱塘江金融港湾模块结构方面存在的问题，当务之急是加强层级之间的交互联系，最大限度地发挥市场规则的调节作用，形成"最优模块"引领"次优模块"的结构关系，实现钱塘江金融港湾整体化的创新演进。因此，核心模块的主导地位，必须通过吸引金融资源的市场竞争来确立，具体而言，核心模块要依照公正透明的市场规则，将已入驻特色模块、具有一定发展前景和知名度的金融企业吸引过来，予以补充自身的综合实力，从而向最优模块演变。这个类似于从"散养"到"掐尖"的过程，能够发挥模块化的激励作用，提高各个模块优胜劣汰的速度和效率。值得一提的是，模块化的规则界面包含了政府介入的协调机制，各个模块自由发展的程度，必须以非恶性竞争为底线。另外，由于模块化不适合用来追求规模经济和范围经济，作为特色模块的金融小镇，需要维持一个最优规模，即能够充分发挥特色优势的适当规模，这个规模要以明确的金融业务定位为前提，若将业务范围铺得太宽太广，甚至超出模块之间的边界相互重叠，则容易陷入产品同质化、技术一般化的竞争局面，难以形成自身的核心竞争力，造成模块结构平庸化。

（二）构建金融信息交换模块

信息模块的构建，是金融产业模块化管理的关键，它是信息传递和流动的平台，也称为金融产业竞争情报中心。钱塘江金融港湾需要统一布局金融产业竞争情报中心的基础设施工程,借助高效安全的计算机信息网络,建立可以对内传递、储藏机密信息的内网和对外公布透明信息、与客户充分互动的外网(见图4)。完整的金融产业竞争情报中心要求金融机构在信息生产与管理方面以效率为目标,将产品、服务、人力资源、软件技术、客户等方面的信息资源划分成有偿交换(付费获取和收费出售)和内部共享两类类型。公开免费信息由政府部门和第三部门等提供,如政府政策、方针及措施、个人征信、企业信用、金融产业统计数据、市场行情、产品技术、人才需求等。非公开机密信息除了金融机构各自享有的以外,还有一些将由商业情报机构收集和出售,如客户的定制需求、投资意愿等专业调查分析的数据库。

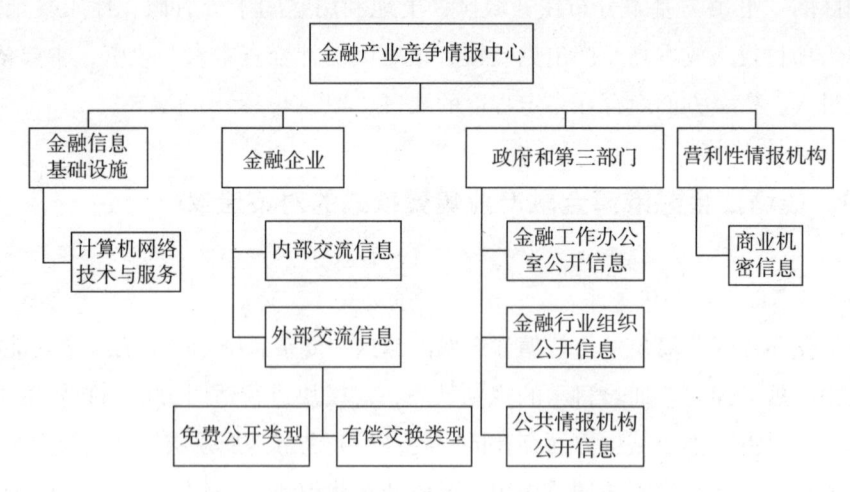

图4 钱塘江金融港湾产业竞争情报服务平台

(三)加大特色模块创新力度

金融创新流程的起点,源自市场需求且政策扶持的金融工具创新,它将带来集聚区金融资产数量的增加和金融产品结构的变化,扩大金融机构的规模和功能,实现金融资源配置多样化和集中化,促成集聚区演变为功能性金融中心。因此,入驻钱塘江金融港湾的金融机构有必要根据客户投资需求,设计和提供专业化、个性化的金融产品,真正实现从"以产品为中心"向"以客户为中心"的转变。结合钱塘江金融港湾的发展现状,金融工具创新适合在已具一定知名度和发展规模的玉皇山南基金小镇和西溪谷互联网金融小镇试行和推广,通过大力开展创新活动,丰富金融产品,为客户提供更多的投资机会,凸显私募财富管理和互联网金融的特色优势,同时通过示范效应,带动其他金融小镇积极创新,寻找更多的价值增长点。

(四)增强模块内生集聚能力

经济发展对金融集聚的影响作用表现为前者促成后者的出现和加深,因为金融资本的"逐利"天性和金融机构开设分支机构的"客户追随"原则,金融资源会自觉主动地涌向市场经济发达、产业优势明显的地区。金融集聚和经济发展的内生关联性，还表现为二者之间存在门槛临界点，特定区域的经济发展水平必须超过这个门槛值，才能实现金融活动在该地理空间的集聚，否则将丧失集聚金融资源的吸引力。目前杭州的经济发展水平相对靠前，但如果周边地区的经济发展超过杭州，或是杭州与周边城市的经济发展差距扩大，之前集聚在钱塘江金融港湾的金融资源将会被反吸和回流，进而失去金融支持实体经济发展的资金保障。因此，杭州需要结合大数据、云计算、物联网、移动互联网等方面的产业优势，大力发展以信息软件服务、电子商务、网络信息终端设备、智慧公共安全等为核心的产业集群，提高钱塘江金融港湾金融产业的投资回报率，扩大模块内金融产业集聚的内生性需求。

（五）提升模块管理活动效率

为了匹配钱塘江金融港湾作为一个复杂系统的监管需求，杭州市金融办亟须提升管理活动的效率。首先，强化务实职能的作用发挥。重点关注已入驻集聚区的金融机构组织的经营状况和服务诉求，提出更有针对性的指导意见，同时避免隐性干预，增加实地调研的频次，了解和掌握新金融产业的特点性质和发展规律，按照"防患于未然"的原则查处和打击非法违规金融活动。其次，完善人员配置结构。针对区县（市）两级政府金融工作力量薄弱的困境，一方面增加事业编制人员予以补充，另一方面加强现有人员队伍的金融专业知识培训，提高金融办监督管理、风险化解以及应急处置的能力素养。最后，提高部门沟通有效性。金融办与"一行三会"派出机构以及其他政府部门的协调沟通的效率，直接影响各项政策措施制定的科学性和实施的有效性，因此，相互之间需要合理分解任务，厘清权限边界，共同应对金融运行中存在的问题，避免出现管理真空、任务重叠、权责不清的局面。

（六）保障模块建设有效投入

构建"财政扶持+金融支持+社会参与"的资金保障机制，有效运作"钱塘江金融港湾发展基金"，发挥政府产业基金联合金融资金、产业投资以及社会资本的投资功能。在具体操作上，根据资金性质和来源的不同，发展基金的用途也有所区别：来自财政专项的绝大部分扶持资金适用于核心区和金融小镇基础设施项目建设，相应降低入驻金融机构的税收优惠、财政补助以及贷款贴息等支出比例。金融办借助行业协会和商会的力量，发动国有企业、大型金融机构、知名民营企业共同出资成立的发展基金可通过市场化运作产生盈利，用于对钱塘江金融港湾优质财富管理机构和金融创新企业的鼓励和支持，例如高端金融人才引进奖励、短期拆借、小额融资担保等应急性融资服务等。

参考文献

陈铭仁:《金融机构集聚论——金融中心形成的新视角》,中国金融出版社,2010,第35~36页。

青木昌彦、安藤青彦:《模块时代:新产业结构的本质》,上海远东出版社,2003,第140~141页。

杨枝煌、谢瑞巧、钟惠波:《金融困境下的模块化分解与金融现代化》,《金融论坛》2005年第8期,第15~20页。

黄解宇、张秀娟、孙维峰:《金融集聚影响区域经济发展的机制研究》,中国社会科学出版社,2015,第244~247页。

Michael Mainelli and Mark Yeandle, "Best Execution Compliance Automation: Towards an Equities Compliance Workstation", Journal of Risk Fiance, Vol. 7, No. 3, 2006: pp. 313 - 336.

(责任编辑　方晨光)

杭州高标准规划建设海绵城市研究*

◎ 王邓红

提　要：海绵城市建设是实现城市水资源的弹性管理，将大自然雨水资源变成城市水循环利用的重要部分。本文从杭州高标准建设海绵城市出发，对杭州海绵城市建设的定位、原则、建设重点、规划措施及与其他专项规划的衔接等进行探索，以期为杭州现代化城市发展、资源循环综合应用提供决策参考。

关键词：海绵城市　水循环利用　高标准规划建设　杭州

作者王邓红，浙江同济科技职业学院副教授、高级工程师（邮政编码311231）。

随着社会发展水平的提升，社会资源利用率提高，城市建设技术水平全面升级，同时，社会发展资源体系逐步构建，海绵城市是城市循环建设的代表，充分利用自然水体循环，构建城市资源结构网络，确保城市发展与资源综合利用相结合。海绵城市建设理念自2012年在"2012低碳城市与区域发展科技论坛"中提出以来，在社会城市建设中逐步实施，杭州是海绵城市实施的试验点，充分利用杭州发展的自然条件，实现城市发展的自然资源良性循环，成为社会发展建设的必然要求。

---

* 杭州市哲学社会科学规划课题"杭州建设海绵城市的具体问题研究"（Z17YD022）成果。

一 杭州高标准建设海绵城市的定位与原则

（一）目标定位

海绵城市是指城市能够像海绵一样，随着环境变化而变化，城市发展能够适应社会发展的环境需要，能够应对自然灾害，实现社会发展与自然环境的协调统一。下雨时，城市可以吸水、蓄水、渗水、净水，当城市需要水资源时，又可以提供水体，满足城市发展需要。海绵城市的建设，能够打破传统城市建筑"灰色"系，实现城市资源良性应用，满足城市发展的基本需求。

海绵城市构建的设计理念是在传统城市建设和资源应用的基础上，在城市排水系统建设中，实现"迅速排水"与"水体集中"处理的设计理念相结合，以使自然水体灵活应用，转变传统城市中"逢雨必涝"的僵化发展局面。海绵城市建设的设计理念，其范围包括城市自然排水系统存水、储水系统的构建，和人工排水系统的构建两部分。海绵城市正是应用了这两部分，实现城市发展中自然资源的综合探索，为促进现代城市完善提供了良好的资源规划体系。

（二）海绵城市的发展

2012年4月，在"2012低碳城市与区域发展科技论坛"中，海绵城市理念首次提出，2013年，在中央城镇优化工作会议上，将海绵城市作为提升城市排水系统能力的解决措施，进一步对海绵城市的实施意见给予更明确的指导，可以集中概括为：渗、滞、蓄、净、用、排等系列措施，设定海绵城市建设规划目标，实施从点到面的城市建设新系统。2014年，城市海绵建设试点工作全面启动。2016年，杭州海绵城市工作全面启动，协调统筹城市建设水资源系统，充分利用园林绿色系统、城市管线系统以及住宅用水系统，实现杭州海绵城市规划结构同步实施。

（三）海绵城市实施原则

海绵城市建设是社会发展的资源循环系统建设，是社会绿色化发展的有效渠道。海绵城市建设应首先遵循自然优先原则，充分应用自然水体，建立城市水资源应用循环体系，实现自然资源的综合利用。例如：海绵城市充分利用城市中自然水体、海、河等，实现水体存储与社会水体应用相互关联，从而将绿色化发展转变为社会发展的构成部分；另外，海绵城市建设应遵循循环性原则，在海绵城市体系构建中，将充分利用现代系统资源，社会发展应用相互协调，在水资源存储、净化等方面，将整体资源链接为自然循环结构网络，既遵循自然水体循环的发展规律，同时也满足了城市发展的需求，为现代社会进步、资源优化提供了良好的循环结构体系。

（四）海绵城市总体布局

海绵城市总体布局主要包括城市生态格局构建、四大体系（水生态修复体系、水环境整治体系、水资源利用体系、水安全保障体系）建设，并提出分区建设及相关设施建设指引等。

城市生态格局构建：分析山、水、林、田、湖等生态本底条件，识别生态敏感因子，提出海绵城市的自然生态空间格局，明确保护与修复要求。

四大体系建设：水生态修复体系建设主要包括源头低影响开发系统构建，提出内源治理策略、生态修复策略及其他治理措施；水环境整治体系建设主要根据水体外源污染现状，计算现状水污染负荷，并提出当地主要污染物指标，根据各污染源负荷预测，提出水系水环境容量及总量控制建议；水资源利用体系建设主要根据城市水资源现状分析结果，结合城市可利用水源分析，提出污水再生利用及雨水资源化利用策略、供水管网漏损控制措施、水源地水质保障措施等；水安全保障体系建设主要根据城市防洪排涝现状分析结果，重点构建城市内涝防治系统，防治或治理城市内涝。

二 杭州高标准建设海绵城市的重点

（一）加强城市河流和湖泊整治

城市建设改造过程中，要根据海绵城市建设控制目标与技术要求，合理确定保护与改造方案，严格保护现状河流、湖泊、湿地、坑塘等城市自然水体，划定城市蓝线，禁止侵占河湖水域岸线。要利用城市自然水体，设计湿塘、雨水湿地等具有雨水调蓄与净化功能的低影响开发雨水系统，净化初期雨水，同时与城市雨水管渠系统、雨水地面径流排放系统及下游水系相衔接。强化水系沟通，保护现有湿地，严禁随意填埋河道水系，有条件的城市要恢复已填埋的河道增加水面率，加快贯通骨干河道，打通城市"断头河"，健全城市河网水系，提高水体自净能力。充分考虑河湖水系的容量，保证城市防洪排涝需要的过水能力和调蓄库容。与流域、区域防洪规划相衔接，完善城市防洪排涝体系，妥善安排城市洪涝水滞蓄和外排出路，统筹布局泄洪通道和蓄滞场所，合理确定城市防洪排涝分区和建设标准。加强城市开发建设过程中水土保持预防监督管理工作，执行水土保持设施"三同时"制度，严控新增人为水土流失，促进雨水径流源头减排。

（二）优化城市公园和绿地建设

将构建海绵型绿地系统作为园林城市建设、生态园林城市建设的重要内容。城市公园和绿地系统要考虑绿网、水网、绿道网的有机融合，结合绿地周边水系、市政设施和房屋建筑等统筹开展设计，在满足生态、景观、游憩等功能的基础上，同步考虑为周边区域提供雨水滞留、缓释的空间，提高区域内雨水调蓄和净化等功能。要因地制宜采取小微湿地、雨水花园、下沉式绿地、植草沟、植被缓冲带、雨水湿地、雨水塘、生态堤岸、生物浮床等低影响开发措施，园路、绿道和停车场等区域采用透水铺装等，提高雨水渗透能力，有效削减地表径流峰值和流量，净化雨水径流，合理利用雨水资源。

（三）改善城市道路和广场排水

要规划设计符合低影响开发要求的道路高程、道路横断面、绿化带及排水系统，提高道路对雨水的渗滞能力。新建道路应结合红线内外绿地空间、道路纵坡及横断面设计、市政雨水排放系统布局等，优先采用生态排水。已建道路可通过路缘石改造，增加植草沟、溢流口等方式将道路雨水径流引到绿地空间，实现雨水渗、滞、蓄、净后再排，需进行雨污分流改造的要尽快完成。城市广场、城市慢行系统、公共停车场以及非重型车辆通道优先采用透水铺装，城市道路红线宽度超过60米的道路两侧、学校操场两侧要逐步规划、建设配套雨水蓄水设施。城市广场可在地下建设蓄水池用于绿化灌溉和景观水体补水，改善广场排水。

（四）促进居住建筑和小区调蓄

新建建筑和小区要按照低影响开发的要求规划建设排水系统。在场地条件允许的情况下，非机动车道、地面停车场和消防通道应采用透水铺装增加雨水自然渗透空间，可渗透地面面积比率不应低于40%。有条件的建成区应根据可渗透地面面积比率进行透水性改造。新建建筑和小区要全面推行建筑屋顶绿化和立体绿化，增加雨水渗透、净化和收集利用设施；既有建筑和小区可结合实际情况对建筑屋顶、周边绿地以及景观水体等实施低影响开发改造。要结合小区景观水体建设雨水湿地和蓄水池，用于绿化灌溉、景观水体补水和道路清洗保洁等。政府投资建设的公共性建筑、保障性住房和棚户区（危旧房、老旧小区）改造项目要率先落实海绵型住区的要求。

（五）推进公共建筑项目海绵体建设

机关、学校、医院、文化体育场馆、交通场馆和商业综合体等各类大型公共建筑项目要率先推进海绵体建设，减少非透水性硬质铺装面积，有条件的要配套建设具有削峰调蓄功能的景观水池、低洼水塘等。规划用地面积2万平方米以上的新建建筑物，要按照每万平方米建设用地不小于100立方米的标准配套建设综合蓄水设施，有条件的工矿企业、工业厂区宜建设雨水收集、蓄存和利用设施。

（六）延伸开展城乡一体化海绵体建设

在推进小城镇和村庄建设过程中，要结合推进实施重点中心镇、综合规划建设示范创建镇、美丽乡村建设示范村等建设，因地制宜规划建设海绵型镇村。海绵型镇村建设要强调与周围自然生态环境的有机结合，运用低成本和自然生态的方法提高镇村雨水吸纳和排放能力。

三 杭州高标准建设海绵城市总体规划措施

依据杭州海绵城市发展实施情况，杭州海绵城市建设的区域包括杭州市区范围，具体包括上城、下城、拱墅、西湖、江干、滨江、萧山、余杭、富阳九区，海绵城市区域涵盖杭州发展的大部分地区，可以将海绵城市的实施分为目前至2020年近期阶段，2020~2030年中期阶段以及2030~2040年远期阶段。

（一）空间地域性规划

笔者依据有关杭州海绵城市建设的相关性文献，对杭州海绵城市发展归结为：海绵城市空间分配，坚持自然为主的实施原则，明确规划海绵城市的实施区域以河海为界，在海绵城市发展区域内，建立区域空间生态水系，使杭州内部水资源可以连接为一个水生态结构体，完善海绵分布的内部规划格局，为杭州海绵城市发展提供相应的实施指导。

杭州海绵城市建设规划，实现现代城市规划结构的综合剖析，一方面，海绵城市规划，可以按照杭州水文资源实现水资源综合应用，杭州海绵城市规划中，实现杭州资源综合化处理，推进杭州自然资源综合开发；实现自然资源应用优先原则，为杭州海绵城市建设提供新的发展趋向。另一方面，杭州海绵城市建设，要实现杭州海绵城市发展社会各结构的多元化融合。例如：杭州海绵城市规划中，将融合自然资源规划、城市发展规划，杭州海绵城市区域性规划的综合探索，带来城市发展新规划的新角度。

（二）自然资源规划

杭州海绵城市的发展，明确海绵城市的阶段性规划，并给予相应的海绵城市建设分析，是杭州海绵城市阶段性目标实现的新保障。例如：杭州海绵城市建设充分应用杭州自然资源，实现杭州内部水资源的综合应用，统筹规划海绵城市，实施国家提出的相关性措施，结合杭州城市建设实际，优化杭州城市建设体系。在杭州现有生态水系的基础上，实施水体资源空间规划。依据杭州相关数据分析可知，杭州实施海绵城市，将会实现杭州自然生态保护区保护面积占市区面积的66%，为现代杭州资源开发与经济发展带来更大的资源发展新视角。杭州是古丝绸之路必经之地，杭州海绵城市建设，应发挥杭州经济发展的区域优势，充分应用"一带一路"经济发展战略，完善现代杭州经济发展体系，为杭州经济发展对接新经济发展桥梁，将杭州生态资源规划从区域经济发展中分离开来，引导现代杭州资源优化发展，推进现代生态资源全面性保护，为现代杭州海绵城市建设提供更有力的发展新引导。

（三）零散生态圈规划

杭州在实施海绵城市建设中，应实现城市生态圈的修复。这一实施措施主要针对杭州郊区以及乡镇发展中的零散型工业，实现杭州区域资源处理中系统处理资源综合分析，在区域生态环境发展基础上，对遭到破坏的水体、森林等自然环境修复，实现杭州区域修复系统发挥作用。依据杭州海绵城市规划数据分析，杭州海绵城市的生态修复系统，将达到杭州整体建设的8%左右，是杭州海绵城市发展中的主要构成部分。例如，杭州发展资源丰富，具有京杭大运河、钱塘江水域资源，区域发展在自然资源开发的基础上，呈现零散分布，区域性规划的发展结构特征性突出。为了实现杭州海绵城市全面性推进，结合杭州各区域发展的相关性要点，建立杭州两岸经济发展区域，对区域发展中的零散企业进行综合治理，确保实现工业生产有序进行，辅助杭州海绵城市建设理念的落实。

（四）综合区域改善

杭州生态海绵城市建设，应实现杭州海绵城市建设区域的综合改善。这一部分海绵城市发展，将会实现杭州海绵城市建设资源综合处理，从而带来杭州生活区域的水体改善，其中主要针对杭州市政施工区域、杭州中心区、杭州居住区以及工业区建设等部分，对人文环境中雨水资源实行综合处理，提高杭州发展人文环境中资源的综合利用率，提升城市自然水体的应用率，降低城市浪费，是杭州海绵城市建设的有效途径，这一部分在杭州海绵城市建设中所占的比重约为15%，也是现代杭州海绵城市建设困难性最大的区域。

做好杭州海绵区域规划，落实其实施理念，确保其理念循环发展是关键。例如：杭州海绵城市建设区域，实施城市设计结构重新审核，一方面，杭州区域城市管道设计结构重新规划，在城市传统管线设计的基础上，提出相应的雨水处理系统，实现集雨水存储、净化、渗透为一体的新型城市水体排放系统，不仅有效解决了城市市区排水系统循环困难，也实现了现代城市发展的资源应用率提升。另一方面，杭州综合区域改善，实现生活用水正确处理，建立新型绿色污水处理净化结构，确保城市用水和海绵水体循环相互关联，形成良性水体循环结构，全方位推进适应现代社会发展的水体资源应用需要，实现水资源应用综合分析，统筹杭州区域经济水体循环的综合探索。

（五）示范性区域规划

杭州海绵城市建设示范性区域规划，也是海绵城市建设的构成部分。实施区域规划，逐步实现杭州资源规划各部分资源综合应用，针对当前正在开发或者尚未开发的区域，实行海绵城市综合规划，实现区域资源处理效果全面升级。在新开发区域的资源规划上，采取"一步走"的城市发展新规划，整合杭州系统开发资源，在杭州新区域开发中，尽量减少杭州开发新区域的资源规划结构变动，实现资源开发与资源探索的综合性整合。例如：杭州开发区进行生态示范性开发，将实施杭州开发区域按照规划需求，分别设定"渗""蓄水""用""排"等方面的资源开发整合措施，实现杭州城市规划中新旧管理结构的一体化对接，这一部分海绵城市规划建设，在杭州发展中占11%的比重。实现了杭州区域发展与杭州海绵城市发展建立完善性对接，是推进杭州海绵城市建设未来发展的代表。

四 杭州高标准建设海绵城市相关专项规划衔接措施

（一）水系规划衔接

水系是城市生态环境的重要组成部分，也是城市径流雨水自然排放的重要通道、受纳水体及调蓄空间，与低影响开发雨水系统联系紧密。依据城市总体规划划定城市水域、岸线、滨水区，明确水系保护范围、水质保护要求等；保持城市水系结构的完整性，优化城市河湖水系布局，实现自然、有序排放与调蓄；优化水域、岸线、滨水区及周边绿地布局，明确低影响开发控制指标。

（二）绿地系统规划衔接

绿地是建设海绵城市、构建低影响开发雨水系统的重要场地。城市绿地系统规划应明确低影响开发控制目标，在满足绿地生态、景观、游憩和其他基本功能的前提下，合理地预留或创造空间条件，对绿地自身及周边硬化区域的径流进行渗透、调蓄、净化，并与城市低影响开发系统、雨水管渠系统、超标雨水径流排放系统相衔接。提出不同类型绿地的低影响开发控制目标，合理确定城市绿地系统低影响开发设施的规模和布局，城市绿地应与周边汇水区域有效衔接，应符合园林植物种植及园林绿化养护管理技术要求，合理设置预处理设施，充分利用多功能调蓄设施调控排放径流雨水。

（三）防涝系统规划衔接

城市防涝系统是海绵城市的重要组成部分，城市防涝系统规划中，应结合当地条件确定低影响开发控制目标与建设内容，并满足《城市排水工程规划规范》（GB50318）、《室外排水设计规范》（GB50014）、《城镇防涝规划标准》（DB33/1109）等相关要求。明确低影响开发径流总量控制目标与指标，确定径流污染控制目标及防治方法，明确雨水资源化利用目标及方法，与城市雨水管渠系统及超标雨水径流排放系统有效衔接，优化低影响开发设施的平面与竖向布局。

(四) 道路交通规划衔接

道路是径流及其污染物产生的主要场所之一，道路交通专项规划应落实低影响开发理念及控制目标，减少道路径流及污染物外排量。提出各等级道路低影响开发控制目标；协调道路红线内外用地空间布局；道路交通规划应体现低影响开发设施要求；根据海绵城市建设需求，优化道路横断面设计；明确超标径流排放路径。

总之，海绵城市是社会生态化、绿色化发展的重要途径。海绵城市的构建能够充分利用江、河、湖、海等自然环境，同时也协调城市排水系统，实现城市发展自然资源的循环应用。对杭州海绵城市构建的研究，将进一步推进杭州海绵城市建设拓展延伸，发挥海绵城市建设措施在杭州发展的资源应用引导作用，同时也为我国社会海绵城市全面性推进带来理论经验，指导海绵城市在更大范围内实施，实现社会绿色化、生态化发展。

参考文献

浙江省住房和城乡建设厅：《浙江省海绵城市规划设计导则》，2016。

浙江省人民政府办公厅：《浙江省人民政府办公厅关于推进全省海绵城市建设的实施意见》，2016。

李绍昇：《杭州高标准建设海绵城市》，《中国建设报》2016年4月29日。

蒋太旭：《高标准建设海绵城市》，《长江日报》2016年11月28日。

刘波：《海绵城市技术是中国城乡生态环境建设的起点》，《居业》2014年第12期。

余建民、周静增、柯鹤新、王伟栋：《杭州"海绵体"城市建设开发模式探寻》，《浙江建筑》2015年第10期。

（责任编辑　方晨光）

新经济体背景下营销改革发展探微

——以2017年天猫"双十一"为例

◎ 王诗玮

提　要： 电子商务营销是网上营销的一种，是借助互联网完成一系列营销环节，达到营销目标的过程。本文基于2009~2017年"双十一"的销售数据，从地域、行业、生态系统等角度分析了新经济体的产生及其在营销上所面临的挑战，以及技术革新为其带来的机遇，提出了新经济体背景下营销改革发展之路。

关键词： 电子商务营销　新经济体　新技术　"双十一"　"天猫"

作者王诗玮，上海理工大学管理学院本科生（邮政编码　200093）。

在刚刚过去的2017年天猫"双十一"的活动中，消费者用了仅仅24个小时就创造出了1682亿元的成交额。如今，"双十一"已经不仅仅是一场全民狂欢的节日，它更代表着消费者的实际需求和购买力。"双十一"淘宝购物节最初举办于2009年，至今只有九年的时间。在这短短九年当中，我们所能看到的成交额指数式地增长只是它带来影响的一部分，更重要的是，它见证了电子商务行业这一新经济体的诞生和蓬勃发展。

一 "双十一"购物节变革与新经济体形成

(一)"双十一"的由来

"双十一",即为每年的11月11日。2009年,天猫(当时称淘宝商城)开始在11月11日"光棍节"举办促销活动,最初的目的只是想做一个属于淘宝商城自己的节日,提高淘宝商城的知名度。选择11月11日,其实也是一个有点冒险的举动,因为"光棍节"刚好处于传统零售业促销黄金时间"十一"和圣诞节中间。此时天气转冷,正是人们添置冬装的时候,淘宝商城想试一试,看网上的促销活动有没有可能成为一个对消费者有吸引力的窗口。结果出乎意料,"双十一"的举办非常成功,不仅成为电商消费节的代名词,甚至对非网购人群、线下商城也产生了巨大的影响。

(二)"双十一"的九年变革

"双十一"从最初举办至今已经过去了九年,就在这短短的九年当中,每年消费者都会用新的成交数据刷新上一年的纪录。在2017年达到了1682亿元,相比2016年的1207亿元增长了39.4%(见图1)。

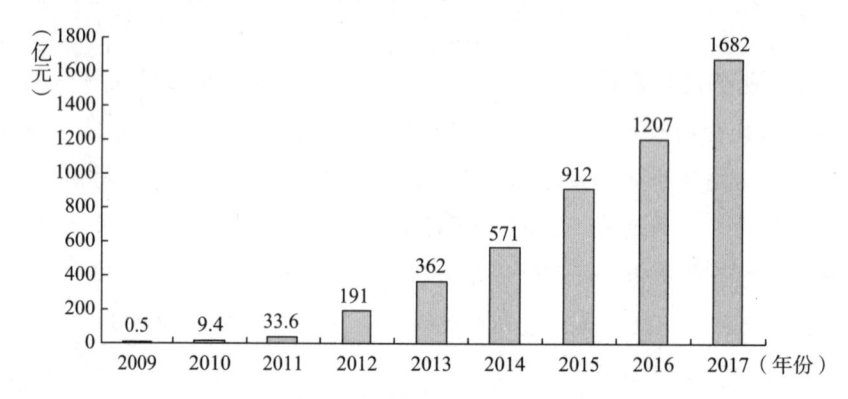

图1 2009~2017年"双十一"成交额

资料来源:阿里大数据。

1682亿元这个数据代表着什么呢?2016年我国西藏自治区的GDP为1207亿元,仅"双十一"1天的成交额就超过了我国一个省份的GDP。再与国际上著名的Facebook公司相比较,Facebook在2016年的总营收达276亿美元,折合人民币1850亿元,"双十一"当天的成交额就快赶上一个公司全年的总营业收入。由此可见,"双十一"所带来的巨大经济效益。

(三)全球最大的购物节

放眼全球,不仅中国拥有自己的全民购物节,许多西方国家也有类似的节日。

在美国，人们把感恩节后的那个星期五称作"黑色星期五"，而"黑色星期五"也就是美国最著名的购物节，不少商家会在这一天推出大量的打折和优惠活动，吸引人们来采购（主要指的是实体销售行业）。但随着电商时代的到来，不少商家也改变了营销策略，推出了网上的优惠活动。

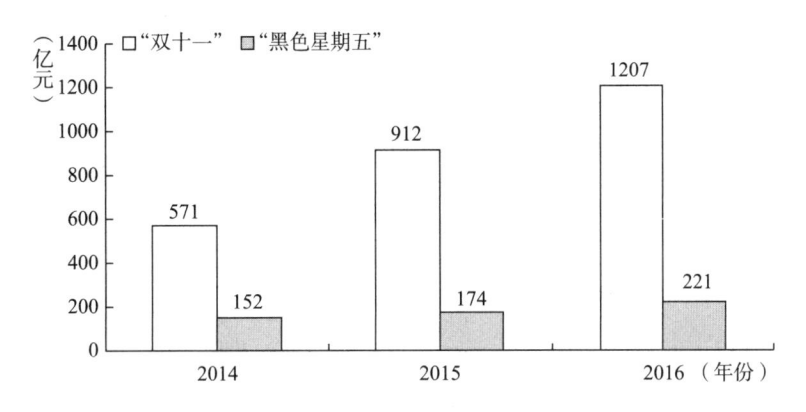

图 2　全球两大销售节线上销售额对比

资料来源：中商情报网。

如图 2 所示，将"双十一"的销售数据与"黑色星期五"的数据相对比之后，不难发现"双十一"的成交额远远超过美国的"黑色星期五"，也就是说，"双十一"已经成为名副其实的全球最大购物节。数据的背后也代表了中国消费者强大的经济能力。

（四）阿里新经济体的产生

在连续九年创下历史纪录之后，阿里巴巴也为"双十一"的成交数据赋予了新的意义。2013 年 5 月 10 日，正值淘宝成立十周年，阿里巴巴集团研究中心发布了信息经济前景研究报告 No.1——《增长极：从新兴市场国家到互联网经济体》。报告首次提出"电子商务经济体"的概念。四年之后，2017 年 1682 亿元的成交额宣告了电子商务正从各个方面改变着人们的生活，从购物到支付，从物流到社交。也许，对于消费者和商家来说，阿里巴巴已经不只是一个消费者和商家建立联系的平台，更是一个互联网时代商业基础设备的提供者。

源于阿里的平台又超越这个平台，以阿里搭建的商业基础为纽带，一个大规模网状协作的新经济体正在由此产生，并逐渐渗透到整个社会。

二　新经济体所迎接的挑战

（一）不同行业的渗透率还存在差异

图 3 展示了 2015 年、2016 年"双十一"中表现突出的十三大行业的销售概况。

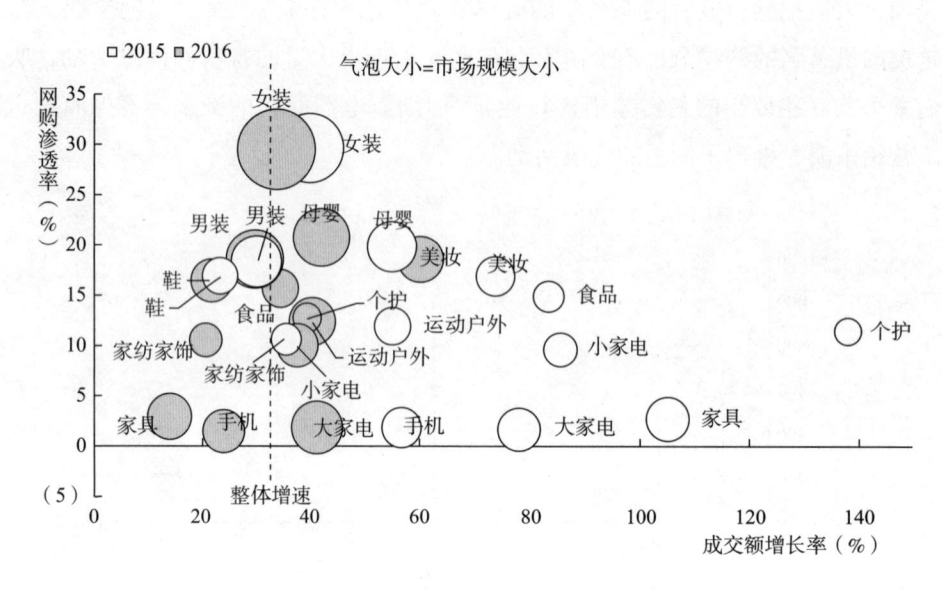

图3 "双十一"十三大行业销售概况

资料来源：DT财经。

我们从图3中能够明显地发现，传统的服装、鞋、纺织类商品在电商平台市场上表现得已经非常成熟了，网购渗透率较高。相对地，家电、手机、家具这些大件或是价格较高的商品还处于发展期，市场规模初具雏形。分析其原因，主要有以下几点。

1. 产品本身的特性

服装、家纺类有占地小、易于运送的特点，而家具、家电类则运送困难。基于这样的特点，服装行业更早也更容易进入线上市场。因此，在现在的市场中服装类所占市场份额较大。

2. 消费者的消费心理不同

服装类商品普遍价格较低，市场上的品牌繁多，消费者可选择范围广，如果买到不满意的商品承担的退货成本也较小。而家电类等大件商品则不同，由于商品价格高昂，考虑到性能、维修等因素，消费者倾向于选择市场影响力大的品牌，消费的决策周期较长，因此成交数量不能与服装行业相比。

3. 电商平台的特性

电商平台具有较强的互动性，现如今由于社交媒体的发展，许多淘宝的服饰卖家采用了"网红效益"的宣传方式，也就是说，用吸人眼球的买家秀和卖家秀来吸引更多的顾客。对于电器类行业，相对来讲其可产生的互动性较弱，所以在营销方面处于劣势。

(二) 不同地域间的发展不均衡

1. 从需求的角度出发

通过"双十一"的销售数据,我们可以发现不同省份之间的消费能力差别较大,与每个省份的经济发展情况相关。

表1 "双十一"交易额映射各地域经济格局

2017年"双十一"交易额排名 Top10	2016年GDP排名 (万亿元)	人口数量 (亿人)
广东(一)	1 (7.9)	1.04
浙江(↑)	4 (4.6)	0.54
江苏(↓)	2 (7.6)	0.79
上海(↑)	11 (2.7)	0.23
北京(↑)	12 (2.5)	0.20
山东(↓)	3 (8.7)	0.96
四川(↓)	6 (3.2)	0.80
湖北(↓)	7 (3.2)	0.57
河南(↓)	5 (4.0)	0.94
福建(一)	10 (8.4)	0.37

资料来源:国家统计局、阿里数据;各省份后面的箭头代表其"双十一"交易量与经济发展水平的比较。

从表1的数据可以看出,广东省作为人口、经济大省,名副其实。广东省在当日的交易额中名列榜首,并已经连续三年蝉联榜首。

以浙江、江苏、上海、北京为代表的购买力较强的省份均位于我国东部地区。其中,北京、上海两个直辖市在人口排名中并不算靠前,但表现出了超强的购买能力。与这两个直辖市形成鲜明对比的是以山东、河南等为代表的省份,其购买力相对落后于各自省份的经济发展水平。所反映出来的这种差异与不同地域间的产业结构、消费观念有着密不可分的联系。因此,作为商家,应该关注这些省份的销售情况,它们可以被挖掘出更大的线上零售空间。

2. 从供给的角度出发

从"双十一"期间不同省份的行业销售数据来看,我国东西部地区在商品的供给种类上存在明显区别。

我国广大的中西部地区,以食品作为主要的输出行业。依靠木材发展的家具行业,在四川、江西、黑龙江自然条件优越的三省份发展得较好。在所有行业中成交额最高的服装业,主要集中在浙江、广东这两个消费大省,同时还有河南、重庆和天津。而在一些非生活必需品,如手机、运动户外用品、个人护理产品和大家电的供给方面,我们可以看到主要分布在东部经济较发达的地区。

从不同省份的商家出货中,可以反映出中国目前的商品生产和制造的格局。受到自然、地理、经济发展、科技水平等的影响,东西部在商品供给方面存在显著差异。未来,对于中西部地区,是否应该进行产业的升级或者是保持其原有的地理优势,生产具有地域特色的商品,都是有待考虑的问题。

(三) 背后的其他行业是否能够满足新经济体的需求

对于消费者来说,线上购买商品可能只是简单地点击屏幕下单,但事实上,从消费者开始搜索、浏览商品开始,其就已经参与其中了。之后的每一步,下单、支付、配送,都牵涉到诸多行业。阿里巴巴将这背后的一整套体系称为阿里生态体系,由支付体系、技术体系、供应链体系、服务体系和物流体系五大板块组成。这里就需要提出一个疑问,随着每年成交额的急剧增长,其背后的生态体系是否能够满足消费者的需求呢?

本文将从物流体系和服务体系两方面来分析这一问题。

1. 物流体系

随着电商销售平台成交量的迅猛增长,物流订单量也在逐年增加(见图4)。

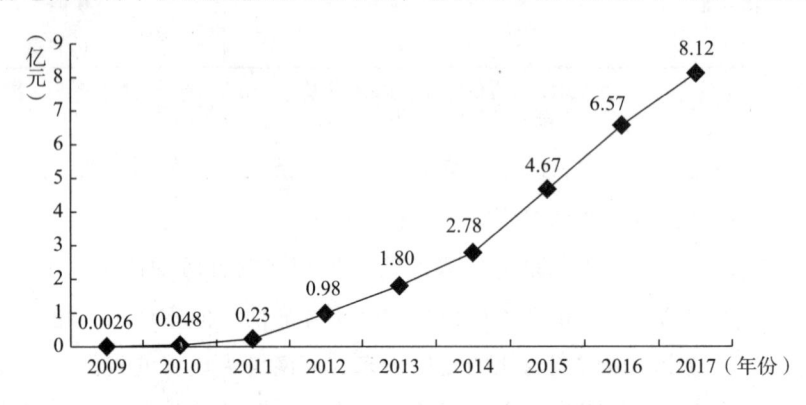

图4 2009~2017年"双十一"物流订单量

资料来源:中国大物流网。

在日常的物流业服务中,快递速度慢、暴力分拣、错发或丢失、包裹破损、信息泄露是被消费者所诟病的五大问题。而当"双十一"来临之际,在一个快递量爆发的节点,这些问题往往就不可避免地暴露出来。爆仓、人员运力配备不足是影响快递高峰时效率的主要原因。面对未来逐年增加的快递数量,如何进行技术创新以满足消费者对快递"快和安全"的核心需求,成为物流业需要考量的主要问题。

2. 服务体系

电商平台是一个互动性较强的服务平台,消费者在下单前有任何疑问或是在收件后有任何需要反馈的问题都离不开与客服的沟通。因此,客户服务体系也是阿里生态系统中至关重要的一部分。伴随着行业的移动化、细分化、多元化等特征,服务行业也面临诸多困境,如客户服务渠道增多、用户咨询量巨大,随之而来的客服效率低、客服人员短缺等问题亟待解决。目前,不少客服中心仍以人工客服为主,采用三班倒的机制来提供"7×24小时"的咨询服务,不仅消耗了大量的人力资源和培训成本,而且无法有效解决服务的专业、效率、质量、管理能力等问题。由此导致的结果是,客服成为企业的"成本中心",服务质量仍不能令人满意。

三 新经济体下营销的改革发展之路

（一）实体零售业的转型创新

在今天,电子商务正在演变成一个真正意义上的"传统行业",由于经营成本的提升、信息技术的发展、消费需求的结构调整,传统的实体零售业正面临巨大的挑战。对于这种情况,国务院办公厅于2016年11月颁布了《关于推动实体零售创新转型的意见》,旨在推动实体零售业进行创新转型以适应新的经济发展环境。其中提到了实体零售业要进行商业结构的调整,具体包括业态结构、区域结构和商品结构的调整。而业态和区域结构的调整就对应上文中所提到的行业渗透率差异和地域发展不均衡两大问题。

1. 业态结构调整

国务院的有关意见大致可概括为两点。其一,要丰富传统零售业的功能,淘汰雷同、功能重叠的部分,为消费者提供多重服务;其二,要加强与电商、物流、金融、电信、市政等的对接,建立"网式"的便民服务体系。而针对不同行业,转型之路也将会差异化。

对于服装业来说,由于其拥抱互联网的时间早,目前行业的网购渗透率已经较高,当前的主要任务是进行商品结构的改革,引导企业改变千店一面、千店同品的现象,不断调整和优化商品品类,在兼顾低收入消费群体的同时,适应中高端消费群体需求,着力增加智能、时尚、健康、绿色商品品种。

对于目前线上平台市场上占有份额较小的一些行业,如家电、智能产品等,则需要改变销售渠道。目前,这些行业正在推进一种"全渠道"的销售模式（在我国,又被称为"O2O"模式）,即在顾客购买商品的每一个环节上都采用多种方式与其进行互动,用线上线下相结合的方式为消费者提供更好的购物体验。这种新的销售模式,改变了以往实体店中"货钱交易"的形式,又不同于当今流行的"线上付款,线下收货"的情况。而是,消费者可以到实体店进行选购,特别是对于大型家电这样体积大、价格高、性能重要的产品,真实的用户体验尤为关键。在2017年的"双十一"活动中，国内率先采用"O2O"模式的苏宁取得了卓越的成果，苏宁易购官方旗舰店位于所有商家成交总榜单的第一名。

2. 区域结构调整

国务院提出要支持商业设施富余地区的企业利用资本、品牌和技术优势，由东部地区向中西部地区转移，由一、二线城市向三、四线城市延伸和下沉，形成区域竞争优势，培育新的增长点。从上文中的2016年各省（市）销售第一的行业里，不难发现我国广大的中西部地区均以食品类商品为主要输出，有关消费升级类的产品则集中在东部地区。食品行业的利润空间固然不能与升级类产品相比较，而这会继续拉大我国东西部地区之间的财富分配不平衡，进而引发社会问题。

在电子商务新经济体的大背景下，如何弱化因地域差异带来的不平衡，是一个重要的问题，本文将提出两点解决方案。

第一，发展具有地域特色的产业。我国中西部地区以资源加工型产业为主，拥有许多得天独厚的自然资源，其中食品类占一大部分。天然的虫草、枸杞只有在西部独有的自然环境下才能生长，而这些产品在健康意识逐步提高的城市人眼中，有巨大的市场潜力。但是，目前由于缺乏系统的管理，没有明确的行业标准，这类产品在市场上参差不齐，价格也各有高低，消费者在购买时存在疑虑。电商平台若在未来为这些产品建立明确的行业准入标准，规范化经营，加大宣传力度，必将大大提高利润总额。

第二，与东部地区的产业展开合作。东部地区以劳动密集型产业为主，而西部地区拥有相对低廉的劳动力，缺乏资本注入。若今后将东部的资金、设备转移至西部，由西部承担产品制造功能，东部负责产品设计，这样既可以促进西部的就业，也可以带动西部共同发展。

（二）发展以新技术、新能源为支撑的营销体系

创新离不开技术革新的支撑，电子商务新经济体以大数据和技术为驱动力，推动一大批行业共同发展。

1. 发展智能化物流体系

建立运输系统的大数据平台、智慧物流体系。例如，针对物流行业一些痛点问题，如订单人工分单效率低、运送过程无记录、车辆油耗统计难等，开发地址库实现自动分单，推出APP记录交互运输环节司机的行为及实时定点运输的位置。针对"双十一"期间频发的爆仓、物流速度慢、包裹损坏等问题，引入智慧物流体系。运用智能化的技术，通过机器人完成货物的分拣、搬运以及拆码垛等仓储全过程。这将大大提高物流的效率。

2. 发展智能客服机器人

发展智能客服机器人，更好地维护企业与客户之间的即时交流以及合作关系，大大降低潜在客流的流失，解决人工客服现存的一些问题。2017年3月29日，阿里巴巴智能创新中心宣布阿里巴巴店小蜜正式推出。它是一款专门针对商家研发的人工智能客服机器人，能够全年无休地为商家服务，实时处理回复海量消息，覆盖各个环节中多个场景，并通过机器学习的算法越来越智能化。在未来，人工智能的服务必将成为一大趋势。

总之，2017年"双十一"千亿元成交额背后，折射出中国经济新图景。传统实体零售业面临挑战，不同行业不同区域经历着产业变革调整，一场全新的生产关系正在萌发。电子商务新经济体的未来正在向我们走来，线上线下的界限逐渐模糊，地域与种族的边界被打破，智慧互联借助数据的力量形成网状协作，这些都是一个新经济体真正诞生的必要条件，新的营销规则正在被制订。

参考文献

李歆：《拥有魔力的"欧巴"效应》，《销售与市场·管理版》2014年第5期。

顾秀秀：《基于管理经济学视角的淘宝商城"双十一"案例分析》，《商业现代化》2013年第21期。

周静、石鹏程：《服装行业电商模式比较及发展趋势探析》，《物流技术》2015年第3期。

李飞：《全渠道零售的含义、成因及对策——再论迎接中国多渠道零售革命风暴》，《北京工商大学学报》（社会科学版）2013年第2期。

（责任编辑　方晨光）

经济新常态下萧山区小微企业和谐劳动关系调查与分析

◎ 赵 晖

提　要： 在对小微企业调研访谈的基础上，分析了萧山区小微企业劳动关系的现状和特点，主要有劳动者身份二元性的转换大、劳资关系的稳定性需提高、员工归属感欠缺、劳资冲突的处理比较集中。并从政府、企业方面对构建和发展小微企业和谐劳动关系提出政策建议，主要有理顺政府为小微企业发展服务的组织架构、加强对小微企业劳动保障监察、完善对小微企业员工的培训、提高小微企业管理水平、提升小微企业社会保障水平和统筹等级。

关键词： 劳资关系　和谐相处　小微企业　萧山

作者赵晖，杭州市委党校萧山区分校高级讲师、硕士（邮政编码　313100）。

浙江先于全国进入经济发展新常态。新常态下，量大面广的浙江小微企业经济总量仍保持全国领先地位。2013年起萧山小微企业发展迅速，2015年受益于小微企业扶持政策利好与商事登记制度改革普惠"交叉潮"，2016年新增个体工商户转型升级为企业的达到757家，转公司制比率为98.28%，新增科技型小微企业62家，新增七大产业4327家，截至2016年底，萧山区共有小微企业5.13万余户。这些企业带动"大众创业、万众创新"热潮的同时，成为市场主体大军中一支不可忽视的力量。培育小微企业，无疑可为经济可持续发展做足长远功，建好后备军。这些小微企业中的劳动关系和谐程度影响小微企业的健康可持续发展，影响着社会稳定。

本文以杭州市萧山区为例，采取随机抽样的方法抽取了 102 家小微企业及 1050 位小微企业劳动者作为调查对象，分别采用问卷调查和访谈的方法进行实地调研。在数据分析和实证分析的基础上分别从政府、企业方面对于如何改善小微企业劳动关系提出建议。

一　萧山区小微企业劳动关系的特点

小微企业包括小型企业、微型企业、家庭作坊式企业、个体工商户。小型微型企业的概念来源《关于印发中小企业划型标准规定的通知》（以下简称《规定》）（工信部联企业〔2011〕300 号），根据从业人员、营业收入、资产总额等指标，中小企业被具体细分为中型、小型和微型三种类型，《规定》将小微企业具体分为工业、建筑业、零售业、餐饮业等 16 个行业种类。萧山区小微企业涉及产品种类较多，主要包括羽毛绒及其制品、竹木草制品、健身器材、玩具、卫浴、化工产品、纺织类产品、加工食品等。

由于中小企业不存在集体罢工所必需的要素，劳资双方的矛盾更多的是通过个人的行为表现出来的，例如矿工和辞职等。国内多数学者认为，小微企业相对于其他企业而言，和谐程度较低。[1]与大中型企业相比，劳动关系评价值明显偏低。[2]高度的信任感在中小企业从来都很少见。[3]事实上，很多中小企业实行的都是最低工资制。认为中小企业因缺少程序化和系统化，其所谓的灵活性近似于不稳定性。家庭式的管理风格实际上是独裁的一种表现形式等观点。

（一）劳动者身份二元性转换大

小微企业的劳资双方主体和劳动关系管理都兼具"农业"和"工业"的双重特点。[4]小微企业主在创业以前、劳动者在进入小微企业工作以前大多都是农村户口，由"农民"到"工人"以及由"工人""技术人员"到"企业主"的身份角色的转换是否到位，影响着小微企业劳动关系。调查情况见表 1。

表 1　员工和企业主户口所在地统计

户口所在地	员工 人数	员工 百分比	企业主 人数	企业主 百分比
本省城镇	183	17.6	38	37.3
外省城镇	99	9.5	1	1.0
本省农村	313	30.0	63	61.8
外省农村	447	42.9	0	0
总计	1042	100.0	102	100.0

由表1可以看出,一是小微企业员工来自本省城乡和外省城乡的比例大致相当,分别为47.6%和52.4%,同时外来务工人员比例高于全国平均水平。萧山历来是浙江省的一个人口大区,2014年拥有户籍人口123.57万人[5],改革开放以来,随着一些传统劳动密集型产业的快速发展,至今吸引了100多万外来人口的快速集聚;另外萧山城乡居民收入水平、生活富裕程度等在全省乃至全国始终处于领先地位,对外省劳动力吸引力较强。二是员工总数中来自省内外农村比例较高。即具有农村户口的员工数占总员工数的72.9%,另外员工的学历量表中初中及以下的员工比例达到了50%,员工的职业技术职称量表中无职称的员工比例达到了68.9%,这部分学历较低、接受职业培训较少的员工对小微企业劳资关系的处理提出了一定的挑战。三是小微企业负责人中有61.8%来自本省农村,超过来自本省城镇的负责人占比37.3%,而来自外省农村的负责人几乎没有。这从一个方面说明具有土地、厂房、技术、资金等优势的本省农村人口创立小微企业的积极性较高,在农村人均收入超过杭州市和全国农村人均收入的萧山,其农村人口的创业氛围更浓,城乡二元结构的差距比不发达地区差距更小。

(二)劳资关系的稳定性需提高

稳定的劳资关系需要稳定的、长期的劳资关系发展战略,在劳动力的使用上避免短期行为。同时,随着劳动分工的不断细化,劳动者的就业方式更加灵活多样,各种新的就业方式不断涌现,加上劳动力的频繁流动,客观上造成了劳资关系更加短期化和动态化。首先从劳资双方劳动关系合同的确立来看,劳动合同期限为小于一年、一年至两年、两年至五年、无固定期限合同、任务合同的人数占比分别为4.3%、49.0%、35%、9.9%、1.9%。可知,员工与企业签订的劳动合同期限最多的为一年到两年,占比为49%,再加上另外占比为4.3%的与企业签订的劳动合同不到一年的员工,以及无固定期限、任务合同的员工数,总共65%的员工签订的合同期限比较短,真正与企业签订合同期限为两年至五年的员工占比只有35%,合同期限的长短也影响着企业员工队伍的稳定性和企业的可持续发展。这些员工在工作和生活中会遇到各种各样具体的困难和问题,有的可以通过企业内部环境的改善加以解决,而有的与整个社会外部环境有关,很难在短期内改变(调查情况见表2)。

表2 您遇到的最大问题是什么?

类别	第一位	第二位	第三位	总合
收入太低	432 (41.1%)	62 (5.9%)	55 (5.2%)	549 (52.2%)
工作不稳定	82 (7.8%)	93 (8.9%)	44 (4.2%)	219 (20.9%)

续表

类别	第一位	第二位	第三位	总合
劳动环境不安全	27 (2.6%)	25 (2.4%)	91 (8.7%)	143 (13.7)
企业主态度不好	8 (0.8%)	12 (1.1%)	17 (1.6%)	37 (3.5%)
没有社会保险	14 (1.3%)	35 (3.3%)	29 (2.8%)	78 (7.4%)
小孩无人照顾	91 (8.7%)	83 (7.9%)	50 (4.8%)	224 (21.4%)
小孩上学困难	56 (5.3%)	70 (6.7%)	50 (4.8%)	176 (16.8%)
住房难	79 (7.5%)	81 (7.7%)	143 (13.6%)	303 (28.8%)
学习技术、职业培训难	61 (5.8%)	87 (8.3%)	99 (9.4%)	247 (23.5%)
职业发展通道窄	27 (2.6%)	57 (5.4%)	111 (10.6%)	195 (18.6%)
未填写	173 (16.5%)	445 (42.4%)	361 (34.4%)	

由表2可知，小微企业员工比较关注的，认为遇到的最大的问题，首先，主要集中在收入太低，除去未填写人员，52.2%的员工认为收入太低。收入状况如何呢？结合年度收入调查统计表可以看出，52.2%的员工工资收入为2.5万至3万元，2015年、2016年萧山区农村常住居民人均可支配收入分别达到29354元、31849元[6]。可见，小微企业员工收入在萧山属于中等收入。但对非本区户口员工来说，在没有本区固定住房或其他家庭经营净收入、转移净收入和财产净收入等非经营性收入的情况下，这部分工资性收入，对维持较好生活状态还是有一定的难度，这在一定程度上影响了员工队伍的稳定性。

其次，有20.9%的员工认为工作不稳定，从与前述中65%的员工签订合同期限小于两年比较来看，只有近三分之一的员工感到工作不稳定。也就是说还有三分之二的员工尽管合同期限短，但认为工作较稳定。为什么同样合同期限短的员工会有不同的稳定性感受呢？这主要是他们的心理主观感受和主观评价不同。良好的劳资关系其实以良好的心理契约为基础，当组织与员工之间建立了良好的心理契约，达成了"心灵的默契"时，可以改善劳动关系，使劳动关系更和谐。

另外，排在第二位的困难是住房难。杭州萧山作为二三线城市，日益高企的房价对小微企业员工形成了一定的经济压力；排在第三位的困难是小孩无人照顾，其和小孩上学困难的员工比例达到了38.2%。家中有小孩的员工存在小孩无人照顾和上学困难,这从员工的年龄结构可以看出,83.7%的员工年龄集中于19岁至45岁,而26岁至35岁的员工占比达到了37.7%,尤其是部分来自区外农村的员工。

影响劳资关系稳定的还有员工的个人职业发展,有23.5%的员工认为学习技术、职业培训难,还有18.6%的员工认为职业发展通道窄。作为员工隐形报酬中的个人发展和职业机会对员工的职业选择和个人成就感有着重要的影响,而小微企业在员工培训和人力资源开发方面的工作还需大力提高。

劳资关系的稳定在一定程度上与萧山社会保障相对比较到位有关。小微企业社会保险覆盖面继续加大,尤其在萧山社保与杭州主城区社保一体化实施的背景下,社会保险比较到位。这从员工社会保障统计表可以看出,反映没有社会保险的比例很低,没有参加工伤保险的比例最低,大约为4.4%,可见大多数小微企业比较注重劳动安全,劳动环境比较安全。另外,没有参加养老保险和医疗保险的人数较少,分别为7%和6.4%。没有参加失业保险和工伤保险的人数比例分别为11.5%和4.4%。对小微企业员工来说,影响劳资关系比较大的因素就是住房公积金的缴存,仍有58.7%的员工没有住房公积金,住房公积金的缴纳比例最低,这也是员工比较关注的困难和问题(见表3)。

表3 小微企业员工社会保障统计

类别	养老保险	医疗保险	失业保险	工伤保险	生育保险	住房公积金
没有	59 7%	52 6.4%	83 11.5%	40 4.4%	84 11.7%	327 58.7%
部分职工	487	418	343	205	345	173
全体职工	289	332	294	655	286	57
总计	835	802	720	900	715	557
未选人数	215	248	330	150	335	493

劳资关系的稳定在一定程度上还与萧山企业主态度较好有关。在员工遇到的困难中认为企业主态度不好的比例只有3.5%,而大部分员工认为自己和业主的关系较好。认为与业主关系很好、较好、一般的比例分别为33.4%、33.9%、26.7%。可见员工与业主总体人际关系较好,两者之间存在的问题和困难主要集中于收入分配的关系和对员工职业训练、职业发展以及对员工生活的帮助和投入方面。

(三)员工归属感欠缺

员工归属感是指员工经过一段时期的工作,在思想上、心理上、感情上对企业产生了认同感、公平感、安全感、价值感、工作使命感和成就感,这些感觉最终内化为员工的归属感。归属感的形成是一个非常复杂的过程,但一旦形成后,将会使员工产生内心自我约束力和强烈的责任感，调动员工自身的内部驱动力而形成自我激励，最终产生投桃报李的效应。这方面有很多影响因素，如有效沟通、公平、创新、领导示范、规范的习俗礼仪、良好的企业形象、良好的人际关系等。萧山区劳资关系的协调机制逐步形成，正加快推进工资集体协商制度，落实《萧山区工资集体协商"要约行动"操作规程》。2014年，已出台《杭州市萧山区"双爱"活动实施计划（2014～2017年）》，促进小微企业资方和劳动方公平，促进集体谈判、三方协商、利润分享机制的完善。[7]

问卷中对企业安排职工加班加点是否与职工或工会协商的问答中，员工认为协商或偶尔协商的人数达到了92.2%，认为资方与员工不协商的为6.1%。可见部分小微企业资方对员工的认知和态度还需转变。而作为对双方权利和义务有效约定的书面合同的签订，实际签订率为82.5%，未签订或不知道签订书面合同的人数占比为17.4%，首先来看已经签订的合同合法性如何呢？已签订合同内容合法的比例为81.7%，内容不合法的比例为1%，还有很多员工对签订的劳动合同没有仔细看，对合同内容也不知道的占比为17.3%，而这部分员工对劳动法律法规本身不了解。

那么未签订劳动合同的原因是什么呢？在186位没有签订书面劳动合同的员工中，有16.1%的人是企业提出签订，但劳动者自身不愿意签订。意味着劳动者自己放弃双倍工资的赔款及签订无固定期限劳动合同的权利，并承担因此造成的法律责任。从心理层面看，这部分员工对企业的认同感较低。还有27.4%的员工和企业双方都没有提出签订劳动合同，这部分企业对劳动合同的操作不规范，没有提出签订劳动合同。还有占比52.2%的员工由于其他原因而未签订劳动合同。作为资方掌控的资本，它是社会财富积累的源泉，对财富分配具有很大的主动权，如果企业没有提出签订劳动合同，这对劳动者权益保护是种无视，也是一种不负责任的表现。

可以说由于企业和员工双方的原因，从确立劳资关系到建立归属感，从接触到认可、赞同和赞赏的过程需要双方的协商和投入与妥协，需从多个角度来提高员工的归属感。

（四）劳资冲突比较集中

劳资冲突就其本质而言是企业劳资关系双方应有的利益差别和矛盾发展到一定程度，在其内部又得不到有效解决的情况下，而表现出的一种公开的利益冲突，由于两者不同利益和偏好而发生的矛盾。我国的体制转型在提高效率的同时，也使劳资之间的矛盾冲突凸显出来，"资强劳弱"的格局得以确立并进一步强化。在社会主义市场经济体制下，劳资双方开始作为独立的参与主体，基于所掌握的信息进行策略互动博弈。在要素结合的方式及产品分配比例上,在契约关系的规则制定乃至生产领域和分配领域等关涉利益博弈的各个方面的严重不对等,可能会使双方的冲突行为变得更加频繁。当我们把作用力集中于其中任何一方时,都有可能出现对资方的依仗将使我们失去公平与正义、失去社会稳定、失去经济持续发展,基于这些问题、因素和后果的考虑,使化解劳资冲突增添了前所未有的难度,也使选择化解策略与方式时显得"谨小慎微",一些正式化的协调机制已建立,但缺乏实质性运作。

劳资冲突的问题除了前面叙述的个人劳动合同的签订,还有集体谈判、共同参与等。其中集体合同是工会或者职工推举的职工代表代表职工与用人单位依照法律法规的规定就劳动报酬、工作条件、工作时间、休息休假、劳动安全卫生、社会保险福利等事项,进行平等协商谈判所缔结的书面协议。由工会代表企业职工一方与用人单位订立,尚未建立工会的用人单位,由上级工会指导劳动者推举的代表与用人单位订立。由于工会或职工代表更能代表大多数员工的利益诉求,在发生劳动争议时更有利于劳资冲突的表达和解决。可见,作为一种契约关系,集体合同是集体协商的结果。而问卷中仍有27%的员工认为企业没有建立工会或不知道工会的存在,而从签订集体合同的情况来看,只有67.9%签订了集体合同,低于员工签订书面劳动合同的比例,有23.2%的员工未签订或不知道集体合同的事项。

从劳资冲突中最有代表性的劳动争议事件来看,有78%的企业没有发生过劳动争议事件,但仍有13.6%的企业发生过劳动争议事件,其中有11.9%的企业发生过不到2起,有1.7%的企业甚至发生过多起劳动争议事件。那么发生劳动争议的原因是什么呢?

共有180位员工填写了发生劳动争议的原因,其中发生劳动争议最多的原因是劳动报酬,占到了填写人数的50%,其次分别是工伤和职业病、工作时间和劳动合同终止与解除、社会保险,而后者主要集中于劳动者工作中身体的伤害和工作权益的保障。

总的看来,萧山区劳动关系存在的主要问题有,一是契约关系的确立不完善。从劳动合同签订率、已签合同的合法性、工会的覆盖率、集体合同的签约率来看,还没有全覆盖、全合格。二是生产和分配领域的公平性还不够。从加班加点的协商、收入和社会保障的额度和范围来看,资方和劳方的合理性差距还应缩小。三是心理和谐程度有待提高。不论是心理归属感、工作稳定性感受、外来务工人员小孩问题的帮助解决、员工发展培训需求的满足等距离小微企业员工心理需求还有一定的差距。这些都需要引起小微企业引导发展的政府和小微企业管理层的重视。

二 改善萧山区小微企业劳动关系的建议

（一）理顺政府为小微企业发展服务的组织架构

目前，政府非常重视小微企业发展，为小微企业服务的机构较多，有市场监管局、人力资源和社会保障局、总工会、工商联、科技局等部门。萧山区在大力推进浙江省创新创业两创工程，也陆续推出了小微企业三年成长计划（2015~2017），牵头部门为市场监督管理局，但目前主要解决的是小微企业融资难、维权难等诸多问题。其中，市场监管局推出全力服务小微企业成长十项新举措，包括优化小微企业注册登记环境、拓宽小微企业融资渠道、开展小微企业帮办服务、推动小微企业转型升级、培育有影响力的小微企业品牌、开展知识产权维权行动、组织小微企业专场培训、开展专业化服务走访活动、加强非公党组织建设和跟踪小微企业发展动态；2013年成立的萧山区小微企业商会，也致力于小微企业的搭建沟通平台、创新融资渠道；科技局主要面向服务科技型小微企业，而服务小微企业劳动方的主要是人力资源和社会保障局以及总工会。这五个单位需建立信息共享、服务互补、统一管理的组织架构，除了建立企业信用管理体系外，还应建立小微企业发展评价体系和风险预警体系等体制和机制。

（二）加强对小微企业劳动保障监察

小微企业的劳动争议处理机制主要应用于劳动争议发生以后，为了从源头上化解劳资矛盾，有必要建立一套行之有效的预防和监察机制。一个强有力的劳动保障监察部门在维护劳动者权益、发展和谐劳动关系方面就显得极为重要。劳动保障监察部门负责对用人单位的法律法规执行情况进行监督检查，发现违法问题及时进行行政处理或采取行政处罚措施。然而，目前劳动保障监察普遍存在覆盖面不全、职能定位不清、缺乏强制措施等问题，进而给劳动仲裁和司法部门带来较大的压力。因此，为预防小微企业劳动纠纷的发生，必须加强对小微企业的劳动保障监察。

具体来说，一是在现行权力范围基础上，依法适当扩充劳动保障监察部门的职权；二是加大劳动保障监察部门对违法行为的处理力度，避免劳动工伤和劳动合同违法、低于最低工资等问题的发生；三是提高劳动监察的针对性，区分行业和企业规模，特别是针对劳资问题出现频繁的小微企业加大监管力度。

（三）完善对小微企业员工的培训

目前，对小微企业的员工培训主要集中于小微企业经营管理队伍、研发设计队伍和高级技工队伍建设。尽管组织了一些小微企业专场培训，但主要目的和重点是培育一批"大众创业、万众创新"的优秀代表，可见对员工的培训还不够全面。从调查统计中可以看出很多员工需要了解相关的劳动法律法规，需要拓展职业发展通道，这对小微企业员工培训提出了挑战。

一是要加强劳动法律法规特别是《劳动合同法》在小微企业管理者与劳动者间的宣传和引导，解决管理者和劳动者在《劳动合同法》的学习和使用上存在的不对称的现象。应该针对小微企业及其劳动关系特点，通过宣传册、网络、就业培训等劳动者易于、便于接受的方式，加强政策法规的宣传引导，特别是对初次到小微企业工作人员的培训。

二是加强中等和初级技工队伍的培训，可以采用师傅带徒弟或者网络学习等方式满足小微企业员工对职业发展的需求。

三是提高劳动者素质。在调研访谈的小微企业劳动者中，过半的劳动者的受教育程度为初中及以下，部分劳动者甚至对劳动合同、社保缴纳等与他们自身利益息息相关的权利意识非常淡薄，这使他们在维权意识、维权手段等方面都存在较大困难。因此，增强小微企业劳方力量的另一个重要方式就是提高劳动者的素质。

（四）提高小微企业管理水平

一是建立科学的薪酬福利制度，合理、定期、适度增加劳动者的收入。受自身经济实力的限制，大多数小微企业的薪资和福利待遇水平偏低。因此，小微企业在无法像大企业一样提供丰厚的报酬和完善的福利保障措施的情况下，应当更加公平、公正、公开地制定薪酬架构和管理制度，充分考虑员工对于企业发展的贡献度，尽量做到能者多得，尽力改善劳动者的福利待遇，留住核心人才。

二是建立和发挥工会的作用。工会在调节劳动关系、维护劳动者权益、履行集体合同、推进民主参与等方面有着重要作用。调查中有近三分之一参与访谈的小微企业员工不知道或没有工会组织，而小微企业是用工不规范现象的多发地带，单个小微企业劳动者的力量又比较薄弱，因此迫切需要小微企业工会组织的建立和作用的发挥。

三是完善书面合同和集体合同的签订。调查中仍有23.3%的小微企业员工不知道或没有集体合同的签订，有17.4%的小微企业员工没有签订书面劳动合同，这需要引起小微企业的重视，完善合同签订的程序，提高合同的签约率和执行率。

（五）提升小微企业社会保障水平和统筹等级

现行的以公有制单位及其职工为设计对象的社会保障制度对于具有实力弱、就业分散化、流动性强等特点的小微企业不具有适应性。因此，应加强社会保险政策的针对性，改善宏观政策环境。首先，可以为小微企业提供适当的社保补贴，使企业在不降低保障水平的前提下减轻社保负担。其次，适度扩大社保覆盖面，降低缴费率。更多的劳动者加入社会保障体系，即使缴费率有所降低，也不会拉低整个社会的保障水平，反而有可能会提高其保障水平。最后，提升社会保险的统筹等级。在省级统筹的基础上，尽快实现全国范围内的社会保险统筹。此外，还应建立跨区域的社会保险关系转移机制。参保人员凭借全国通用并且唯一的社会保障卡便可到工作单位所在地享受社会保障待遇。

注 释

[1] 徐小洪：《冲突与协调——当代中国私营企业的劳资关系研究》，中国劳动社会保障出版社，2004。

[2] 何勤、王晶：《基于小微企业劳动关系特征的中美劳资立法比较研究》，《中国人力资源开发》2013年第7期。

[3] 常凯：《劳权论：当代中国劳动关系的法律调整研究》，中国劳动社会保障出版社，2004。

[4] 徐小洪：《小微企业劳动关系特点及其法律规制问题与建议》，《北京市工会干部学院学报》2013年第1期。

[5] 萧山统计局：《萧山区统计年鉴2014》。

[6] 萧山统计局：《萧山区统计年鉴2015》。

[7] 萧山经济技术开发区总工会：《2014年工作总结和2015年工作意见》。

（责任编辑　方晨光）

幸福社会何以建设

——基于"斯密难题"的文化定向哲思

◎ 李 敢

提　要：无论是时间上，还是学理上，斯密关于幸福社会建设的人性、财富、美德和制度四原则都大名鼎鼎。然而，基于当下中国社会所面临的多重转型现实，对"幸福社会"的追寻，或可以关注四原则之外的第五个原则，即基于文化定向之上的文化价值重塑。以"幸福社会何以建设"为研究问题，经由对"斯密难题"和幸福社会建设文化影响因素理论与实践的讨论，推导出服务于"调节性元价值"建设的"中和·'社会'主义"文化图示构建，并借此对传统文化与现代性融合，以及幸福社会建设与中国文化实践的真实性与可行性展开探讨。

关键词：斯密难题　文化定向　幸福社会　"文化赤字"　"调节性元价值"

作者李敢，浙江工商大学公共管理学院副教授、博士（邮政编码　310018）。

一　引言：伊于胡底的幸福研究

幸福暨幸福社会议题，特别是"影响因素"的研究，近年来一度非常热门，不少成果专注于数理分析工具或模型的打造，以图实现论证逻辑性和结论可重复性的双重加强，值得肯定，但其内蕴的思想性，充其量称为差强人意，从而使得原本颇有哲理思考特质的幸福研究，大有沦为局限于工具技术层面的自娱自乐学界游戏之嫌疑。

　　与此同时，就在幸福研究在学界继续发酵期间，受制于种种限定性机制，该项研究却屡屡遭遇"被幸福"回应的窘尬。[①]其中一个原因可能是，为数不少的研究成果在专注于"科学分析"时，或多或少忽视了对政府推出这一研究课题社会实践紧迫性的认知。例如，当前多重"准失范"社会状态如何得以缓解其社会张力。再如，中央政府推出幸福研究立意，是着力于倡导如何渐进实现以"生产导向"往"幸福导向"的整体发展观的转变，抑或是简单倡导以细化、量化、"精确化"的"幸福指数"引导民众"知足常乐"，以及"国强民富"和"国强民乐"关系如何摆正，从而有助于降低社会进一步改革发展的成本，进而有助于降低多重转型发展时期潜在社会危机爆发的可能性，等等。

　　因此，非常有必要重新审视国内幸福研究骤发的社会语境。在笔者看来，一定意义上，幸福研究上承"建设和谐社会"议题（2004），下接"民生、尊严与幸福"议题（2011）。于是，幸福研究在国内隆重推出具有很强的现实主义诉求意蕴，是一个颇具政治、社会、文化实践可操作性色彩的课题。仅凭打着"科学主义"招牌，简单的数据化，估计很难令今日身处多重"准失范"社会环境下芸芸众生"幸福"起来——几乎各个阶层，不论是令人艳羡的公务员或富有阶层、所谓中产阶层（包括广大专业技术和事业人员在内，可能称为"中间阶层"更恰当），以至于平凡的不能再平凡的市民与农民或农民工群体，概莫如此。[②]也许，"幸福社会"的实现或更需要正本清源，例如，适应新形势社会文化价值体系的培育塑造，以及整体文化价值层面的社会关怀。

　　于是，对于幸福社会建设研究而言，在一定意义上，倘若缺失文化价值重塑方面的社会实践改革，匆忙之下纷繁多样的"数量化路径"可能只是挑雪塞井罢了。相较之下，对当下中国社会文化价值系统缺失与理性空白的深度讨论，或许是诸种变量模型、假设命题研究路径之外的有益尝试，否则，莫免有本末倒置之嫌。这是因为，如果缺失对致力于推进良性发展社会文化价值观这一核心要件的聚焦，势必无助于让政府和全社会真正掌握诸种可操作性参照体系，无助于致力于国家现代化生活参照坐标的设置，也无助于在高屋建瓴层面给出一个可实践的幸福社会建设和发展目标。

　　也正出于以上幸福社会建设之文化关怀缘故，在研究方法方面，不同于"问卷调查或实验"等主流研究路径，本文反其道而行之，从"末流"着手，结合"斯密难题"及其幸福社会构建四原则，以对中国当下社会现实及其文化价值反思为端口，致力于传统文化与现代性相融合的哲思探讨，进而关注幸福社会建设的文化实践的真实性与可行性。

因而，本文研究问题即在于，探究文化定向及其可能图示构建对于幸福社会建设的社会影响，以及这种影响背后蕴含的社会治理意义。

二 充满伦理关切与道德焦虑的"斯密难题"

若论及幸福研究的"社会关怀"贡献，当首推斯密的《道德情操论》，该著述论及，一个社会在"道德情操堕落"情形下根本不可能有幸福，"同感""交换""利他"一类社会文化价值培育和践行，对于一个幸福社会的建立和维系更为重要。

而"斯密难题"大致源自德国历史学派关于斯密学说的论断，他们认为，斯密"国富论"中关于"自利"与"道德情操论"论述之中的关于"利他"的阐释存在天然冲突。此后，"斯密难题"在学界逐渐流行起来。不过，在某种程度上，这种观点其实是对斯密学说的误读或曲解。③例如，由于人们通常只看到斯密在《国富论》中对资本主义生产关系若干特质的阐述，譬如重视理性经济人的谋利心理和行为，强调"自利"的外溢性，却相对忽略了其在《道德情操论》著述中所重视的社会人的伦理、心理、法律和道德情操对于经济增长的意义和价值。而且，在斯密看来，社会秩序建立在同情与交换一类社会本性之上，其中产生出的道德准则是社会存在的基础，并维持促进了社会的和谐与繁荣。[1]

再如，尽管《国富论》主要在于强调物质财富增加的途径，但实际上，斯密在该书中也指出，人们对财富追求的本因在于实现生活幸福，但不应当为了无尽的酬劳而过度操劳，放弃应当的休闲娱乐，以至于损害了自己的健康，这是因为，肉体上的品质离不开精神上品质的支持。至于社会幸福，斯密指出，在任何社会中，如没有中下阶层普通人的幸福，社会就不可能说是一个繁荣公正的社会。为此，政府的一个主要职能是保护人民的人身生命自由与财产不受社会其他成员的侵犯，建立起坚实的国防，完善公共福利（通过公共工程和公共事业实现），实现社会公正（通过设立严正的法律体系，从而促进人的发展与社会的进步，促进个人、家庭与国家乃至全人类的幸福臻善。[2]

而在《道德情操论》中论及"幸福"的字眼可谓比比皆是，按照贺金社主编的《经济学：回归亚当·斯密的幸福和谐框架》一书中统计说明，"幸福"（happiness）一词在书中出现了225处，且几乎每章都有出现，而"快乐"（pleasure）一词在《道德情操论》中出现了148次。[3]另外，在某种程度上，《道德情操论》第6卷"论有关品德的美质"可以说就是有关幸福的专题讲座。例如，斯密论及"经济发展应当以公民的幸福生活为目标""个人的身体状况、安全、财富、地位与名誉等，被认为是他此生舒适和幸福的依赖对象，对它们的关心，被看成是通常称为谨慎的那种美德的合宜职责";"对自己幸福的关心,要求我们具有谨慎的美德,对别人幸福的关心,要求我们具有正义和仁慈的美德";"开明的自我利益可以转换为仁爱,而幸福则包含了责任感与归属感的满足";"对我们自己个人幸福和利益的关心,在许多场合也表现为一种值得称赞的行为准则";幸福离不开谨慎与善行,因为"我们所依靠的增进自己财富的主要方法是那些不致遭受损失或危险的方法:在自己的行业或职业中的真才实学,在日常工作中的刻苦和勤勉,以及在所有的花费中的节约,甚至某种程度的吝啬";"较高级的谨慎,如果推行到最完美的程度,必然意味着艺术、才干以及在各种可能的环境和情况下最合宜的行为习惯或倾向,它必然意味着所有理智和美德的尽善尽美;这是最高的智慧和最好的美德两者之间的结合";幸福离不开友情与交往,因为"我们认为,在我们必须与其共处和经常交往的人们中间已经确定和根深蒂固的我们自己的情感、道义和感受","在好心的人们中间,相互顺应的必要和便利,常常产生一种友谊……他们之间的情投意合对大家都有好处"。[4]

因此,总体而言,在一定意义上,尽管"斯密难题"所涉的《国富论》与《道德情操论》的确是围绕"自利"与"利他"而铺陈展开,"道德和利益"为其中关键性字眼,但是,"斯密难题"中也包括了幸福社会建设学说,二者并不冲突。例如,斯密认为,幸福社会构建需要包括四原则,即人性原则、财富原则、美德原则与制度原则。[5]

在中国当代社会里,"斯密难题"表现更多的是一个市场经济的道德基础问题,涉及当今市场经济建设的合法性,以及人们在市场经济体制活动中如何得以安身立命,既是物质上,也是精神上的安身立命。在一定程度上,可以说,"斯密问题"已经演化成中国社会和经济生活的现实大问题,其中包括社会治理大问题,对于我们社会和经济生活有着巨大惊人的影响。[6]

于是,基于当下中国所面临的多重转型现实,例如,"中国社会所面临的危机之一就是元价值危机……改革开放以后,面对日益失去效力的目标性元价值,国家也没有建立一套有效的调节性元价值来弥补目标性元价值所留下的社会整合真空。[7]因此,对于"幸福社会"的追寻,或可以关注斯密幸福社会四原则之外的第五个原则,即基于文化定向之上的文化价值重塑原则。这是因为,中国社会目前最匮乏的正是斯密所言的基于"道德"的文化价值观——能够服务于人们更好地生活,而得以形成的理念价值及其与之对应的社会行为准则。在某种程度上,适宜的文化价值定向,可以成为人们在物质和精神上双重依托之地。事实上,文化价值定向的缺位,则是当下中国诸种"乱象"病症的社会根源。例如,重工具理性轻价值理性,目的和手段错位,除了对金钱或权力等实用利益追求之外,今日国人精神世界的芜杂混乱程度,也许堪称这个转型时代的一个明显标志了。

三 "文化定向"之下幸福社会建设的理论阐释

（一）概念厘定

所谓"文化定向"，顾名思义，指的是使文化转向指定的方向，易言之，文化定向就是一个文化选择定位问题。

依据本文研究主旨，首先，文化定向指的是一国经济社会发展观的选择定位，例如，在发展观上，渐进实现从"生产导向"到"幸福导向"转变对于中国社会顺利转型有着重大意义，这或许也正是国家在"十二五"之后对幸福研究予以大力倡导的一个动因所在——服务于经济社会双重转型需求。[8]而"幸福导向"发展观的一个构成即为文化要素，在向"幸福导向"发展观转变过程中，从文化层面上看，这个过程本身就是一种文化的选择定位。[9]

其次，文化定向也指的是，在确定好相应的发展观前提之下，如何定位好其中具体的文化价值向度。例如，在"幸福导向"发展观之下，文化图示有哪些可能的构建模式。文化定向的这层解读，也正是基于诸种关于"文化"概念的厘定，例如，文化的"意义共识"论，以及观念与价值观共享论等。基于此，在本文中，"文化定向"主要指向社会文化意义层面上的"价值"定向，且这种价值可以为特定群体所共享，这是因为，文化是价值的体现，而价值则是文化的内在规定性与基本特征。[10]"从社会学角度看，价值是某种社会秩序的维系力量，也是一种实现社会整合、解决社会秩序何以可能的重要因素"。[7]当然，作为一种文化产物，价值包括价值主体（即行动者）与价值客体（例如"精神"以及"规范"等）之间的意义、效应和状态，以及其间的过程、机制与结构，其核心是个体与社会在互动之中生成的，有益于人优化自身生命存在的特质属性及其之上的相互关系，例如，对经济、技术、信息、科技等"现代化"指标的顶礼膜拜，在一定程度上导致人们漠视了作为生命体自身关于生活意义、尊严、幸福等价值的探求寻觅。

（二）理论阐释

以文化研究著称的美国社会学家彼得·伯格（2008：96）曾指出，人们都是文化性的存在，[11]而社会从本质上就是一种精神秩序，遵守文化规范的社会成员收获到的将是受尊重感、归属感与快乐，而违背者则遭受到为社会所孤立，正所谓为善者能得福，作恶者遭报应，因其脱离于上帝或社会了。[12]的确，文化及其维度对于一个社会幸福水平提升有着相当影响，这一论点已经为不少理论研究与实践经验所证明。

首先,以不丹"国民幸福总值"(Gross National Happiness,简称 GNH)理论体系为例,其以幸福社会建设实践而闻名于世。GNH 理论体系构建了由"四根支柱"支撑的"幸福大厦",其中一个支柱就是文化保护——主要聚焦于对文化多样性与文化传统的保护,它将文化设施、语言使用、社区节日参与以及其他传统娱乐等内容都纳入考虑范围。而对文化传统的维系,为不丹国基本政策目标之一,这是因为,传统与文化有助于人们身份和价值的认同与创造性的激发,"不丹政府有责任保护好民族传统文化中的精华并使之发扬光大,倡导志愿精神及和谐合作精神,努力寻求家庭、工作与休闲之间的平衡"。经由测试被试对语言、身份、价值观变更、信仰、规范、习俗等基本文化要素及对节日、歌唱等各式文化参与的感知,可以对文化各方面力度与幸福社会构建相关性进行评估。不丹 GNH 研究表明,"弹性且多样性的文化"而不是物质中心主义,有助于将民族核心价值观传递下去,更有助于不丹幸福社会的建设。除了必要的物质需求之外,人们的精神需求更应当经由以价值观为基石的社会文化发展去加以满足。[13]

其次,除了不丹 GNH 理论体系与实践之外,关于文化因素不同纬度可以对一个社会幸福水平产生多重影响的相关阐释还有很多。例如,苏等人(Suh et al., 1998)的研究表明,文化差异对社会成员生活满意度与幸福感的改变存在归因性影响。苏进一步研究(Suh, 1999)发现,就韩国社会而言,为现代西方文化很看重的"一致性"对人们幸福改变的重要性远低于美国。这也提醒研究者要注意,某些为西方学者视为事关心理健康、幸福快乐通用有效的变量,其受特定文化约束影响程度可能超出学者自身的想象。另一位关联研究者 Ahuvia(2001)的研究表明,[14]源自文化差异性,不同价值观下社会成员对于幸福理解存在着五花八门的观点,例如,西方国家更看重"享受生活",而奉行集体主义原则的中国更看重"社会认可"与"面子"一类价值观。

而国际心理学界幸福研究权威 Diener 研究团队(1995)认为,对于社会成员幸福影响之中的变异,尽管财富是一大影响因子,但是文化和政治也有较大影响,其后续研究表明(2000),[15]一些国家因其能在食物、清洁水源、医疗保健等方面更好地满足其国民的基本需求,并在社会支持、乐观主义和积极性、应对方式,以及对个人欲望规制等方面提供支持,从而在改变民众价值观和人生目标等方面取得显著性成绩,也进一步证实了,在这些国家能够存在较高层次的主观幸福(Subjective Well-Being,SWB)。④

再如,倘若从功能主义视角去审视,有鉴于社会所灌输的价值观对于任何社会都非常重要,所有社会成员的行为都具有一些显性或潜在的"功能性需求",受既定价值观驱动,而人们的动机和行为,大抵均是他们所内化的社会价值观某种功能体现。例如,已有实证研究表明,基于赋权的价值观可令民众更好地进行自我表达,这将裨益于面向外团体信任及普世取向的支持,而这种信任的提升有助于社会成员信任感与主观幸福的增加(Welzel,2010:1-23)。国内研究人员康君(2009)也指出,对于幸福社会的理解,源自中西方在生活方式、价值观念以及思维模式等人文环境的差异性,中外民众对其理解必然有所不同,在许多方面甚至可能表现出巨大差异性与对立性,比如中国人比较重视情感感受与体验等。

概而言之,一定意义上,一个社会幸福水平层次高低正负,受制于该社会成员能够履行为其身处社会所珍惜价值观的程度,而社会文化通过改变人们价值观与人生目标可以有效影响幸福层次的变动。[16]

四 中国当下现实:"文化赤字"时代,何来的幸福社会

经由以上对"斯密难题"及文化定向之下幸福社会建设的理论与实践介绍,可以发现,在幸福社会建设过程中,在一定的经济发展时期,是文化特征而非经济等因素,对于一个社会幸福水平的提升有着更为明显的功用。[17]这或许也是因为,价值观变化是社会变迁的首要动力,社会本质由其基本的价值体系所决定。

从中国发展情况来观察,改革开放30多年来,在专注于经济增长层面的市场化改革方面,中国已初步取得了重大成就,综合国力也大大增强。例如,我国GDP增速基本实现了以年均9.7%速度的增幅,尤其是在2008年国际金融危机之后,我国经济仍保持较为高速的增长,在一定程度上,堪称世界经济发展的一个"奇迹"。有关数据显示,2002~2007年,中国年均经济增速高达11.65%,尤其是2004年、2005年这一轮增长比较明显,甚至超过10%,2006年、2007年更是达到了12.7%和14.2%的增长。2010年,我国GDP总值由1978年的3600多亿元增长到39.7983万亿元(约合5.74万亿美元),超过日本的5.47万亿美元,成为世界第二大经济体。同时,与1978年相比,截至2010年,中国经济总量已占到世界的9.27%,GDP翻了110倍,人均达到4283美元。这样,中央在改革开放之初关于在21世纪中叶达到人均4000美元的规划目标已经提前近40年得以实现。[18]

但是,尽管经济建设成绩相对令人瞩目,但就当下中国社会现实而言,大概是正处于多重急遽转型时期缘故,环保、食品安全、收入分配、贪腐、社会流动凝滞化等重大社会问题层出不穷,其中一个迫在眉睫的焦点问题是缺失与中国经济发展相适应的文化价值体系,进而言之,社会文化体系在整体上趋于离散破裂之态,缺失合宜的价值"定向",特定领域甚至已经处于"失范"或"准失范"情形,亟须

在价值信仰、认同感、归属感、信任感等方面增进社会凝聚力。这是因为，改革开放以来，尤其是20世纪90年代中国市场经济进入深度快速发展时期之后，尽管现有市场经济体系依然很不完善，但在社会文化价值层面对"理性人"予以了不恰当解读与无端放大，自上而下，从精英到草根只记得了"国富论"功用，却忽视或漠视"道德情操论"价值，结果导致社会整体对于经济利益自利化过度强调，甚至于"不遗余力"地展开追逐。虽说经济发展成就巨大，但相应信仰迷失、诚信匮乏等社会文化价值体系紊乱的发展代价也颇为沉重。

一定意义上，文化价值定向的迷失正是以上社会问题的根源所在。因此，对于当下中国社会而言，无论是建设一个和谐社会，还是奔向一个幸福社会，在文化建设上面临的最迫切问题实际为"社会道德体系趋于瓦解，缺乏一种能让全社会认同的主导价值，也没有建立一个能有效说服人的主流价值观"（邓聿文，2012），易言之，社会在文化价值体系整合方面成效甚微，也没能有效培育出足以令大多数人认可的核心价值。

于是，相较于斯密关于幸福社会建设的人性、财富、美德和制度四原则，在追寻"幸福社会"路程中，基于文化定向之上的文化价值重塑更为迫切。追本溯源，可以说，幸福社会建设成效真伪或层次高低，取决于相应理念及其所面临的相应挑战，而这种挑战更多是一场社会文化价值层面的挑战，"中国到了需要建设新价值观的时候了……没有理念的变化就没有制度和政策的改变"。[19] 否则，对于各类阶层而言，身处一个"道德情操堕落"的社会，以及一个欲"透支"都乏力的"文化赤字"时代，幸福社会建设未免只可能是一场海市蜃楼。

五 "中和·'社会'主义"："幸福社会"的文化定向构建

基于以上论述，为全面准确理解"斯密难题"，有助于克服"文化赤字"时代社会文化价值危机难题与顺利迈入"幸福社会"建设之路，有必要在文化价值重塑基础之上推动新的价值观体系建立，有必要聚焦于"调节性元价值"的设立论证。⑤在国家发展观渐进由"生产导向"到"幸福导向"转变之时，这方面诉求尤为迫切。这是因为，"无论是对个人追求而言，还是对一个国家的经济社会发展而言，作为一种愉悦性情感体验的幸福均应当是一种终极价值的诉求所在，也应是公共政策制定者的一个关注焦点"（丘海雄、李敢，2012）。

有鉴于此，在充分汲取中国优秀传统文化营养源之上，本文提出一个基于"中和·'社会'主义"共生理念的文化图示，并借此说明可适应于幸福社会构建的新的价值观体系及其内蕴（见图1）。

图1 "中和·'社会'主义"文化——幸福社会建设关系图示

"中和·'社会'主义"文化图示旨在回答前文论及,影响幸福社会建设过程中文化定向层面难题,即尝试对中国语境下"斯密难题"之上的"幸福社会可以可能"问题给出一个文化的回答,姑且算作斯密关于幸福社会建设四原则之外的一个补充——基于文化定向之上的文化价值重塑原则。

如图1所示,历史向度主要在于倡导回归"家园"的传统文化,例如"中和"类价值观,侧重于对传统礼俗社会文化价值的承继与改良。现代向度主要在于倡导拥抱"社会"的现代文化,侧重于现代工商或法理社会文化价值的建设与丰富。例如,在图1中,前者主要着力于精神归属的类宗教关怀,后者主要着力于推进现当代"各司其责专业主义团体价值"的认可与发扬。因此,该文化图示构建的整体立意在于,尝试同时汲取传统乡土社会与现代工商社会文化价值精髓,以求可以促进传统与现代性之间相融合,也尝试去说明,在当代社会文化价值体系建设过程中,传统乡土文化或农业文化与现代都市文化或工业文化可具有共存互补的可能性。

简言之,置于多重社会转型背景之下,"中和·'社会'主义"文化图示,旨在展示由乡村经济时代精神(传统理念价值)融合市场经济时代精神(现代理念价值)的社会文化建构。此文化模型构建,其实也正是对当前中国社会需要什么样的核心价值及道德体系问题的一个社会学回应。在笔者看来,只有文化价值定向问题得到有效解决,才有可能将社会建设真正推向"幸福导向"之路径。

(一)"中和"之道在何处

"中和",字表意思为中正、合作与和谐。从中国传统文化角度去理解,"中和"可用于指代忠孝友悌信、德诚恕节和、仁义礼智勇,以及至善、至诚、至仁、至真等"中庸之道"[6],如"太平和合"即是其一种理想境界。在笔者看来,"中和"之道最大功用在于,有助于"敬畏"理念原则的培育和运作。这种敬畏的对象至少包含生命、天道与历史等几个维度。传统文化中"敬畏"理念价值内涵的制度化和习俗化有着明显的社会教化功用,例如,内含有经由日用人伦去追求仁爱心和幸福生活的价值品质。

对"中和"一类传统文化价值的强调是因为,中国儒家传统及其人文思想在新的历史条件下可以完成现代转化(杜维明,2011)。早在1935年,吴文藻先生即指出"事实上,我们对于固有的文化已经缺乏正当的认识,在我们的意识中,已铸下了历史的中断。因此,对于我国传统文化中的精华元素,我们如不再奋起直追与审慎复兴,必将造成历史与现实的重大遗憾"。[20]

在经济建设进入新常态发展阶段,再回首这些年的文化建设,是否有必要也迈入一种"新常态",而不是"静止态",比如,适当回归中华传统文化谱系,并以此为基石,在全方位改革新时期进行文化价值重塑。⑦这是因为,在很大程度上,中华传统文化依然是增进民族向心力与凝聚力的有效载体,可以为国人提供一种类宗教的精神寄托,⑧也即精神"家园"的归属感,是幸福社会建设开展的一个有效前提。在这一方面,即便是按照西方的幸福研究学说,例如马斯洛的层次需求论,这种精神"家园"归属感对于提高人们的幸福水平也非常重要,没有心灵的归属感,何来幸福社会呢?而且,应当说,一定程度上,建设优秀传统文化传承体系,与重振国民精神有着密切联系。这也是因为,在很大程度上,传统文化中价值理性,正可用于弥补当代科学理性或知识理性的不足,其蕴含的人文精神仍然为单纯以追求经验实在的科学理性所难以超越的。[21]

不过,此处"中和"一词,更多属于一个文化类别意义之上的"理想型",可用于指代广义之上中华传统文化的菁华内容。除了儒家"中庸之道"以及释墨道等诸子学说主要内涵之外,还可以作为一种方法论,指对思想多元化、世界多元化,以及不同意见的认可与包容。例如,当运用本文中阴阳鱼文化模式构建时,"中和"本身即可以用于表示中国优秀传统文化中"阴"和"阳"不同类文化之间的互动平衡,同时,"中和"也可以表示为尝试去推进传统文化价值(可表示为"阴")与现代文化价值(可表示为"阳")之间的融合互动。

(二)"'社会'主义"文化的价值魅力在何处

"'社会'主义"文化,顾其名思其义,强调对市场经济中以"专业团体"为代表的"社会"力量及其价值意蕴的发掘,其最大价值魅力在于有助于"制衡"理念原则的培育与运作。这种认知启发主要来自涂尔干关于(职业社会)"社会力量"的阐释,并融合有对杨小凯先生所言的"各司其职(专业主义)团体价值"的理解与运用。⑨

笔者以为,除了以"中和""敬畏"理念为标志的传统文化之外,随着市场经济的继续发展,在推进"社会"中兴过程中,基于专业团体一类"社会力量"及其价值体系的多层次道德规范体系建设可以充当破解当前社会文化价值危机的另一类有效工具。这是因为,致力于市场、产业和分工互动,以及"社会力量"构建的各类职业团体及其之上的社会团结观,实际上是一种社会道德类型观,其不仅强调道德信仰约束力是社会团结的一块基石,也提倡社会分工结构应与多层次社会道德体系相适应。例如,既要重视宏观层次上具备共同信仰和价值体系的道德规范构建,也要充分重视并发展中观层次上职业团体及其他群体非官方道德规范构建。而多层次道德规范体系的基本功能就在于,它可以有效保证,在日益复杂的现代社会分工体系中,其间各个组成部分可以在相互依赖基础上,予以有机地结合并发挥各自的道德规范作用。[22]

为对基于专业主义团体价值体系"'社会'主义"文化进行有效阐释,有必要对此处"专业团体"加以进一步阐释,其突出的是职业团体及其专业伦理的社会功用,涉及现当代工商企业以及其他各式各样行业的"中立性"组织,例如行业协会、商会、非营利组织等。这些组织的共同之处在于,可以对当代公民参与和平等意识进行有效强调,并能够推动社会成员以互依参与方式去关注"社会"的建设。而且,就利害得失而言,其处理应对的事宜往往具有休戚与共、息息相关的特质,成员之间的交往互动更多具有平等性。在这其中,"契约原则"和"公民精神"可以得到逐渐培育和有效体现。

其实,在一定意义上,专业团体建设也是特定类别社会网络的构建。社会网络的本意即为存在于群体和个人之间较为持久的具有重复性的社会联系、社会交往与社会组合,而这一类特质正是现代工商社会中不同专业领域的专业团体所必备的,这是因为,现代工商社会本身就是一个基于职业类型差异性之上的高度分工与专业化的社会。这种专业团体也是社会网络结构中"社会单元"的主要体现形式。当然,某一社会单元的行动空间既产生于它所在网络中的位置,也受限于其所处位置与他者之间的具体互动。于是,在功能上,专业团体网络成为社会资本的典型表现形式,既是团体内"公共财",也是团体间"公共财",因为它们能够为各自群体内成员提供资本、信息等稀缺资源,也能够对成员无限制的个人利益追求施以必要限制,就这样,专业团体网络逐渐演化为足以影响个体目标和手段的具体约束性集合。与此同时,专业团体网络还可以推进团体成员间相互勾连的实现,易言之,通过这些专业性网络,也有助于专业团体与专业团体之间纽带联系的搭建和运转。并且,业有所精专业团体及其活动可以构成所属社会结构的中层部分,进而以其自身专业价值理念为灵魂,形成相应的价值体系。除了相互依存之外,还可以与社会中其他不同类型价值体系相竞争,并进一步共同构成整个大社会的价值体系。

这是因为，在一个高度分工与专业化的现代工商社会中，基于"各司其责专业主义团体价值"体系，构成了可以对是非或对错予以判别的参考性标尺。于是，各个专业团体形成的价值体系能够逐渐演化为社会大众所依赖的理念准则，并构成维持社会整体性文化价值的支柱。需要面对的事实为，现代工商社会本身就是一个多元价值并存的社会，在一定程度上，这种多元性要义即在于，其能够指出社会各主要价值体系之间存在彼此竞争与抗衡的力量，而在社会价值结构中，由专业领域界定和维系的价值体系可以更好地起到一种桥梁性功用，譬如，倘若往下看，有鉴于每一个现代人基本上都直接或间接隶属于某一个专业行业，于是，以专业团体为依托的专业价值体系便能够成为普罗大众认同寄托的对象所在。相较之下，倘若往上看，在整个社会中，各个专业领域及其价值体系又可以与社会其他价值体系相互依持，构成一个整体性社会价值网链，它们不仅是个人之间的社会黏合剂，也是团体之间的社会黏合剂，还是信息交换的中转站以及资源共享的大平台，一定的信任与义务正是产生于这样的价值体系之中（熊秉元，2008）。而且，这些由专业领域界定维系的价值体系还是现代市场经济发展的自然衍生品，只要秉持法治与民主原则，"继续坚持市场化方向改革，减少政府对资源的控制和对经济的干预"（张维迎，2014），促使市场经济活动持续保持更快更广的活动空间，在达到一定的规模之后，也自然就孕育出相应的相对稳定持久的价值体系。因此，现代工商业社会的社会文化价值重建，离不开这些各具特色的专业价值体系的相互依持。在某种程度上，如果说，在农业社会中，宗族组织及其活动是传统文化价值体系构建的有效载体，那么在现代工商业社会中，基于"各司其责专业主义团体价值"及其活动，便是现代文化价值体系的有效载体，是传统农业社会宗族组织及其活动的涅槃重生，在这其中，不同利益主体的不同声音都可以有效表达出来，都具有推动社会自我治理、维系社会秩序和社会稳定的功用。

承上，专业团体建设将促进以工商企业（尤其是非垄断性民营企业）和社会组织为代表的社会中间力量及其价值体系的孕育成长，从而有助于共同推进文化建设新常态时代的社会共治及其对应多重道德价值体系的铸造，反过来看，在市场经济体系内，这种专业主义发展，实际上正是基于"制衡"理念原则之上社会文化价值层面的重构。同时，这类文化价值体系发展也将有助于为国内社会建设与经济发展与转型提供一定的价值导航指南。

由此，本文认为，在市场经济深入发展过程中，对"各司其责专业主义团体价值"（专业伦理）的培育和扶植，将有助于社会道德体系的重整与重建。以专业团体中行会为例，行会之所以成为一个制度存在是源自"国家困境"。在一定意义上，行会的规范性力量来自某些共同知识的协调与契约的强制，与此同时，行会逐渐发展为特定行业的文化信仰依托物,所以,行会可以在不同商人集团之间建立起名誉机制,并对行会会员发挥道德强制功用。[23]另外根据海德堡大学社会学教授乌塔·格哈特的观点,在帕森斯理论体系中,以"经济—职业系统"为基础的社会变迁价值观,有助于对一国国族精神及其国民士气振兴发挥积极功用。[24]而经由各式职业团体运作构建而成的专业伦理及其价值体系的真正功用在于,能够在其间相互依赖和共存共荣层面上发挥功能职责,由此,才有可能逐步累积酝酿出现代工商社会正常运转的一个要件,即制衡。因此,职业团体的兴盛,有助于打造全体社会成员的平等参与意识与公民意识,也有助于社会秩序的生成和维系,以及社会团结和社会凝聚的聚合巩固,而这些内容也正是中国传统文化中所欠缺的现代性因素,譬如,桑巴特论及的注重秩序与保存的市民精神就比较匮乏。

这种调节功用在现当代工商业社会中更为明显,这也意味着,在从机械团结性社会走向有机团结性社会过程中(在一定程度上,中国改革开放之路其实就是这样一种循序渐进的演进),原适应于(信仰与情感)高度趋同化社会的强制性权力将逐步呈现瓦解态势,社会将进一步走向多元化,一种更多基于合作的新型职业社会秩序将应时而生。而且,在这样一种职业社会中,道德责任也随之更多受来自以专业团体为主体的"社会力量"共同形塑,将越来越多地受基于分工合作的专业团体及其服务于社会专业伦理观念的调节,而国家则难以在复杂工商业社会中继续担任道德输出源角色。

概而言之,"'社会'主义"文化是一种强调"社会"力量及其理念价值的文化,包容、分享、多元与团结合作都是其特质所在,但核心要旨在于突出制衡理念原则的生成与功能发挥。

六 结语

综合前文表述与讨论,基于对"斯密难题"、斯密幸福社会四原则,以及这些问题在中国社会语境的意义和功能分析,可以发现,不论是对于经济转型,还是社会转型,文化重塑都是一个迫切任务。但就幸福社会建设的文化定向构建而言,不同于前述张维迎(2014)在其"新的核心价值观"中对产权尊重、对帕累托改进的认可,以及对机会均等倡导之类经济学色彩的阐释,本文以"中和·'社会'主义"文化图示为表征的新价值观体系构建,服务于当代中国"调节性元价值"建设。具体而言,其内涵更侧重于社会文化体系重塑层面的"双重价值"导向,例如,既强调基于历史向度"家园"理念价值(如"敬畏"),也强调基于现代向度"社会"理念价值(如"制衡"),以及它们之间的融合共生,二者融合体现于,倡导在恢复传统社会文化价值基础上,向工商社会或法理社会文化价值迈进。

当然,以上关于传统与现代两类理念价值及其融汇的功能发挥,都需要借助于一定的行为规则和组织形态,譬如,"礼制"和"礼治"如何融入于"法制"和"法治",以及职业团体社团化建设过程中的价值规范与行为规范如何平衡,等等。至于如何取舍,当兼收并蓄,"择其善者而从之、其不善者而改之",多角度宽视野地认识与汲取两类社会文化价值的合理性。存在问题有,在学理层面,此两类文化价值是否可以如文中"中和·'社会'主义"文化图示所展示的那般融会贯通,以及在日常生活实践层面中,是否存在倡导从上而下和从下而上去践行基于此两类文化价值融合之上"新生活运动"的可能性,当为进一步研究探讨的方向了。

注　释

①在目前社会急遽转型阶段,某些研究机构或职能部门热衷的城际"幸福城市排名榜"操作,属于对幸福和幸福社会建设的误读和曲解,他们的率然作为在很大程度上只是增加了民众对"幸福"的排斥,其广为诟病在所避免。依据笔者的理解,中央推出幸福研究的一个关键点在于明确一种新型经济社会发展价值观,即为民众谋福祉的发展方向,而不是急于打造什么一蹴而就的"幸福"政绩工程,因而,"幸福社会"建设并不是一种"完成时态"之下的既有结果,而是一个"进行时态"之下的发生过程。

②由"盖洛普""世界价值观调查"等 6 家民调机构根据收集的最近 20 年中国国民收入和幸福感关系相关调查数据而撰写的中国幸福报告(2012)认为,在过去 20 多年,尽管中国已经取得了非凡的经济成就,但是民众幸福感却未能相应上升,在低收入阶层中,他们的生活满意度甚至还有所下降。陈一鸣、郑红等的报告分析了中国人 20 年幸福感,称底层民众未共享繁荣,四月网,http://news.m4.cn/1162267.shtml。另有国际调查表明,中国是目前世界上压力最大的国家。http://news.xinhuanet.com/overseas/2013-12/15/c_125861535.htm,新华网,2013-12-15。

③"斯密难题"(Adam Smith - Problem),也译作斯密问题,关联文献可参阅 JR Otteson. The Recurring "Adam Smith Problem", History of Philosophy Quarterly, Vol. 17, No. 1, Jan., 2000,聂文军:《亚当·斯密与"亚当·斯密问题"》,《哲学动态》2007 年第 6 期;朱绍文:《亚当·斯密的〈道德情操论〉与所谓"斯密问题"》《经济学动态》2010 年第 7 期,等等。另外有关资料表明,《道德情操论》自出版以来,斯密本人一直在修订,前后共六次。就在《国富论》于 1776 年面世之后,斯密还对《道德情操论》修订了两次,而且最后一次也是最重大的修订就是斯密逝世之前才完成。最重要的是增加了一章:"论道德情操的堕落。"而《国富论》正是在修改《道德情操论》的过程中完成的,且斯密在《国富论》第 6 版新增的前言中明言,《国富论》是《道德情操论》思想的继续发挥,二者并不矛盾(卢周来,2011)。

④幸福研究中的"幸福"一词在国际学界英文文献中一般有五个对应词,即"well - being、happiness、welfare、hedonia、eudemonia",后两者一般出现在哲学、伦理学文献中。本文注意到,对于"幸福"一词,在主流经济学领域,如福利经济学,其对应的英文一般为"well - being"或者"welfare",而在非主流经济学领域,如行为经济学和快乐经济学,幸福一词对应的英文一般为"happiness"(也有用"hedonics")。依据著名澳籍华裔经济学家黄有光(Yew - Ywang Ng, 2006)的观点,well - being 一般译为"幸福",welfare(福利)作为主观感受时也可以译为"幸福"或"福祉",happiness 一般译为"快乐",只是"幸福"与"福祉"是比较正式的用法,通常指较长时期的快乐,除此之外,三者的意义基本是一样的。同时,心理学权威 Diener

(1999)指出,在西方学界,学者们倾向将主观幸福(SWB)等同于幸福(Well-being),用以评价人们的生活状态与生活质量。当然,同一作者在同一篇文章中也有可能混用这几个词语,例如马里兰大学公共政策教授 Carol Graham 在他的《快乐有什么酬劳?——基于俄罗斯面板数据的探析》一文中,将"快乐"(happiness)与"幸福(Subjective Well-Being, SWB)"视为同义词处理。兰卡斯特大学的经济学教授 John O'Neill 在其撰文中,如《可持续性、幸福和消费:享乐论方法的局限性》,将"subjective well-being"与"subjective welfare"视为同义词(丘海雄、李敢,2012)。

丘海雄、李敢:《幸福透视:"资本"论视域下的解读》,《安徽师范大学学报》2012年第5期。

⑤"调节性元价值",按照中山大学社会学教授王宁(2013)的观点,调节性元价值并不是建立在关于未来的终极目标或理想蓝图的基础上所形成的价值,而是一种着眼于调节个人自由与社会秩序之间、个人利益与社会整体利益之间关系的一种根本性的价值。

⑥中和之道,某种程度上即是《中庸》之道,整个体系堪称博大精深。受制于主旨和篇幅影响,本文简介如下,细节则不作铺陈。《论语·庸也》:"中庸之为德也,其至矣乎。"意思是说人的道德如果能达到中庸,就是最高的道德。中庸之道是人生的大道,事业成功、生活与健康的根本理论。中庸之道理论基础是天人合一。具体内容有三达德、五达道、九经三重等。中庸之道主要原则有三条:一是慎独自修,二是忠恕宽容,三是至诚尽性。

⑦改革开放30多年来,在"经济万能论"发展观驱使与误导之下,对传统文化的忽视已经演变为普遍性流弊,如今其负面性已日益显露出来:整个社会心气浮躁,价值混乱,而物质主义与享乐主义却甚嚣尘上。芸芸众生大都只相信现世的物质享乐而漠视人文精神价值的追求。甚至连一向严肃圣洁的教育界也充斥着这类俗气,不少所谓知识分子对自己关于本民族语言文字和历史文化了解日趋生疏化的现状毫不在意,且无任何羞赧愧怍之心,遑论努力实践了。例如,为传统士人所熟稔珍视的"三纲领八条目"以及"四维五常八德"等价值观,在当下大陆学界,或许只有文史哲从业者尚了解一些,而一向以"科学研究"孤高自诩的社会科学从业者对此类知识有认知践行者或许已经寥若晨星了。实际上,严峻一些说,当今中国社会文化已经处于累卵之势态。重塑民族文化价值已时不我待(李敢,2013)。

⑧从社会学角度而言,宗教可以泛指有利于"心灵和精神的合作"以及可以促进感情统一的因素。在这一点上,传统文化依旧具有为国人提供精神支撑与心灵慰藉的准宗教价值功用。

⑨关于这一点,笔者与杨小凯先生生前主要搭档——澳籍华裔经济学家黄有光老师有过讨论。

参考文献

[1] 王楠:《亚当·斯密的社会观:源于人性的自然秩序》,《社会学研究》2006年第6期。

[2]〔英〕亚当·斯密:《国民财富的性质和原因的研究》,郭大力、王亚南译,商务印书馆,2008。

[3] 贺金社主编《经济学:回归亚当·斯密的幸福和谐框架》,格致出版社,2010。

[4]〔英〕亚当·斯密:《道德情操论》,蒋自强等译,商务印书馆,1997。

[5] 蒲德祥:《幸福社会何以可能——斯密幸福学说诠释》,《哲学研究》2014年第11期。

[6] 陈彩虹:《"斯密问题"和我们的问题》,《新商务周刊》2013年第15期。

[7] 王宁:《社会元价值的危机与超越——从目标性元价值到调节性元价值》,《学术前沿》2013年第13期。

[8] 丘海雄、李敢:《从"生产导向"到"幸福导向"镜鉴:源自不丹和法国》,《改革》2011年第6期。

[9] 李敢、丘海雄:《经济学"幸福悖论"的一个文化回答》,《江西财经大学学报》2013年第5期。

[10]〔英〕安东尼·吉登斯:《社会学》,李康译,北京大学出版社,2003。

[11]〔美〕彼得·伯格:《与社会学同游:人文主义的视角》,何道宽译,北京大学出版社,2008。

[12]〔美〕兰德尔·柯林斯、〔美〕迈克尔·马科夫斯基:《发现社会之旅——西方社会学思想述评》,李霞译,中华书局,2006。

[13] 丘海雄、李敢:《国外多元视野"幸福"观研析》,《社会学研究》2012年第2期。

[14] Ahuvia, A. Welling - being in cultures of choice: a cross - cultural perspective. *American Psychologist*, 2001, 56 (1): 77 - 99.

[15] Diener. SWB—The Science of Happiness and a Proposal for a National Index. *American Psychologist*, 2000, Vol. 55. No. 1. 34 - 43.

[16] Inglehart R, Klingemann HD Culture and Subjective Well - Being, eds Diener E Suh EM (MIT Press, Cambridge, MA), 2000, pp. 165 - 184.

[17] Graham. Carol. Insights on Development from the Economics of Happiness. The world Bank Research Observer, 2005, 20, (2): 219 - 242.

[18] 周瑞金:《辛亥百年:从世界演变看中国改革路线图》,《炎黄春秋》2011年第9期。

[19] 张维迎:《理念的力量:什么决定中国的未来》,西北大学出版社,2014。

[20] 吴文藻:《论社会学中国化》,商务印书馆,2010。

[21] 司马云杰:《文化社会学》(第5版),华夏出版社,2011。

[22] 贾春增:《外国社会学史》,中国人民大学出版社,2000。

[23] 卢现祥主编《新制度经济学》(第2版),武汉大学出版社,2011。

[24]〔德〕乌塔·格哈特:《帕森斯学术思想评传》,李康译,北京大学出版社,2009。

(责任编辑　方晨光)

大学生参与社区居家养老志愿服务长效机制探讨[*]

——以杭州市为例

◎ 孙 雁 李群鑫 周亭楠

提 要：服务资源供求不平衡已经成为制约社区居家养老发展的重要因素。志愿服务的风险责任机制不明确，缺乏专业化的对志愿服务的引导与培训，在校大学生志愿服务缺乏连续性等因素，是阻碍大学生团体参与为老服务的主要原因。本文提出建立基于线上 APP 平台的双层机制的设想，即以大学生志愿者与老年人为供需主体构成核心圈，解决服务与需求的匹配；以政府、高校、社区三个主体构成外围圈层，为志愿服务保驾护航，同时对政府、高校与社区作了责任的界定。

关键词：社区居家养老 线上 APP 平台 双层机制 大学生志愿服务 杭州

作者孙雁，浙江大学城市学院城市治理与立法研究中心副教授；李群鑫，浙江大学城市学院 2017 届本科毕业生；周亭楠，浙江大学城市学院 2015 级本科生（邮政编码 310015）。

近年来我国老龄化进程十分迅速。面对每年数量剧增的老年人口，社区居家养老服务面临供需缺口大、专业性欠缺、成本高且内容单一等问题。一方面是养老对

---

[*] 浙江省民政政策理论研究规划课题（ZMZC201643）；浙江省 2015 年度高等教育课堂教学改革项目《基于项目驱动制的城市管理学翻转课堂教学改革研究》（KG2015509）、2014 年杭州市精品课程《城市管理学》课程教学孵化项目成果。

服务的需求存在巨大缺口，另一方面是在一线二线城市，高校拥有数量庞大的大学生群体需要寻找机会与途径参与志愿服务，其中不乏一定数量的专业与养老服务相关的大学生群体。对政府而言，应考虑通过政策引导将养老服务需求与大学生志愿服务的资源相匹配，发挥大学生服务社会的积极性，同时缓解城市养老供需矛盾。本文试图在政策支持的空间及现有技术支撑的条件下，探索大学生参与社区居家养老志愿服务常态化、长效化的可行方案。

一　社会需求与相关政策

（一）社会需求

根据杭州市民政局统计数据[1]，2016年，杭州市60周岁以上老年人口占总人口的比重为21.55%，远远超过联合国传统标准10%的指标；由于人口基数大，60周岁以上老年人的绝对数量为159.13万人。杭州市自2003年开始启动社区居家养老以来，经过十多年的实践，成效显著。但是面对数量剧增的老年人口，社区居家养老服务的供需缺口巨大，现有的政府资助、依靠社区为主体提供居家养老服务的模式难以有效满足需求，探索并完善多种形式的志愿服务参与社区居家养老势在必行。在杭高校拥有数量庞大的大学生群体，2015年，市全日制高校在杭大学生数量约为47.5万人[2]。这一数据还不包括在杭职业技术类高校的学生数量，并且人数规模基本稳定。几乎所有高校设置了"第二课堂""社会实践"或"素质拓展"等课程，要求大学生在校期间从事志愿服务或公益活动，以取得相应学分，达到授予学位的要求。此外，杭州部分高校设有护理学、临床医学、社会工作、社区管理等专业，这些专业的学生规模数量可观，学习期间需要通过社会实践提高专业能力。但是因公益活动、志愿活动、社会实践机会有限或质量参差不齐，一定程度上影响了学生的社会实践效果，同时也造成了人力资源的浪费。构建大学生参与社区居家养老志愿服务的平台与长效机制，既能填补社区居家养老服务的供给缺口，又能为大学生提供志愿服务、社会实践的平台，提高大学生的能力与社会责任感。

（二）相关政策

1. 社区居家养老的相关政策

杭州市自2003年开始推行社区居家养老服务，制定了相关的政策。笔者通过梳理、归纳，有以下几方面内容。其一，强调政府是提供养老服务的主要主体，应在养老服务中发挥引导和指导的作用；规定政府开展养老服务工作主要有两种机制，即政府管理机制和政府购买机制。其二，社区养老是大力倡导的养老方式。2016年，杭州市民政局要求各地重点提升、优化各级照料中心的服务能力。除此之外，倡导各个社区积极建立智慧型养老平台。其三，强调"政府引导，社会参与"，鼓励各主城区整合当地的社会公益资源，借助志愿者的力量为老年人提供形式丰富的服务。其四，积极探索"时间银行"等制度。杭州市 2014 年提出"银龄互助"计划，通过开展互助守望、生活照料、精神关爱、维权调解等，对互助养老服务时间进行累计；并提出完善志愿服务"时间储蓄机制"，搭建"杭州智慧养老云服务平台"，鼓励社会各界组成志愿者团队，进入社区，为社会老年人提供生活或医疗方面的服务。

2. 志愿服务的激励政策

早在 2003 年，杭州市人大便已通过全国副省级城市首个志愿服务地方性法规《杭州市志愿服务条例》，随后相继出台多项配套政策，并于 2014 年正式实行"志愿服务公益积分制度"。主要的政策内容为：其一，将志愿服务分为社区型、专业型、管理型三种类型。其中，社区型志愿服务的对象，是以社区为单位的内部群体，包括广泛开展扶弱帮困、便民利民、社会教育、群众文化等服务，以达到完善民生服务、增进社区和谐、提高社区生活品质的目的。其二，实行多种激励形式。目前，杭州市对志愿者的激励方式，主要有政府表彰、精神奖励、物质奖励和作为升学、晋升的参考条件。在 2014 年实施的"志愿服务公益积分制度"中，将志愿服务的时长与个人诚信记录关联起来。

二 大学生参与养老志愿服务的现状与制约因素

在政府引导下，杭州市部分老年人集中的社区积极探索居家养老的形式，进行大学生志愿服务引入社区的实践。

（一）在校大学生参与社区居家养老志愿服务的现状

1. 志愿服务主要有独立上门与集中辅助两种

独立上门服务，主要采用"一助一"的形式提供居家养老服务。这一类型的志愿服务最为常见，需求也最大。主要为行动不便、空巢老人、孤寡老人等群体提供卫生清洁、陪伴慰藉、代帮购物、健康咨询等简单的生活服务。集中辅助服务针对有共同需求的人群，配合社区工作者开展服务。如杭州市珠儿潭社区组织大学生志愿者与社工一起定期开展"阳光互动"专题活动；仓基新村社区在 G20 峰会期间，组织大学生志愿者参与社区巡逻与社区养老系统的更新管理。

2. 高校与社区有意识搭建合作平台

2016 年，浙江树人大学与仓基新村签订合作协议框架，学生进入社区开展涉及多项内容的志愿服务，包括居家养老志愿服务。当前，杭州市大学生参与社区志愿活动较频繁，合作由原来的松散型逐步向紧密型转变，许多在校大学生积极参与、深度融入社区工作。

3. 大学生志愿服务存在的显性问题

其一，工作相对枯燥而缺乏创新性[3]，影响志愿服务的积极性。其二，工作较简单，对专业性要求不高，难以发挥其专业优势。大学生进入社区从事志愿服务，多数是在热心公益事业的感召下承担社会责任，缺乏引导与培育专业化志愿服务的组织，容易流于形式。

（二）大学生参与社区居家养老志愿服务的制约因素

1. 法律尚未明确界定养老志愿服务的风险责任

老年人因自身健康问题发生跌倒、坠床、走失甚至死亡等意外事件的概率较大，为老服务面临较大风险。尤其是在"一对一"上门服务中，一旦发生意外事件，往往没有第三者在场，导致风险责任的界定困难。我国现有的法律体系，对志愿者从事志愿服务被伤害或产生伤害行为的，可参照《民法》《侵权责任法》等相关法律判定赔偿责任[4]。但是相关法律并未做出对志愿服务提供者有利的制度设计；在实际操作中，往往由志愿服务提供方承担赔偿责任。志愿服务是"一种利他行为，是人们在正式（非私人）场合中，在一段时间内自愿、无偿地贡献自己的时间和专业技术"[5]。做出"利他"行为但却可能承担巨大责任风险，对志愿者与志愿组织而言，避开为老服务是理性选择；对于社区而言，为了规避纠纷，也往往将大学生志愿者拒之门外。

2. 传统观念对养老服务的界定过于狭隘

在传统观念中，养老服务指的是以护理为主的医疗卫生及家政服务。基于狭隘的理解，大学生志愿者认为护理工作需要专业技术，难以通过短时间培训获取技能；而对于家政服务，则会产生抵触心理，影响了服务的意愿与积极性。实际上，随着老年人生活水平的提高，居家养老服务的需求也发生了很大的变化。根据国务院办公厅印发的《社会养老服务体系建设规划（2011~2015）》，居家养老服务涵盖生活照料、家政服务、康复护理、医疗保健、精神慰藉、法律服务等。其中经常需要的服务有11项，包括医疗保健和康复护理4项（上门看病、上门护理、康复治疗、日托站或托老所），精神慰藉服务2项（聊天解闷、老年人服务热线），生活照料服务4项（陪同看病、帮助日常购物、上门做家务、老年饭桌或送饭），以及法律援助1项[6]。按照上述规定，在校大学生参与养老服务的范围较大，其中医疗保健和康复护理、精神慰藉、法律援助等志愿服务需要一定的专业技能，可以由医学、心理学、法学专业的在校大学生对口提供；生活照料的服务不需要专业基础，志愿者通过前期上岗培训即可提供。

3. 缺乏专业化的对志愿服务的引导与培训

志愿组织开展志愿服务活动应该是一个完整的过程,从计划、组织、培训、活动的开展到评估,所有环节做到位,方能保证活动的专业与高效。但现实情况是,由于志愿精神相对匮乏,高校及志愿者协会等组织投入到志愿服务中的资源有限,活动组织方只能将有限的资源投入到活动显性效果突出的地方,往往忽略了活动开展前的组织工作与开展后的评估工作。尤其是志愿服务的引导,以提供高质量服务为目标的培训被省略或者简化,易造成志愿服务流于形式。此外,杭州社区居家养老有"常规服务+智慧管理"型、"社区—企业合作"型与志愿服务参与型三种模式,不同模式需要有专门的志愿服务组织做好前期的计划、引导与培训工作,以真正满足社区对志愿服务的需要。

4. 在校大学生的志愿服务缺乏连续性

除了缺乏志愿服务培训,大学生志愿服务还存在队伍建设不稳定的问题[7]。一般来说,大学生在校四年,第3学期至第6学期是从事志愿服务的高峰期,大多数同学选择在这一时期完成学校"第二课堂"(也称为素质拓展课程)要求的志愿服务。这一时间上的特点,造成社区居家养老大学生志愿服务队伍不稳定、人员更新快等问题。在调研过程中,仓基新村社区和珠儿潭社区均表示,本社区现有的大学生志愿队伍,在2年周期内会面临80%人员的更新。加上管理与培训工作的不完善,经常发生因工作衔接不到位而志愿工作被迫暂停的情况。新一批志愿者的到来,需要社区拿出足够的时间,给予更多的指导与帮助,让他们熟悉工作。这对于工作负担很重的社区而言,增加了较大的时间与沟通成本。

5. 高校与社区的合作缺少常态化运行机制

从调研来看,社区对于大学生参与居家养老服务持积极态度,高校与社区的合作也从松散型向紧密型转变,但是合作平台缺少常态化的运行机制仍是十分突出的问题。一个常态化的运行机制,需要高校与社区共同组建管理机构(可以不必实体化),有专门负责成员(可以是兼职管理),有明确的协调机制与问题解决机制,有一套行之有效的激励机制和健全的督导与考核机制。然而,高校与社区的合作多以简单签署合作协议为主,缺乏对服务开展中出现问题的预判,更没有上述机制,往往是出现问题再着手解决。一方面,采取非程序性方法解决问题会大幅度增加管理成本,降低双方合作的意愿;另一方面,问题不能及时得到有效解决,也会在一定程度上挫伤志愿者的积极性。

总体看来,大学生参与社区居家养老志愿服务在实践中仍有许多障碍。若这些障碍得不到解决,将无法发挥大学生志愿者团队的优势,也无法实现大学生参与为老服务的常态化、长效化。

三 建立大学生参与社区居家养老志愿服务长效机制的对策建议

（一）依托智能技术支持，政府主导开发线上 APP 平台

根据上述对志愿者参与社区居家养老服务现状与制约因素的分析，结合技术条件，笔者认为，应当充分利用当今互联网和智能化技术的发展，构建基于线上 APP 平台的"双层"机制，以实现大学生参与社区居家养老志愿服务的常态化与长期化。基于线上 APP 平台的"双层"机制，指的是以政府为主导搭建在线 APP 平台，围绕居家养老志愿服务，构建大学生志愿者、老年人、政府、高校、社区五大主体的两个圈层。

一是"核心圈层"——解决服务与需求的匹配。核心圈层由大学生志愿者与老年人两大主体构成，通过线上 APP 平台将两个主体有效地联系在一起，以解决志愿服务信息不对称，缓解供需矛盾。在这一圈层中，老年人发起需要服务的诉求，向 APP 递交服务内容、时间与要求等信息，APP 向注册的大学生志愿者发出需求信息。大学生志愿者可以结合自己的技能、资格与时间安排，回应服务需求。

二是"外围圈层"——为志愿服务保驾护航。外围圈层由政府、高校、社区三个主体构成，它们不直接参与为老志愿服务，起到对志愿供需双方的引导、激励、保障与监督的作用。

双层机制中，"核心圈层"与"外围圈层"相互支持。政府需要依靠高校、社区、志愿者实现为老服务，体现政府的责任；高校需要依靠社区的帮助进行志愿者培训，并依靠志愿者服务实现其社会使命；社区则需要政府政策支持与高校的协助，缓解养老困境，高效履职。

（二）围绕线上 APP 平台，界定政府、高校、社区的责任

1. 政府的责任：技术应用、政策支持、法律保障

（1）志愿服务在线 APP 的开发与推广。政府应利用当前网络普及的优势，以手机作为信息传递的载体，开发 APP 软件，架起志愿者、老年人和社区之间的沟通桥梁。此外，APP 对应为老年人服务的端口，菜单的设计应尽量简单、易懂，方便老年人操作。目前，我国许多城市政府通过购买服务、选定合作商家，为 80 岁以上老年人或孤寡、空巢、独居老年人提供老年人手机。政府应在合作商家的老年手机中推广该 APP 的使用，并由社区工作人员进行指导。

（2）制定居家养老志愿服务的标准体系。目前，居家养老志愿服务尚无明确的标准体系。当务之急是由政府组织专家制定一套科学与专业的社区居家养老志愿服务标准。这套标准应以各地社区居家养老服务标准为依据，结合志愿者参与社区居

家养老服务的内容,对医疗保健和康复护理、精神慰藉、生活照料、法律援助等服务做出具体的规范指导,并以此作为志愿者为老服务技能培训的基础教材。

(3) 研究与制定相关政策。一是对志愿者服务进行适当经济激励手段的政策。虽然志愿者服务以志愿为基础,以承担社会责任为使命,但适当的经济激励加精神激励,有助于激发志愿者的积极性。二是引导老年人接受有偿(低价)志愿的政策。让老年人为居家养老志愿服务支付低价的费用,一方面,有利于解决志愿者经济激励的资金来源问题;另一方面,采用经济手段也有利于节约有限的志愿服务资源。对志愿者有偿(低价)服务费用的标准,可以参照目前各高校针对贫困生"勤工俭学"岗位的标准制定。三是划定免费接受志愿服务与有偿(低价)接受志愿服务的群体边界。对于免费接受志愿服务的群体,经济成本应由政府通过财政转移,交由社区支付费用。

(4) 志愿服务供需双方的法律保障。法律对于双方责任的归属要有详细而明确的界定,建立健全相关责任归属的法律保障制度;服务过程的责任问题,法律应有明确的规定。在法律保障的基础上,政府相关部门应建立相应的责任保护机制。其中可以在社区或是高校志愿者协会内设立相应的纠纷调解处,旨在解决日常的责任纠纷,将问题产生的不利因素降到最低限度。还应该完善对志愿者和老年人提供的双向保险制度。

2. 高校的责任:志愿倡导、审核把关、考核奖惩

(1) 倡导志愿精神,引导学生参与志愿服务。一是用志愿服务小时数抵扣相应的实践学分。对于具备专业知识的学生,如医学、护理学、心理学、法学等专业的学生,可将参与居家养老服务作为社会实践或课程实践的重要环节。积累一定的志愿服务小时数,通过折算认定为社会实践或课程实践的学分。二是"第二课堂"中设置必要的志愿者小时数。学生通过培训完成规定的最低志愿服务小时数后,方可取得"第二课堂"的学分认证。三是在荣誉称号评比中,将志愿服务小时数作为参考或者评价的指标之一。优秀的大学生应具备承担社会责任的使命感,可在荣誉称号的评比中,将为老志愿服务作为同等条件下的优先条件。四是学校专门设立鼓励志愿服务的奖学金,用于奖励成绩优异且积极参与公益事业的大学生。

(2) 对志愿者APP注册进行审核并严格把关。审核把关的目的,是让真正具备服务资质的大学生从事志愿服务。审核的形式可以有两种:参加课程培训或资格认证,目前参加课程培训更具可操作性。通过社区的帮助,为注册APP的志愿者开设不同类型的"为老服务"教程,完成一定教学课时数方能认定合格。此外,对于已经具备专业知识的大学生,可以由社区通过实践操作的形式进行资格认定。今后,应逐步探索志愿服务的资格认证工作。建议由民政部门牵头,社区协助,开设免费

培训班及资格认证,让更多的志愿者在提供为老服务前能够具备较为扎实的基础。

(3) 制定志愿者考核办法。志愿服务的评价与反馈应成为认定志愿者小时数的重要参考,以提高志愿者服务的质量。学校应制定考核办法,指定专门的机构负责考核工作。考核应将志愿服务的评价、反馈意见、服务小时数三者相结合。只有通过考核且被认定了的志愿服务小时数,才能成为学分认定、荣誉称号评比或申请志愿者奖学金的依据。

3. 社区的责任:资格认定、宣传引导、服务保障

(1) 志愿者的培训与志愿服务资格的认定。社区应承担大学生志愿服务培训的义务,根据社区居家养老服务的需求,开设相关培训课程,并探索志愿服务资格认定的方法。社区开展对志愿者培训可以采用两种途径:一是进入高校,联合高校专业教师开发"课程包"。高校教师主讲理论课程,社区提供实践机会,课程取得的学分可以认定为大学生公共选修课模块的学分[8]。二是由社区具备资质的优秀社工开设为老服务的理论与实践课程。社工进入高校,借助高校的教室、场地开设课程。对于服务资格的认定,目前社区可重点针对参加过课程培训的学生,具备一定的理论学习基础与实践经验之后,即可通过资格认定。今后在条件成熟的情况下,即便不参加培训,社区也可以通过测试的形式,直接做资格认定。

(2) 引导有偿(低价)服务的意识。引导低价、有偿志愿服务的政策宣传与落实,应由社区负责。在当前所有60周岁以上老年人的养老服务尚难以全部由政府财政解决的情况下,利用志愿者服务,由社区老年人通过支付低价服务费用,解决志愿者的午餐、交通补贴,以体现其服务价值,并进行适当的经济激励,有一定的合理性。此外,社区还应负责对APP使用的培训,并解决部分老年人无法在线支付的难题。

(3) 免费接受为老服务群体的筛选并支付服务费用。社区应依据政策,对社区老年人的情况进行摸底,对符合政策规定、可接受免费养老服务的群体,汇总名单。这一群体如果在APP平台上提出志愿服务需求,产生的费用应由社区从相关经费中统一支付。此外,对于免费接受为老服务的群体,社区应尽量为其选择具备资深服务经验的志愿者,或者委派一名社工协助志愿者的服务。

(4) 为志愿者进入社区提供基础保障。如利用社区现有资源,为志愿者提供休息场所。社区可以在日间照料中心为志愿者提供休息场所、茶水、盥洗间等。此外,社区应为志愿者解决用餐问题,降低志愿者开支。

总之,在我国,随着快速的老龄化进程,养老不仅是社会难题,也是每个家庭的重负。对于大部分75周岁以下的老年人而言,养老服务的需求以陪伴为主。心理陪伴与慰藉、陪伴购物、陪伴看病买药,这些服务需求可以借助在校大学生来实现。

对于75周岁以上需要医养结合的老年人而言,他们的需求也可以借助具备专业知识的大学生群体来实现。在养老服务的供需存在巨大缺口的情况下,发挥在校大学生志愿者的力量,引导鼓励大学生参与社区居家养老服务,并通过制定相应的政策,形成完善的制度、机制,使大学生参与社区居家养老志愿服务常态化与长期化,是符合当今国情的有益举措。

注 释

[1] 数据来源:http://zj.people.com.cn/n2/2017/0419/c186327-30058461.html.

[2] 魏颖、侯公林:《2016年杭州妇女发展报告》,社会科学文献出版社,2016年。

[3] 张振宇、沈蓓绯:《大学生社区志愿服务深化发展的思考——以美国学校服务学习为鉴》,《中国青年政治学院学报》2011年第3期。

[4] 贾茜:《志愿服务的风险防范与法律机制》,《法制博览》2015年第7期。

[5] 田军:《志愿服务理论与实践》,立信会计出版社,2007年。

[6] 王琼:《城市社区居家养老服务需求及影响因素——基于全国性的城市老年人口调查数据》,《人口研究》2016年第1期。

[7] 刘鹏程、王文博等:《大学生参与社区志愿服务的长效机制探索——以桂林市为例》,《科技视界》2013年第26期。

[8] 魏彤儒、郭牧琦:《大学生参与社区居家养老志愿服务长效机制构建路径探究》,《北京青年政治学院学报》2012年第2期。

(责任编辑 王立嘉)

试析合作化过程中浙江省手工业艺人境况的变化

◎ 陈 麟

提　要：浙江省手工业在全国范围内一直有着重要地位。优美质朴的民间手工艺品带有浓郁的地方特色，积累着历代优秀艺人的经验。新中国成立之后，大部分手工业得到恢复和发展，手工艺人的生活水平也得到提高。但是在合作化过程中，也存在对老艺人缺乏尊重、技艺失传等问题。为此，浙江省手工业管理部门积极调整师徒关系，提高手工艺人的生产积极性，以弥补工业机器生产上的不足。

关键词：手工业艺人　环境变化　合作化　浙江省

作者陈麟，浙江大学城市学院法学院讲师（邮政编码　310015）。

浙江省的民间工艺美术，有着悠久的历史和优良的传统。其创作技艺之精，品种之多，应用材料之广，从业人员之众，经济、艺术价值之大，在全国范围来说，也具有相当重要的地位。浙江省的手工艺品中，包含了雕塑、棉织、刺绣、印染、彩绘、剪贴、镶嵌、金属制品等各种类型，如青田石雕、东阳木雕、龙泉瓷器等，远在宋代就较为有名。尤其是"浙江三雕"（乐清黄杨木雕、东阳木雕、青田石雕），其工艺过程的精致，被誉为"天衣无缝"。这些优美质朴的民间工艺品，分布

---

* 杭州市哲学社会科学规划学科共建课题"杭州传统手工业中'工匠'地位的历史变迁研究"（G17JC016）的研究成果。

在浙江省的各个地区，带有浓厚的地方特色和风格，积累着历代优秀艺人的经验，充分体现出劳动人民的智慧和创造才能。同时它是从日常生活中来，所以真实地反映了民众的情感和爱好，因而不仅在国内受到广大人民群众的欢迎，而且在国际上也获得好评，享有相当高的声誉。

一 新中国成立后手工艺人地位的提高

我国的手工业生产有着悠久的历史和广泛的群众基础，不仅涉及的行业众多，而且产品种类也十分丰富。从简单细小的发卡、鞋眼，到桌椅板凳、各式农具、建筑器材、衣帽鞋袜，乃至不少在国内外都享有很高声誉的手工艺品等，数以万计。同时，手工业的生产经营具有灵活、适应性强的特点，既能在固定工场成批生产，也能进行零活加工、翻新补旧，甚至还可以游街串乡、流动服务，能够充分适应分散的、复杂的、变化多端的，季节不同、要求各异的社会需要。中华人民共和国成立后，随着国民经济的恢复发展与社会主义合作化事业的推进，浙江省的工艺美术事业相对于过去，有了明显的变化。其中较为明显的是，在政府的扶持和领导下，手工业生产逐步恢复，一些行业甚至有了快速发展。如金丝草帽、麻帽、绣衣等主要行业，其从业人数从1950年的20万人，发展到1956年的45万人，增长了1.3倍；年产值由460万元增长到1770万元，增长2.8倍。从一些专业性较强的行业来看，除少数行业外，绝大部分行业都得到了恢复和发展。如青田石雕，1950年从业人数为379人，到1956年底已恢复到1300余人，增长2.4倍，其中培养学徒40余名。在出口创汇方面，1956年，特种手工艺的产值完成全年计划的17%，比1953年增加了一倍以上；其中翻黄竹器、黄杨木刻、竹编、绸伞等行业的产值甚至超过了历史最高值。[1]这对国际文化交流、换取外汇、支援国家建设和美化人民生活起了重要作用。此外，如翻黄木雕、竹编、绸伞等行业的从业人数与产值，都超过了历史全盛时期。

与此同时，手工艺人不仅在经济生活上有所改善，而且政治地位也有显著提高。手工业合作化中，手工艺人的收入比解放初期有所增加，如1953年前副业生产人均日工资为0.2元左右，到1956年底提高到0.3元；专业性行业人均月平均工资，由解放初期的17元提高到35元，部分老艺人的工资甚至达到每月60元以上。在政治上，浙江省大部分地区做了适当安排，有些艺人当选为人大代表、政协委员、省文联会员及合作社的领导干部。如东阳木雕老艺人杜云松被提名当选为省人民代表，黄紫金、黄凤祚等人被选为省政协委员，东阳木雕艺人楼水明还被邀请出国（蒙古国）传授技艺，这些都提高了他们生产创作及传授技艺的积极性。[2]

为了鼓励老师傅传授技艺，培养年轻手工艺人，并充分发挥他们的智慧，创造出更多、更好的新艺术作品，除合理工资报酬外，对有显著成绩的老艺人给予额外奖励。为此，1956年浙江省手工业管理局专门订立了《保护特种手工艺名艺人暂行办法》（以下简称《办法》），来提高其经济待遇和社会地位。《办法》中规定："凡有特殊技艺，在国内乃至国际上素有盛名的，工龄在15年以上，或有创造才能并取得优异成绩的，经群众民主评议和报省局批准，可以冠以'名艺人'称号。名艺人的劳动报酬，高于一般艺人（平均工资不低于60元）；对未实行固定工资的名艺人，在吸收徒工或传授技艺时，给予合理报酬，保证其不少于原先工资水平；并且提高名艺人的政治社会地位，选拔思想进步、工作积极、有优秀创作的名艺人参加社会活动（如当选人民代表、政协代表等），如选派参加全国手工业工艺美术艺人代表会议的名单中，所选人员全部从各地区的名艺人中产生。"[3]此外，浙江省手工业管理局还要求各地对年龄大、体力差，但有一定技艺的老艺人妥善安排，在日常生活上也进行适当的照顾，使其能全身心地发挥技艺；若安排有困难的，由当地政府予以社会救济。对名艺人在技艺创作上给予积极支持，以实行计时评级工资制为主，在传授技术时给予技术津贴。在对比不同时期艺人地位变化情况时，艺人吴如乾说："过去在旧社会，石雕在三百六十行之外，把艺人看'烂咸菜'，如今却不同了，政府对艺人关心，对技术重视，非但增加工资，还得到上级奖励，我们艺人真算是翻身了。"[4]

此外，在技艺提高方面，文化部门还举办民间艺人训练班，开展辅导工作，通过展览会，组织艺人观摩学习，丰富提高了艺人的创作水平。如在选取题材方面，过去取材内容较为单调，人物多为观音、济公、罗汉、关公等类型的题材；通过交流活动之后，尝试选用白蛇传、水浒、西厢记等历史题材。同时在创作过程中，有少数艺人开始从现实生活中吸取题材，在造型、透视、比例方面，对原有风格进行突破、创新。正如东阳木雕艺人反映："互相学习机会增多，一般小学程度可提高到初中，初中可提高到高中"；青田山口石雕社反映："由于传授和被传授双方，在经济上都得到适当照顾，因此学徒进步较快，在几个月时间中，就可学会过去两三年还学不到的技术。"[5]1956年浙江省特种手工艺行业及从业人员地区分布情况见表1。

表1　1956年浙江省特种手工艺行业及从业人员地区分布情况

类别	业别	从业人员（人）	分布地区
雕刻	东阳木雕	150	东阳
	黄杨木雕	55	乐清、温州
	青田石雕	850	青田、温州
	温州石嵌	9	温州
	篾丝镶嵌	5	温州

续表

类 别	业 别	从业人员（人）	分布地区
	翻黄竹雕	17	黄岩、奉化
	砖雕		嵊县、宁波、杭州、绍兴
	石雕		宁波、温州等
塑造	彩塑		温州、绍兴等
	油泥塑	5	温州、乐清
	米粉塑		温州
	瓷器	15	龙泉、平阳、温岭
	漆塑		
编织	竹编	128	东阳、嵊县、绍兴、宁波
	草编	50	温州
	金华麦秆扇		金华地区
	金丝草帽	65292	余姚、慈溪、鄞县、宁波、象山县
	麻帽	200000	温岭、临海、黄岩、乐清
	织锦		杭州
	毛线编织		杭州
刺绣	刺绣	254	杭州、温州、宁波、绍兴、金华等
	机绣	182	杭州、温州、宁波、绍兴、金华等
	绣衣	14139	海门
	十字花枱布	58194	乐清、瑞安、永嘉、青田、温州、玉环等
	万里斯	67698	萧山、绍兴、乐清
	抽纱		
印染	印花蓝布		金华、浦江
	套色印花		宁波、平湖
剪贴	剪纸		金华、浦江、温州
	麦秆贴		浦江
彩绘	绸伞	143	杭州
	花伞	289	杭州、温州
	裱画		杭州、宁波等
	儿童玩具		杭州、温州等
	灯彩	16	硖石
	年画		宁海
	绢纸花		杭州、温州、金华
	白骨伞	17	杭州
	檀香伞		杭州
	画扇		杭州

续表

类别	业别	从业人员（人）	分布地区
	宫扇	20	杭州
	纹工	107	杭州
金属工艺	金		杭州、温州、宁波、金华等
	银	25	杭州、温州、宁波、金华等
	铜		杭州、温州、宁波、金华等
	锡		杭州、温州、宁波、金华等

资料来源：《本省特种手工艺行业及从业人员地区分布情况》，浙江省档案馆藏，档案号：j112-003-031。

二 合作化给手工业生产带来的变化

手工业生产是技术性的，尤其是特种工艺品的生产技艺更为高超，这是我国劳动人民的智慧结晶。如杭州剪刀，历史悠久，产品精巧，是全国著名的传统手工艺品。新中国成立以后，尽管在改变原有生产关系的基础上，提高了手工业品产量，生产技术也有了较快发展，但是在人员流动、生产经营等方面，与国家计划发展存在差异，因而国家对部分行业进行了限制。

（1）对流动手工艺者的控制

对于手工业而言，其向来都有服务城乡的传统。特别是对农兼手工业者而言，在农闲时候前往城镇进行修补、加工服务，不仅有效地满足了城镇人民生产生活的需要，同时还能增加手工业者的收入，补贴家用。1953年，中央人民政府政务院发布《关于劝止农民盲目流入城市的指示》，规定："应招（聘）前往城市做工或工作，需持有招聘单位的证明文件；为不影响农业生产和城市社会治安，未持有入城迁移证者，不得前往城市工作。"[6]

浙江省政府也制定《浙江省个体手工业登记管理办法》，通过加强开歇业的登记管理工作，有计划地整顿、处理"黑户"，对个体手工业者进行行业约束。"凡属从业人员过多、过剩的行业，通过说服教育，动员其停止或转业；违法违纪者，依法论处。……工厂、企业、建筑等单位需要吸收从业人员时，必须通过各级手工业管理部门，有组织地进行调配，不得擅自吸收。"[7]在规定中还进一步指出："对有固定营业地址的专业户，登记发证；对家庭副业、农兼手工业和从事临时性的手工业者，只登记不发证；对那些雇佣临时工较多或为资本主义企业的，也需登记发证；通过管理监督，使他们遵守政策法令，发挥其积极作用。"[8]

对于小城镇及农村的手工业者而言，政府采用耐心解释和说服教育的方式，逐步将其纳入计划管理中，限制农兼手工业者随意流入城市，扰乱中小城镇生产生活秩序。但这在一定程度上，也给他们的生活带来重要变化。部分手工艺人因此被迫放弃曾经所营生的行业，回到农村从事农业生产，一些手工行业甚至因此没落。

（2）经营生产方面

对手工业而言，充足的原料供给是发展手工业生产的前提条件。一方面，需要积极提高产量，以适应并满足农业生产和城乡人民日常生产生活所需；另一方面，又要对部分行业进行技术改造，逐步地向国营工厂发展，这也是生产力发展的内在要求。在部分现代工业和手工业并存的行业中，原料供应或产品销售上的困难，致使手工业生产停滞、受阻。为此，国家对现代工业和手工业进行了适当的调整。对原料困难不大、现代工业设备很少，主要依靠手工业进行生产的行业，如竹、柳、棕、藤、草等编织性行业和砖、瓦、砂、石、石灰、硫黄等生产行业，在地方政府的规划之下，有计划地增加、维持生产。对现代工业还无法代替的行业，如刺绣、雕塑、手工地毯、编织业等特种工艺手工艺和为消费者提供加工修理的服务性行业，在解决原料困难的前提下，按照实际情况有计划地发展。

为了节约原料，浙江省手工业系统要求各地手工业者积极利用废物料、代用品，发挥手工业生产机动灵活的特点。同时，通过提高从业者生产技术水平，减少制造过程中人为因素造成的资源浪费。但是因原料短缺造成停工、待产现象还是时有发生。如青田县石雕社艺人林某某反映："原料价格高、质量次，解放初期最高档原料价格也不过 0.02 元/斤，1956 年由腊石开采社开采的最好原料却要 0.05 元/斤（生产一个花瓶，原料成本约占 13%）"，"鹤城镇合作社购买的原料中只有 70% 可用，好一些的原料也只有 80% 可用，并且在分配上，没有根据各社需要分配，有些社排日子购买，只能碰运气。"[9]

三　合作化过程中师徒关系的处理

在手工业合作化过程中，大部分合作社（组）都停止了学徒的招收，致使青年工人技术水平日渐下降。特别是许多特种手工艺，在生产过程中，需要有一定的技艺，而这些技艺都是千百年来依靠师徒形式一代一代流传下来的。因此，老手工艺者普遍感到后继无人，甚至有人亡艺绝之虑。即使一小部分合作社（组）还保持着各种不同形式的师徒关系，但在实际生产中，学徒为了能提早转为一般工人，不顾技术掌握与否；学徒满师后，只初步学会了单项工艺或一个工种的操作，而不能进行整个过程的操作。如有些社在学徒培养方面，只是带他们把全部生产工序简单"看一遍"，然后即分到各工种（小组）中去，因而大多数都是一知半解。正如学徒自己说的"看看会"，只学会了一个工种的技术，而不能制作一把完全的绸伞，对合作社劳动力的安排与调配增加了困难。有的社（组）虽然对学习期限作了规定，但规定并不能保证学徒学到一定的技术。如杭州市绸伞社总共有 13 道工序，59 个青年工人中有 31 个只会一道工序，有 24 个人只能做两道工序，而会做九道工序的只有 1 人。一旦出现个别社员有事，就只能依靠几名脱产干部（有全面技术）来平衡工序之间的生产。[10] 另外，在生活津贴方面，绝大多数社（组）并没有按技术熟练程度和学习时间对学徒相应增长，影响了他们的学习积极性。对带徒弟的老师傅，不少合作社没有给予合理的报酬，因而不能发挥老师傅传授技术的积极性。如 1956 年诸暨城关铁器社的一个学徒，学了 3 个月只会打榔头，但每月收入是 26 元，而一般的老师傅也不过四五十元。同期杭州市学徒津贴最低也有 12 元，一般为 18～20 元，高的有 36 元，因此，学徒等着期满后拿更高的工资，不积极学习技术。[10] 并且有些地区不根据行业特点，采用计件工资制，严重影响了手工业者的生产积极性。如乐清黄杨木雕艺人叶某某说："过去采取按月固定工资，技术好的每月才拿 80 元；实行计件工资制度后，技术差的乙级工、丙级工，反而拿到 100 多元。大家追求产量，不重质量及技艺钻研"。[9] 有的社员甚至说："工资收入多就是有技术本领。"[11]

同时，有些合作社的学徒缺乏对老师傅的尊重，如杭州市车木社，学徒在生产中出了次品，老师傅热心传授改进技术，学徒不但不接受，反而讽刺说："次品还不是同样卖钞票"，"千年桥栏杆，反正也当不了古董卖。"有的学徒认为："过去一直被老师傅'呼来唤去'地干活，现在可要反过来了。"以前下班之后学徒所负责的扫场地、关店门等日常工作，全由老师傅去干。老师傅抱怨说："现在的学徒是小少爷"，"青年同志说说理论有一套，要讲技术是办不到。"在此情形下，老师傅不敢随便讲话，只顾自己埋头生产，传授技术的积极性亦日渐淡薄，认为："有进账（教技术无报酬），何苦自找没趣。"[10]

此外，有些合作社在工作中对老艺人态度生硬，生活上不够照顾，造成关系紧张。如 1954 年东阳竹编社开成立大会时，老艺人杜某某外出购买樟木，没有参加大会（当时部分社员也没有参加），结果县里的干部对他进行直接批评，致使社内的其他社员对干部的粗暴态度表示不满。老艺人黄某某认为："这样的批评好像开公审大会。"有些地区由于合作社的领导来自部队，不仅在组织领导上采取军事化管理，而且对艺人的言语军人口气很重，使他们难以接受。如嵊县竹编社为了统一社员的思想，要求老少艺人行动保持一致，工作时间稍迟一些就要挨训。有些地方在安排老艺人的工作上，没有发挥其培养教育新人方面的优势，使得部分老艺人安排后，忙于行政事务，没有时间投入创作和传授技艺。如黄岩县翻黄社的老艺人每天忙于开会和料理行政事务，没有充裕时间参加生产，一个月只能抽出十天进行创作。[9]

上述问题给浙江省内的部分合作社带来了消极影响。如中断原有师徒关系后，产品质量严重降低，影响销售。杭州市建中木器社中断师徒关系后，由还未满师的学徒单独生产,结果产品质量低劣,销售困难,同时还浪费了原材料。某些行业的技艺面临着"失传"。据1956年杭州市锦绣、骨扇、石刻、木刻等几个特种手艺社的统计,社员的年龄均在45岁以上,由于无法收徒,传授技艺,导致日常生产一度中断,无法正常运转。又如杭县城关镇铁器社自新中国成立后,未培养过一名钳工。铁器社8个炉灶,8个钳工的年龄都在50岁以上。钳工中如有一人不能参加生产,这个炉灶的协作人员就要停工。这种情况长期继续下去,不仅影响生产,而且有"人亡艺绝,绝技失传"的危险。[10]

因此,浙江省手工业管理局要求各地合作社(组)重新建立和恢复学徒的培养工作。在培养过程中,针对学徒要求"高待遇",同师傅讲"绝对平等""闹对抗"的情况,对他们进行"尊师重教"的思想教育,端正其学习态度,要求听从师傅在生产中的指导和分配。同时也要求师傅克服保守思想,改变旧时随意打骂徒弟的恶劣态度,以"教得好、教得快、教得全"为目标,不断地提高徒弟的技术水平。[12]

事实上,一些合作社(组)通过改善师徒关系,生产效率得到明显提高。如温州市机械社采取包教包会的方式,让一个老社员带一个新社员,通过技术指导、操作示范等方法,使新社员快速地掌握生产技术。在传授过程中,师徒双方相互配合,不断改进生产工具,尝试新的操作方法。[13]部分合作社(组)为了提高师傅传授技术、徒弟学习技术的积极性,在给予师傅一定的额外报酬(此项报酬从学徒协助师傅的劳动收入中取得,或者由合作社支付)的同时,逐步提高学徒的生活津贴。如有的合作社规定:"如果师傅津贴是合作社支付的,学徒津贴也由社方支付;如果师傅在学徒辅助劳动收入中获得报酬,则需从所得报酬中抽出一部分给学徒作为津贴。"[14]为了使学徒能充分掌握技术,一些合作社还制定了满师条件和一般的学习期限。有的社在满师条件中规定:"学徒必须学会整个过程的操作。"如乐清县黄杨木雕美术生产合作社规定:"学徒学艺必须满一年,如有需要可以延长时间;同时师徒之间必须签订包教包学的原则,并在带徒方面开展竞赛活动,从而保证学徒的学习进度和质量。"[11]

四 结语

对于手工艺行业来说,它既包括满足社会需求的部分,又含有艺术创造的部分。因此,在生产操作方法、产品多样性、产品评价、日常业务经营管理以及艺人思想状况等方面,与一般的手工行业相比,都有其特殊的一面。如不加以区别,在生产上会出现盲目追求产量,忽视对作品技术、题材、质量等方面的钻研,致使题材内容贫乏、花色品种陈旧以及产品粗制滥造。如杭州锦绣、张小泉剪刀、杭州绸伞等,由于其与国家所要求的大规模的机械化生产不相符,在制订规划时,限制该行业发展,降低产品的产量。[15]为此,1956年3月5日,毛泽东在听取国务院有关部门汇报手工业工作情况时,要求各地在提升工艺美术品水平的基础上,继续生产王麻子、张小泉等著名手工业品,并相应保护像杨士惠这样的民间老艺人。[16]诸如工艺美术制品,除某些生产工具和个别工序,为了减轻繁重的体力劳动,需要进行技术革新外,手工操作的生产方式将会被长期保存下来。作为传承性文化,它不只是简单的一件商品,更重要的它是几百年甚至几千年以来手工艺人智慧的结晶。盲目地用机器设备去批量生产,虽然能增加产量,为国家创造更多的经济收入,但是对于这项技艺性较高的行业,大规模的机器采用会如前述那样,不仅会导致学徒技艺水平的下降,甚至可能会出现"人亡艺绝"。师傅的创作技巧、设计理念等,是无法用金钱来衡量的。因此,大部分手工业经过技术革命,可以逐步发展成机械化工业,弥补国营大工业机器设备生产所带来的不足,[17]但还有一部分手工业仍旧需要继续保存下去,这就是机械化、半机械化与手工业之间矛盾的对立统一。

注　释

[1]《关于一九五六年手工业工作总结与一九五七年工作意见的报告》,浙江省档案馆藏,档案号:j112 - 004 - 003。

[2]《浙江工艺美术基本情况与今后工作意见》,浙江省档案馆藏,档案号:j112 - 004 - 028。

[3] 名单中的代表涵盖各地方、各个行业的优秀艺人,如温州的刺绣林岩福、陈程鹏;东阳竹雕杜云松、马正兴;青田石雕林仕宽、林如魁;乐清木雕叶润周;黄岩翻黄陈芳俊;萧山花边设计章金水;等等。

[4]《青田石雕艺人代表会议的总结报告》,浙江省档案馆藏,档案号:j112 - 003 - 034。

[5]《浙江工艺美术基本情况与今后工作意见》,资料来源:浙江省档案馆,档案号:j112 - 004 - 028。

[6]《对农村中签发迁移证工作的几点意见》,浙江省档案馆藏,档案号:j101 - 004 - 162。

[7]《关于对个体手工业领导和管理讨论意见》,浙江省档案馆藏,档案号:j112 - 004 - 007。

[8]《本省个体手工业的发展情况与管理意见》,浙江省档案馆藏,档案号:j112 - 004 - 036。

[9]《浙江手工艺存在哪些问题(全省老艺人座谈会发言札记)》(一),浙江省档案馆藏,档案号:j112 - 004 - 028。

[10]《关于改进手工业生产合作社组中学徒制度的意见》,浙江省档案馆藏,档案号:j112 - 004 - 035。

[11]《关于上报省工艺座谈会的准备资料》,浙江省档案馆藏,档案号:j112 - 004 - 028。

[12]《关于手工业合作化后的任务和工作问题》,《人民日报》1957年12月18日。

[13]《关于打稻机生产专业会议的情况报告》,浙江省档案馆藏,档案号:j112 - 003 - 018。

[14]《关于手工业合作社生产管理和师徒关系问题的典型介绍》,浙江省档案馆藏,档案号:j112 - 004 - 002。

[15]《关于杭州手工业社会主义改造的宣传教育工作》,杭州市档案馆藏,档案号:j001 - 015 - 056。

[16]《毛泽东年谱(1949~1976)》(第二卷),中央文献出版社,2013,第542页。

[17]《手工业要进行技术革命——大部分手工业应向半机械化机械化发展》,《人民日报》1958年5月24日。

(责任编辑　王立嘉)

日本社区营造的历史沿革及启示*

◎ 吴 云 方炜淼 邓媛祺

提 要：日本的社区营造出现于20世纪70年代，它源于"二战"之后民众对官方主导的自上而下都市计划的不满，以及亲自动手改变自己生活环境的夙愿。该运动在经历了探索期、发展期、完善期三个阶段之后，逐渐定位为一种"市民主导，行政支持"的行为模式。本文分阶段详述日本社区营造的发展历程和形成原因、运动主题及历史和现实意义，以期对我国的社区建设工作有所启示。

关键词：社区营造 历史沿革 日本

作者吴云，浙江农林大学风景园林与建筑学院副教授（邮政编码 311300）；方炜淼，浙江大学建筑设计研究院有限公司建筑师（邮政编码 310028）；邓媛祺，浙江省建筑科学设计研究院建筑设计院建筑师（邮政编码 310012）。

一 日本社区营造产生的背景

（一）社区和社区营造的概念

"社区"一词最早源于拉丁语，意思是共同的东西和亲密的伙伴关系。德国社

---

* 杭州市社科常规性规划课题"中日以社区营造为主导的历史街区保护模式比较研究"（Z17YD010）成果。

会学家 F. 滕尼斯于 1881 年首次将 Gemeinschaft（一般译为共同体、团体、集体、公社、社区等）用于社会学研究。滕尼斯用 Gemeinschaft 表示一种由共同价值观念的同质人口组成的密切、守望相助、存在一种人情味的社会关系。第一次世界大战时期，美国的查尔斯·罗密斯将 Gemeinschaft 翻译为 Community。20 世纪 30 年代，以费孝通为首的燕京大学学生将 Community 译为"社区"，并将其定义为若干社会群体（家庭、民族）或社会组织（机关、团体）聚集在某一地域里，形成一个生活上相互关联的大集体。

"社区营造"一词的汉字来源于我国台湾地区，台湾其实也是借鉴了日本的模式。日语中"社区营造"一词为"まちづくり"。它是指聚居在一定范围内的人们，为保护生活环境、提高生活质量，持续以集体行动来处理共同面对的社区的生活议题，在解决问题的同时创造共同的生活福祉。

"まちづくり"中的"まち"可用汉字标注为"町""街"，而"づくり"一词的汉字源为"作り"，有"制造"的意思。但"社区营造"中的"づくり"不仅仅只是"制造"某样"物品"，它与"人的培育""农作物的培育"等具有相同的意义，即包含有经过漫长的时间，用心规划、孕育、培养而成的意思，同时也和"国家建设""城乡建设"等具有相同的意义。即不仅是营造"物质性"环境，而且也营造"社会性"环境，它是在教育、产业、传统、历史等基础之下，以地方社会为根本，用长时间来用心地规划、孕育和培养。

另外，如果用汉字将"社区营造"标记成"町づくり"或者是"街づくり"的话，其中"町づくり"更像是在地方政府表现其综合行政、开展町村活化工作时所用的词汇。而"街づくり"则表现出街道、商店街等物质化属性，有物质环境改造、整治的意思。因此在日本，"まちづくり"都是用平假名来标注，这样可以不受汉字的字面意思限制，呈现暧昧的、含混不清的意味，从而可以获得更加广阔的内涵。下文为行文流畅，将用"社区营造"来代替日语的"まちづくり"进行阐述。

（二）日本社区营造产生的背景

日本的"社区营造"第一次被提出是在 1952 年，它是在《都市问题》杂志上的《关于国立地区运动》一文中首次被当作专业术语使用。该文由日本一桥大学的增田四郎教授撰写。社区营造并不是单独发生在日本的运动，它是以反省现代城市规划的世界性运动为基础的。

1945 年，第二次世界大战结束，为了迅速安置战后流离失所的人民，恢复城市的生产生活秩序，世界各国都展开了轰轰烈烈的城市建设活动。这些建设行为虽然高效有序，然而整齐划一式的城市规划技术却忽视了对人性、地方性与可持续性的思考。到了自由思想活跃的20世纪60年代,首先,西方学者开始对这种城市规划中出现的"功能主义、经济主义"问题展开反思。简-雅各布斯(Jacobs Jane)在《美国大城市的死与生》(1961年)一书中提出城市应该保持多样性与结构的复杂性。凯文-林奇(Kevin Lynch)在《城市意象》(1960年)一书中提出了由人的意识而产生的认知地图概念,给城市规划方法的改变带来启发。迫于舆论压力,西方政府作出了一些回应,其中最有代表性的就是贫民区改建政策的导向变化:由一开始的拆毁重建转换为重视现有地方社会的潜力挖掘,以及如何展开再生式的修复与改善。其次,英国的经济学家修马克(E. F. Schumacher)在1973年出版的《小即是美》[1]一书中,提出了内发性发展、适当技术化等概念,并演化发展为后来的"地域主义"流派,引发了大众对地方性、人文关怀等问题的思考和重视。另外,到了20世纪70年代初期,由反越战的学生运动引发的对权威、对现状不满的世界性运动潮流涌起,可谓全世界思想价值观的一次大转变。总之,这一时期,对于自上而下的、过去被称为权威、经典的各种做法和主张的质疑声此起彼伏。

在上述世界性因素产生的同时,日本也一样面临着第二次世界大战后过度城镇化,大城市过度稠密、过度膨胀等问题。20世纪60~70年代,日本政府为了促进国民经济快速发展,奉行开发主义的价值观,在全国上下大规模实施开发计划。在经济增长的同时,一些社会问题和负面现象也随之产生。例如,年轻劳动力涌向大城市,导致中小城镇和农村人口日益稀少、经济日渐衰落;公害问题严重损害了市民的生活环境和身体健康;历史风致因大规模开发而频遭破坏等。特别是1972年,作为竞选纲领,田中角荣提出"日本列岛改造构想"。田中内阁成立后,更以"列岛改造"思想为指导方针,出台了更大规模的"日本列岛改造计划"。在各地大规模的开发浪潮下,地区文化的独特性逐渐消失。

在上述背景下,日本各地产生了一些激进的革新团体,这些团体标榜以市民参与为主要诉求,呼吁寻找自下而上解决地方社会问题的方式。另外,上述问题也引起了日本学术界的重视,学者纷纷呼吁重视城市社会学,指出以市民社会为基础的"社区"这一地方共同体的重要性。于是,日本的"社区营造"应运而生。

二 日本社区营造的历史沿革

如上所述,日本的社区营造运动是在对20世纪六七十年代高度经济成长路线的严厉批判声中,在对威胁居住环境的行为提出的抗议声中展开的。这项运动发展至今,已经历时半个多世纪。下文将对该运动的历史发展过程分三个阶段详述。

（一）探索期：20 世纪 70 年代到 80 年代中期

20 世纪 70 年代到 80 年代中期，是日本社区营造的探索发展和逐步兴起阶段。探索期的日本社区营造活动起源于以下 6 种主题。

1. 从对抗公害问题、保护地方社会的抵抗运动中诞生的社区营造

以日本的神户丸山地区为例，由于过境运沙车带来的交通公害问题而引发的居民抗争行动，意外促成了丸山地区的社区营造运动，并使该地区成为日本社区运动的发源地。该地区的居民自主发行地方报纸，设立协议组织。该组织不仅对儿童公园展开管理，还开展儿童看护等工作。总之，将原本针对公害问题进行的反对运动演变成了落于实处并具创造性的社区营造活动。

2. 从社区改造中诞生的社区营造

该时期，在日本的大城市或者是一些近郊城市开展社区改造的过程中（主要是指一些具体的社区改造工程，例如社区道路改造、社区绿化改造等），引发了政府和居民对一些更综合性的社区问题的思考，例如游憩场所或公园不足的问题，交通、道路安全性的问题，绿化减少的问题等。与此同时，还出现了以学区为单位构建新的社区营造组织的方式，即以小学或者中学学区为单位的"社区协议会"[2]开始出现。这是因为，这一时期大城市和近郊城市亟待解决的人居环境问题往往是学童上学道路的危险性或是空气污染、儿童游憩地减少等综合性的社区问题。这种社区划分方式更加符合社区的定义："由个人以及家庭为主体构成的同一地区中共同生活的市民，拥有自主性和责任感，共同抱持地方特性与各种共通目标，成员之间以开放、信赖的态度相互扶持的团体。"这些组织逐步替代原有的传统近邻互助组织"町内会""村落共同体"，来维持、推动社区营造活动的开展。

在这种主题下，常通过社区诊断制作成社区"病历卡"，将发现的问题点或者当前的任务进行详细的记录，再通过"社区规划"[3]寻求解决改善的方法。在上述过程中，主要是由作为志愿者的城市社会学方面的专家学者提出问题，再由规划、建筑的志愿专家学者们配合，实施具体的调查研究并提出解决方案。总之，社会学者成为这一时期社区营造的理论家，同时也扮演着推动社区营造开展的重要推手的角色。

3. 从市民直接参与的组织改造中诞生的社区营造

这一时期，一些以革新势力为主导的地方政府开始陆续出现。这些革新势力的地方长官们开始尝试将市民的"参与和分权"作为新政策。革新的地方政府领导仿效西方的地区居民评议会制度，将地区会议、市民会议制度化，尝试利用市民直接参与来推动行政，推动社区营造工作落实。其中习志野市的"地区会议"是当时的先进典范。在习志野市，全市以中学学区为依据被划分成 14 个社区，在部分社区设

立了地区会议制度。市政府行政人员被安排为社区导师,随时向上提报各个社区的问题。一些与社区环境整治相关的财政预算问题,都可以在地区会议中表决通过。

4. 从"町村振兴运动"中诞生的社区营造

该时期日本经济的快速增长,一方面使社会财富大量涌入大城市,另一方面也引发了以农林渔业经济为主的地方町村经济的停滞不前。以促进这些地区的活化振兴为目的的社区营造活动应运而生。例如北海道的池田町,在1970年就开始生产葡萄酒,尝试将葡萄酒当作地方产业来培育。通过各方努力,池田町的葡萄酒名声大振,相关产业链开始形成,餐饮业、旅游观光业迅速发展起来,产业的振兴带动了地区的振兴。池田町的事迹鼓励了日本全国各个乡村。到20世纪70年代后半期,日本全国几乎所有的乡村,都开始生产各自地区的特色产品,期待以地方内部的资源为基础,活化地方产业同时提升生活品质。

5. 从改善居住环境中诞生的社区营造

这一类型的社区营造活动,主要是针对大城市周边的、一些因产业凋零或人口结构老化或其他一些原因引起的活力不足的居住区。这些地区并不是贫民窟,过去以消灭贫民区为目标的拆毁重建型居住环境整治方案在这些区域并不一定有效。于是通常采取以经济的重整或者地方社会自律性的改造活动为基础,实施循序渐进的修复改善型的居住环境整治方案。采用非全面否定的、填充式的方式,使建筑或者环境得到修复或者是部分小规模的再开发,从而达到修复改善居住环境的目的。

6. 从历史街区的保存运动中诞生的社区营造

在经济高度成长时期,日本的许多历史街区都惨遭破坏。早在20世纪60年代,日本京都、奈良、镰仓这类历史性城市,有关历史风土的保护运动就开始活跃,其起点始于市民对于镰仓住宅开发的反对运动。在这股运动的潮流之下制定了《古都保存法》,但该法仅仅对京都、镰仓、明日香等特定区域展开保护。而对于一般城市的历史街区,被当作法律上的保护对象,则是推迟到1975年日本《文化财产保护法》修订之后,此次修订设立了"传统建造物群保存地区"制度。而该制度的确立可谓专家、市民通力合作、努力推动的结果。首先是作为历史街区保存运动先驱的"南木曾·妻笼",在历史街区保存方面做出的努力,其次在1974年创立了"全国街区保存联盟",将历史街区的保存运动拓展到全国各地。在各类运动中,都活跃着专家和热心市民的身影,也慢慢确立了以地方资源为基础,以历史街区保存和再生为主题的全新的社区营造活动。

总之,这一阶段的社区营造活动旨在解决被经济快速增长的政策摧残得支离破碎的居住环境问题,它往往以社区协议会、自治会、町内会这类组织来负责推动活动的开展,并以传统的领袖代表制运作。它是在时间的迫切性和历史的必然性下产生的，也因为多样的起源（上述六种活动主题）而造就了多样的内容和目的，构筑出日本社区营造的原点，以及后续社区营造多元化内容及方法的基础。

（二）发展期：20世纪80年代中期到90年代

从20世纪80年代开始，日本进入高速工业化的时期，中产阶级人群占社会总人口的比例上升，逐渐步入了所谓"丰裕的社会"。在这样的社会背景下，越来越多的市民开始对自身生活方式和地区发展模式进行反思。进入90年代后，"可持续发展""以循序渐进的方式稳步推进城市建设"的思想越来越被政府、市民等广泛接受，社区营造也开始走向以"历史""文化""自然"为目标的良性循环阶段。此外，这一阶段的社区营造活动更加关注"地方固有的创造性元素"，并呈现某个特定的主题。过去的领袖代表制的束缚也开始慢慢摆脱，常会根据主题的差异而采取更加机动的活动方式，如公开招募制度或者是"由想做的人来做"的方式来开展活动，或是在上述方式中再加入和既有社区协议会、町内会、自治会等组织的合作。这一时期，社区营造活动的典型主题有如下四类。

1. 防灾型社区营造

对于地震频繁的日本来说，在木造住宅高密度集中的市区，防灾是关乎生命安全最基本的议题。而伴随着1995年阪神淡路大地震的发生，市民更加关心防灾问题。另外，近年来除了关注大地震等罕见灾害，也开始重视犯罪或日常性的防灾，即安心安全社区营造的理念逐渐形成。把日常性的安心、安全的社区营造与长期性的预防大地震的社区营造合二为一的防灾型社区营造活动日趋增多。

例如东京都墨田区的一寺言问地区，因为被选为东京都防灾生活圈模范事业的对象，而在昭和60年（1985）就由政府行政单位主动开始推行防灾型社区营造。其开展防灾型社区营造的目标是：发生地震灾害时，即使不逃到附近的防灾据点也可保平安。活动初期是成立了名为"哇哇会"的组织，该组织定期举办研习会、活动，并且与6个当地的町内会相结合组成了"一言会"。"一言会"将"哇哇会"的初步提案，结合当地居民意见，制定出"社区营造计划方案"和"一寺言问地区整治计划"并向墨田区区长提出，墨田区上级与顾问们则全力提供资金和技术支持。在防灾生活圈模范事业结束后，一寺言问地区的社区营造计划案仍然继续推进实施后续的各项计划。"一言会"也仍定期召开例行性会议，发行防灾社区营造的刊物。

2. 街区设计型社区营造

早期该主题下的社区营造活动主要是指在历史街区，为了保全那些过去存在而现在正在逐渐消逝的历史性景观而进行的街区规划或者设计工作，以及对与历史价值共存的传统生活方式或是传统技术技艺进行的再生活动。此类社区营造活动也是近年来日本社区营造中最一般性的主题。

例如北海道大学农学部小熊博士的旧居"小熊邸"建于1927年,是一处具有历史风貌的建筑物,1995年由于年久失修而面临着被拆除的命运。1996年,北海道大学的教授与一些建筑家、艺术家聚集在一起,成立了"旧小熊邸思考会"(后改为NPO[4]法人"旧小熊邸俱乐部"),以保存该建筑并寻找这处建筑的再利用方式。思考会就小熊邸的废存问题对市民进行了问卷调查,并在市民中发起了反对拆迁、保留小熊邸的签名活动。在思考会的努力下,"札幌振兴公社"购买了旧小熊邸并将其搬移重建后改造为咖啡馆。咖啡馆开业后成为当地具有历史文化特色的休闲场所,深受市民欢迎,并吸引了许多游客。

当前在日本,已经不只是局限在历史街区,那些现代性的景观或者一切可以被广义理解为街区物质环境的事物都被纳入该主题。例如,2002年12月日本国立市通过了一项拆除新建大楼的判决案:合法的建筑因破坏现代优质街区景观而被判定为不合适并遭拆除。在日本,已经有越来越多的人认同将普通住宅景观设计、高品质的公共空间设计纳入社区营造考量的范围。近年来,日本的地区规划或者建筑协定、景观条例、景观法等各项配合的制度也都日趋完善,可以帮助人们从法律制度层面解决或避免这些问题。

3. 地方福利型社区营造

日本的福利政策并非只局限在提供金钱或者完善设施方面。地方福利一词是20世纪90年代开始使用。而这一用词正式在司法制度上出现,是2006年6月社会福利事业法改为"社会福利法"之时。日本的福利政策,从补助"公共建筑、设施中心"转向与地方相互扶持、与地方社会合作的福利政策。其中针对少子高龄化社会的地方福利成为社区营造的重要主题。照顾老人、支援幼儿教育等多种福利事业被当成重点。例如在"青森县青森市浅虫地区,为解决当地老年人的就餐问题,开办了社区老年食堂,为医院、福利机构、社区居民开展订餐送餐服务"。

4. 基于环境问题的社区营造

这一主题产生的源头,可追溯1992年联合国在里约热内卢召开的联合国环境与发展大会。大会指出了随着地球变暖等全球环境问题的愈演愈烈,地球的整体生态系统正在面临严峻的考验,呼吁为了保护地球环境各国必须有所行动。会上发表了《里约热内卢宣言》和《21世纪行动议程》。其中,《21世纪行动议程》第28章"支持《21世纪行动议程》的地方当局的倡议"中,明确提出各国地方政府可通过市民参与来共同制定本地区的21世纪地方议题。受此影响,日本国内对环境问题、生态问题的关注度大大提升,在一些地方政府或者是自然保护专家以及生态学家的环境保护运动中,开始尝试市民参与的形式。"可持续发展""循环型社会"等概念开始融入社区营造活动,在丰富的自然生态环境中生活也逐渐成为日本社区营造的重要方面。

例如在亲水绿地再生运动中，公共部门与市民共同维护管理，创造全新的生活环境。"可持续发展""循环型社会"这些宏观环境议题，因为地方社区居民的参与和政府市民间的合作而具体化，落实于实践并显露成效。

总之，20 世纪 80 年代中期到 90 年代的社区营造不再以大规模的抵制或对抗的方式出现，而表现为市民团体以更为平和、理性的手段与政府对话和合作，目标也更为具体、主题更加鲜明，更加贴近当地居民的生活。这些活动往往从身边的小事情开始探索，逐渐发展成为独特的主题、有明确的目标和组织形式及机动的处理方式，最终取得较好的成效。因为有市民的参与和支持，一些本该由政府推动的行政行为也逐渐转化为市民的自觉主动行为。

（三）完善期：20 世纪 90 年代中后期至今

日本的社区营造运动在经历了 1995 年阪神淡路大地震后迈入了第三阶段。前述发展期的社区营造，呈现的是各个主题下分头行动的状态，即抱持着与各主题相关的特性而开展相对独立的社区营造活动。而到了完善期，这些从特定主题出发的社区营造活动，则逐渐扩大扩张职责范围，并开始架构社区营造各组织间的伙伴合作关系，组织内部也开始成立对应全新主题和架构的工作小组。因此，完善期社区营造的最大特点，就是开始出现更加综合性的社区营造活动和社区营造组织。社区营造从独立的主题中被释放出来，其活动被要求具备更加综合性、更加社会性的规划，因此可以将这一阶段的社区营造称为"整体社区营造"。

例如前文提到的从防灾型社区营造为起点的东京都墨田区的一寺言问地区，在平成 14 年成立的以"培育、促进地方再生"为目标的社区营造组织"向导学社"，就是集合了过去各类社区营造组织的综合性组织。该组织一方面通过吸纳年轻艺术家入住、举行艺术活动等方式来增加社区活力；另一方面又设计专门针对高龄者的企划案等。总之。该组织站在地方整体的高度规划着全新的地方未来形象，以涵盖历史文化等综合性的地方构想为蓝图，尝试与各种团体进行合作，是一个类似"整体协调"媒介般的社区营造组织。

此外，1998 年日本颁布的《特定非营利活动促进法》（即"NPO 促进法"），可以说是为上述综合性"整体社区营造"活动的顺利开展起了保驾护航的作用。该法通过对举行特定非营利活动的团体赋予法人资格，来促进以志愿者活动为主的、以社会服务为内容的特定非营利活动的健全发展，目的是进一步增进公益事业。而该法的立法并不是一般的"政府立法"，而是采取"议员立法"的方式，所有的条款都是由社会各界特别是市民运动的推动者来共同商议起草。在这样的社会背景与法律保障下，20 世纪 90 年代后期，日本各类以第三方组织参与公共事务的 NPO 如雨后春笋般出现,1999 年至今已有 27000 多个团体登记为 NPO 法人。关注点不同的各个 NPO,也使第三阶段的社区营造活动逐渐将守护范围扩大,各个组织通过合作构筑伙伴关系,共同实现社区多元化发展。

三 日本的社区营造给予我国的启示

日本的社区营造出现的历史背景或者说最主要的原因是:"二战"之后官方主导的自上而下的都市计划,普遍被认为是失败的,老百姓希望亲自动手改变自己的生活环境。因此它是一种反省,是一种"市民主导,行政支持"的行为模式。而发展至今,日本的社区营造的内涵已经远远突破了社区本身,小到建筑局部或路面细节,大到城市规划的层面,均可作为社区营造的对象。如今日本的社区营造活动,更像是一个整合的平台,让各种不同的需要、匮乏、冲突与矛盾,在这个平台上进行协调与对话,并在国家政策资源和民间社会活力的共同作用下,由下而上解决社会生活中形形色色的问题。日本的社区营造活动给予我们的启示主要有如下几方面。

（一）市民为主体的公众参与机制

日本的社区营造从"官督民办"到"民推官办",再到"官民协作",自始至终发挥作用的主体都是市民,体现了从"市民参与"到"市民主体"的过程。市民通过参与到社区营造非营利组织或者市民组织或者社区志愿者团体,而与社区建立联系。市民的主体性体现在如下四个层次:①参与社区营造方针、城市规划、各种事业计划等的制订,参与地方政府行政长官、议员的选举,参与审议会、听证会、恳谈会、地区说明会等直接表达自己的意见。②参与社区营造活动的运营和监督。③参与各种社区营造的说明会、研习会。④参与社区营造的各种具体活动。

（二）打造"团结经济"

所谓"团结经济",出现于 20 世纪 80 年代,也称为社会经济。一直以来,主流经济学家都在告诉我们,以追求利润最大化为目的、不惜牺牲大多数人的利益以及生态环境为代价的资本主义经济或市场经济,是唯一的选择。然而,"团结经济"则用事实告诉人们,一种为人民大众及其生存的环境服务的经济与社会并非是不可行的。这种新型的经济模式相信人具有非凡的创造力,可以根据自身所处的社会和生态环境找到解决经济问题的途径。而日本社区营造的目的之一,就是通过建立统一的、有力的社会运动、社会活动、社会组织来识别并连接这些非凡的创造力,从而实现"团结经济"。

"团结经济"关照传统经济活动中经常被忽视的领域,而在日本的社区营造中,这一被忽视的领域即是指地方自身拥有的丰富的自然或其他资源。日本在振兴地方产业的做法上，最早是想将企业、工厂引导到地方来，而现在逐渐演变为发展具有自己地方特性的产业，或是利用当地的自然环境去开发新的产业。因此，通过对本地资源的深度挖掘，振兴或者创造属于自己特质的地方产业，搞活经济的同时改善生活水平、提升地方活力，俨然已经成为日本的社区营造活动中非常重要的主题。例如前述的池田町的葡萄酒产业振兴。

（三）提倡志愿者精神

社区营造是凝聚社会共识的过程。而这种共识是不会自然形成的，它需要机制、方法、人的努力来共同达成。而志愿者们就是最先锋的"人"的力量，他们是社区营造最重要的推手。可以说志愿者精神是日本的社区营造可以延续至今、发展至今的重要推动力。无论是市民中的志愿者还是专家学者中的志愿者，这些人基于志愿者精神，下到社区去脚踏实地地做事情，这才是社区营造能够启动的关键。志愿者不是为了名利、权力，而是为了寻找归属感、梦想和认同。只有志愿付出，才能感受到归属和发自肺腑的回敬。

（四）重视大学的力量

日本的大学一直是社区营造中不可或缺的力量。例如，在日本高梁市，通过大学"专家工作营"的模式长期实现大学和地方在社区营造活动中的合作：日本明治大学的城市建筑设计（小林正美）研究室从 1993 年开始至今每年都举办"专家工作营"。"专家工作营"作为第三方介入到高梁市的政府与市民之间，通过提供生动易懂的视觉材料，或者针对某个课题提出各种解决方法等手段，推动市民和政府、市民和市民就社区中存在的各种问题进行探讨和思考，可以说对整个高梁市可持续的社区营造做出了巨大的贡献。

注　释

[1] 英文的书名为 *small is beautiful*。

[2] 日语为"コミュニティ協議会"。例如日本在形县鹤岗市就以小学为单位成立了学区社区协议会，集合区内的各种地方组织，以社区会馆为中心形成社区自治组织。

[3] 日语为"コミュニティ計画"。它是先将城市或乡村按一定原因分解成若干社区，针对各个社区的具体情况研究拟订各自土地利用的最佳方法，以及生活环境保护和完善的具体策略等。在规划过程中，重视社区居民的参加和创造力，时刻以市民参与、居民自治为基础，使政府、专家、居民三方在慢慢相互了解中达成规划共识，形成一个以人为本、以地方社会振兴为目标的规划方案。社区规划的具体内容也会由各个社区的特性来确定。可以说社区规划制订的过程实际上就是一个社区营造的过程。而社区规划，可以视为社区营造的一个重要成果。

[4] NPO 是英文"non-profit organization"的缩写，是指那些致力于解决人权、发展、环境、和平、自然灾害等全球问题的非营利组织。

参考文献

陈鹏:《"社区"概念的本土化历程》,《城市观察》2013年第6期。

日本建筑学会编,陈金顺译:《社区营造的方法》(台湾),行政院文化建设委员会文化资产总管理处筹备处,2010,第10页。

姚远:《日本市民运动的历史演进和当代转型》,《学海》2014年第6期。

日本建筑学会编:《まちづくりの方法》,九善株式会社,2004,第14~20页。

日本建筑学会编撰,林美吟译:《历史街区与聚落的保存活化方法》(台湾),行政院文化建设委员会文化资产总管理处筹备处,2010,第14页。

胡澎:《日本"社区营造"论——从"市民参与"到"市民主体"》,《日本学刊》2013年第3期。

俞慰刚:《日本的非营利活动法规与民间组织》,《上海城市管理》2006年第3期。

(责任编辑　王立嘉)

破解杭州公共服务一体化障碍对策研究

◎ 张伟平　王光军　郑　敏

提　要：贯彻落实党的十九大精神，把握新时代主要矛盾的新变化，对照习近平总书记强调的"八个更"要求，为加快建立更健全、更优质、更共享的公共服务体系，率先高水平全面建成小康社会，让广大杭州市民拥有更多获得感、幸福感和安全感，杭州市发展改革委员会开展了杭州市公共服务总体发展情况专题调研，总结分析杭州当前公共服务发展的现状、短板和问题，提出进一步提升公共服务均等化和一体化水平的思路目标和对策建议。

关键词：公共服务　均等化　一体化　杭州

作者张伟平，杭州市发展和改革委员会社会处成员（邮政编码　310026）；王光军，杭州市工程咨询中心高级经济师；郑敏，杭州市工程咨询中心经济师。

近年来，杭州市坚持民生优先发展战略，深入实施《杭州市基本公共服务体系建设三年行动计划（2013～2015年）》和《杭州市社会发展（基本公共服务均等化）"十三五"规划》，加快建立更加优质、更加均衡、更加共享的城乡一体公共服务体系，让改革发展成果更多更公平惠及全体人民。杭州市社会发展综合水平连续十二年居全省首位、连续四年位居全国副省级城市第一，群众获得感、幸福感和安全感持续增强。本文在深入剖析杭州市公共服务一体化发展现状的基础上，针对破解目前存在的瓶颈、障碍和制约，开展相关专题调研和研究，为加快实现杭州公共服务在区域间、城乡间、群体间一体化提供了方向。

一 摸清现状，深入剖析杭州市公共服务发展情况

（一）兜底线，基本公共服务体系基本完善

建立基本公共服务体系建设联络员制度，形成涵盖劳动就业、社会保障、教育、医疗、文化、体育等十大领域的基本公共服务体系，服务项目和标准高于国家、省基本公共服务体系，服务质量和水平走在全国、全省前列，成为全省基本公共服务均等化行动计划实施工作优秀城市。

（二）强保障，多项社会事业发展成绩斐然

城乡居民收入倍差由1.98缩小为1.87，家庭年人均收入低于4600元贫困现象全面消除。2016年城镇登记失业率控制在1.72%以内，荣获全国创业先进城市，劳动关系和谐指数实现全省"六连冠"。入选省级非物质文化遗产代表性项目数连续五年居全省首位。被列入全国首批养老服务业综合改革试点。获得"2016中国最具幸福感城市最高荣誉功勋"荣誉称号。

（三）提品质，教育强市建设深入推进

先后实施一系列教育新政，2016年，六个主城区成功创建全省基本实现教育现代化区，率先实现全国义务教育基本均衡县全覆盖。探索适应新高考改革的高中教育教学管理体制改革和机制创新，特色示范校创建工作深入开展。市属高校和职业教育发展步伐加快，市属高校产学对接工作取得新成效，中外合作办学机构实现零突破。浙江大学城市学院怀卡托大学联合学院获教育部批准正式成立，成为全国同类院校第一家开展全日制本科层次的联合学院。

（四）促医改，健康服务能力稳步提升

入选第三批国家公立医院改革试点城市，"双下沉、两提升"、智慧医疗、医养护一体化签约服务工作走在全国前列，6家市属医院分别与18家县级医院建立帮扶关系，实现县级医院下沉乡镇全覆盖。5所市属综合性医院建成投用，蝉联国家卫生城市。电子健康档案开展地区实现全覆盖。人口计生、妇女儿童、残疾人工作扎实推进。竞技体育连创佳绩，全民健身广泛开展，成为2022年亚运会等重大赛事举办城市。

（五）抓人才，创新能力进一步提高

成功创建国家自主创新示范区，杭州未来科技城、阿里巴巴集团入选全国首批"双创示范基地"，国家级孵化器总量连续4年居全国省会城市、副省级城市第一位。发明专利授权量连续11年位居省会城市第一。出台两轮"人才新政"，浙江西

湖高等研究院、浙江工程师学院正式成立，自主申报"国千"专家数居全国副省级城市第一位，成功创建国家知识产权示范城市，跻身外籍人士眼中最具吸引力的中国城市前三位。

在肯定杭州市基本公共服务体系建设取得一系列成效的同时，也要清醒地认识到，杭州市社会发展领域还存在短板和弱项：一是公共服务城乡之间、区域之间仍然存在一定差距，萧山、余杭、富阳、大江东、临安等公共服务配套能力与主城区融入程度不够，公共服务资源配置不均衡；二是尚未普遍、均等地惠及非杭籍及流动人口，虽然近年来公共服务与户籍脱钩的改革正在稳步推进，但问题仍然较大；三是对标国际化城市标准，在社会治理能力提升、流动人口管理与服务、社会事业国际化、社会组织发展培育等方面还有待进一步改进和完善；四是公共服务管理体制尚不成熟，市场在社会资源配置中的作用相对薄弱，供给方式和供给主体仍不够多元化。

二 对照要求，进一步厘清杭州市公共服务发展思路

在深入梳理杭州市公共服务发展现状、问题及短板的基础上，要对照习近平总书记强调的"八个更"要求，厘清今后一段时间内杭州市公共服务发展思路和方向，制定实施针对性强的举措，进一步提高杭州市公共服务发展水平。

（一）明确一个要求

学习贯彻党的十九大精神和习近平总书记新时代中国特色社会主义思想，按照"五位一体"总体布局和"四个全面"战略布局，持续深化"八八战略"实践，紧紧围绕"建设独特韵味别样精彩的世界名城"奋斗目标，坚持以人民为中心，以保障和改善民生为重点，全面发展各项社会事业，对要求、补短板、强供给、促一体，努力让广大群众切实享受更好的教育、更稳定的工作、更满意的收入、更可靠的社会保障、更高水平的医疗卫生服务、更舒适的居住条件、更优美的环境、更丰富的精神文化生活，切实增强广大群众的幸福感和获得感，确保在高水平全面建成小康社会、高水平推进社会主义现代化建设上走在全省乃至全国前列。

（二）把握四大方向

城乡一体化。以覆盖全民为目标，主动适应新型城镇化和人口流动趋势，瞄准短板，重点突破，进一步扩大公共服务资源覆盖面，促进优质公共服务资源向农村、新城和弱势群体倾斜，加强基层公共服务机构设施和能力建设，切实缩小区域、城乡差距，加快建立城乡一体的公共服务体系。关注当前尚未享受服务覆盖的非杭籍常住人口及部分流动人口需求。

政策精准化。针对人民群众最关注的现实需要，按照责任与能力对等、需求与可能结合要求，建立公共服务供给精细化机制，科学制定公共服务标准和细则。加强对公共服务需求有效管理，探索构建整体性公共服务需求管理体系，及时获得社会公共服务需求信息及政策诉求，有针对性地提供群众急需的公共服务，切实提高服务精准度和群众满意度。

供给多元化。人群细分、全周期供给、多样化需求是未来公共服务发展必然趋势。主动适应群众需求从低层次向高水平、从重数量到重品质、从整体性到差异性的转变，充分运用"互联网+"、大数据等信息技术手段，不断开发个性化、多元化、动态化公共服务产品，满足群众公共服务由生存型向安全型、享受型和发展型转变需求。进一步拓展公共服务供给范围，鼓励社会力量参与，构建多元化公共服务供给模式。

服务产业化。放大公共服务部分产业属性，以推进供给侧结构性改革为主线，创新政府向社会力量购买服务机制，合理引入市场竞争，推动公共服务产业化发展。支持民办公共服务做大做强，允许其通过PPP、连锁经营、特许加盟等形式壮大规模，重点培育发展一批实力雄厚、具有较强竞争力的大型社会服务企业和企业集团。

（三）考虑四大目标

总体目标更加明确。到2020年，建立与高水平全面建成小康社会及高水平推进社会主义现代化建设目标相衔接的公共服务体系，率先建成城乡一体的公共服务体系，让市民拥有更多幸福感和获得感。

服务内容更加丰富。形成更为优质均衡的就业、教育、文化、社保、医疗、住房等公共服务体系，服务内容和产品更加丰富，服务能力明显增强，供给体制机制更加健全。城乡区域一体化配置公共服务资源格局形成，公共服务发展水平继续位居全国全省前列。

服务质量更加优质。建立公共服务水平根据经济社会发展水平稳步提高机制，服务标准更加完整，服务和管理的规范化、精细化水平明显提升。基本公共服务清单、财政管理、考核评价等机制更加完善。

服务资源更加共享。实现公共服务资源城乡全覆盖，服务的可及性、便利性进一步提升，城乡、区域间公共服务水平的差距明显缩小，一体化水平稳步提高，市民能够就近享受高质量的基本公共服务。

三 补齐短板，提供更高水平更高质量的公共服务

坚持以人民为中心发展思想，牢牢把握新时代主要矛盾的新变化和人民群众对

美好生活的向往，抓住重点，瞄准短板，精准发力，切实解决与百姓切身利益紧密相关的民生问题。

（一）改善民生之需，坚持"两优先"，将教育、健康放在优先发展战略地位，努力让杭州市人民享受更好的教育和更高水平的医疗卫生服务

从提供更好的教育出发，把提高教育水平和质量放在经济社会发展更突出位置，全面提升学前教育、义务教育、高中段教育、高等教育乃至终身教育水平。深化教育教学改革，扎实推进教育减负，实施新名校集团化战略，全面推进学前教育普惠发展、义务教育高水平均衡发展和普通高中教育多样化发展，加快发展国际教育。推进名师等优质教育资源的市域范围内一体化共建共享。适时研究延长义务教育年限方案，探索将学前教育、高中段教育纳入义务教育的路径及举措。抓住国家"双一流"建设的历史性机遇，实施"名校名院名所"计划，积极引进中科大等国内外著名高校合作办学。持续深化与清华大学、北京大学、浙江大学、中国美院、浙江工业大学等全面战略合作，加快西湖大学、浙江工程师学院建设，支持杭师大创一流，加快推动现有高教园区转型升级。放宽普高、职高分流限制，支持市属高职院校高水平发展，加快构建现代职教体系。

从提供更健康的生活出发，把健康放在优先发展战略地位，深入实施大健康战略，不断提高全民健康水平。推进医药卫生体制改革，深化"双下沉、两提升"工程，健全分级诊疗体系，推广医养护一体化全科医生签约服务，加快发展智慧医疗，支持社会力量办医和中医药事业发展，构建面向全民、覆盖全生命周期的健康管理体系，建成健康中国示范区。推进医疗卫生领域国际化合作，加快国际医院建设，完善国际医疗服务结算体系。牢固树立"全民健身是全面建成小康社会的重要基础"理念，广泛开展全民健身运动，促进群众体育和竞技体育全面发展。认真做好亚运会和2018年世界短池世锦赛等重大赛事筹备工作。抓好食品药品安全保障，把增加绿色优质农产品供给放在突出位置，重点抓好绿色农产品基地建设。抓实国家和省级养老服务业综合改革试点，建成以居家为基础、社区为依托、机构为补充、医养相结合的养老服务体系，促进养老多元化、多样化发展，让每位老年人老有所养、老有所依、老有所乐、老有所安，享有更幸福的晚年生活。

（二）立足民生之本，实现"一同步"，确保城乡居民收入增长与经济增长同步，努力让杭州市人民享受更稳定的工作和更满意的收入

从提供更稳定的工作出发，更加关注就业困难群体，实施更加积极的就业创业政策，努力增加更多就业岗位。深化落实就业创业新政，建立就业创业指数评价体系。做好重点群体就业工作，加强与市外重点区域、重点高校战略合作，提高高校毕业生就业稳定性。强化就业精准扶贫，开展就业援助、职业培训精准服务年系列

活动，确保户籍制度改革后原农村就业困难人员新老政策顺利衔接，帮扶城镇就业困难人员实现就业再就业，确保"零就业家庭"实现动态归零。

从实现更满意的收入出发，强化职工和农民职业技能培训。完善收入分配制度和劳动报酬增长机制，千方百计拓宽居民增收渠道，增强低收入群体自我发展能力，促进农民增收特别是低收入农户增收，扩大中等收入群体，杜绝出现年人均收入低于4600元的新贫困家庭。推进城乡低保标准一体化，2020年低保标准达到当地城市居民人均消费支出的30%。实施帮扶精准到村到户到人，确保低收入群体收入增长高于市民平均增长水平。

（三）稳定民生之基，筑牢"四张网"，努力让杭州市人民享受更可靠的社会保障、更舒适的居住条件、更丰富的精神文化和更优美的环境

从提供更可靠的社会保障出发，加快构建城乡一体的社会保障网络，提高社会保障统筹层次和水平。实施全民参保计划，完善全覆盖、保基本、多层次、可持续的社会保障体系。积极应对不断加深的人口老龄化趋势，建立长期护理保险制度。健全社会保障待遇正常调整机制，统筹提高退休人员基本养老金待遇和城乡居民基础养老金标准。动态调整各项社会保险待遇，将社会保险费率维持在与经济发展相适应的水平。优化城乡救助网络体系，确保小康路上"一个不少、一户不落"。

从提供更舒适的居住条件出发，加快完善住房保障网络，力争基本实现"住有所居"目标。加快构建以城中村改造和保障性安居工程为主体的住房保障体系，稳步推进以货币化安置为主的保障方式，逐步实现从"住有所居"向"住有宜居"转变。大力推进城乡危旧住宅房屋改造，推进城中村改造工程，打赢城中村改造五年攻坚战。

从提供更丰富的精神文化出发，挖掘和保护历史文化资源，发扬城市新人文精神，建立文化自信。培育和践行社会主义核心价值观，深化"满城书香"和市民文化素质提升工程。建立健全公共文化服务标准体系，建设农村文化礼堂。进一步提升西湖、大运河"双遗产"影响力，推进跨湖桥、良渚、南宋皇城、钱塘江古海塘、西溪湿地等文化遗址保护与开发。传承弘扬篆刻、蚕桑丝织技艺、古琴艺术等人类非物质文化遗产和优秀传统文化，实施非遗濒危项目保护工程，完善非遗名录体系，讲好杭州故事，彰显文化底蕴，让传统文化融入现代生活。

从提供更优美的环境出发，坚定不移推进美丽中国样本建设，努力建设颜值高、气质好的生态文明之都。深化国家生态文明先行示范区建设，实施钱塘江综合保护与开发利用工程，高起点推进钱塘江两岸规划建设。制定钱塘江两岸、湘湖区块、良渚遗址及相关历史文化遗产区块的保护开发利用条例。深入实施"三改一拆""五水共治""五气共治""五废共治"及土壤综合治理等攻坚工程。加快临江、七

格、天子岭等污泥、建筑固废和生活垃圾处置设施建设，扩大智慧垃圾分类试点，逐步实现生活垃圾减量化。

四 找准对策，努力破解公共服务一体化瓶颈障碍

围绕城乡一体、覆盖全民目标，针对影响和制约公共服务一体化的突出问题，重点突破，着力构建和实施覆盖城乡的一体化协调机制和政策措施，实现公共服务资源在杭州市域范围内顺畅流转与可持续发展。

（一）针对不同阶段面临的重点问题，制订相应阶段性目标任务和实施计划，分领域、分时段、分重点地推进公共服务一体化

根据市民群众对公共服务需求的重要性，建立阶段性目标，按教育、医疗、社会保障、就业、养老服务、住房保障、文化体育等优先顺序逐步实现城乡一体化发展。充分考虑萧山、余杭、富阳、临安撤市设区的实际，加快推进与主城区公共服务无缝对接，实现市区范围内的公共服务一体化。统筹城乡公共服务资源，促进优质公共服务资源向弱势群体和重点人群倾斜，加强优化开发和重点开发地区公共服务设施布局，进一步缩小不同群体、不同区域之间的公共服务差距。结合户籍制度改革，逐步将基本公共服务领域各项法律法规和政策与户口性质相剥离，保障符合条件的外来人口与本地居民平等享有基本公共服务，努力实现基本公共服务常住人口全覆盖。

（二）围绕增强基本公共服务供给能力目标，在加强政府财政保障基础上，创新服务供给模式，构建多主体共同参与的服务供给体系

加大对公共服务产品的财政支持力度，建立与经济发展水平相适应、满足基本民生需求的财政优先保障机制，确保杭州市一般公共预算新增财力三分之二以上用于民生支出。加大向农村地区、贫困地区公共服务及设施投入。按照事权与支出责任相适应的原则，完善各级政府基本公共服务的事权、财权和责任。探索推进政策购买服务的方式，推动供给方式多元化，逐步建立政府主导、市场和社会共同参与、分工合理的多元化供给模式。能由政府购买服务提供的，政府不再直接承办；能由政府和社会资本合作提供的，广泛吸引社会资本参与，丰富公共服务产品。鼓励成立专业化的社会服务组织，引导社会组织、工青妇等组织团体参与提供多层次、多样化社会公益服务。

（三）坚持以城乡居民满意为根本标准，加强公共服务标准化建设，进一步提升公共服务产品供给的质量和效率

立足实际情况，认真梳理公共服务领域标准现状和需求，结合公共服务资源、

布局任务、优先次序,科学合理制定层次分明、全面配套、功能完备的公共服务标准体系。优先保障教育、医疗卫生、文化体育、养老服务、社会就业、社会保障、住房保障等基本公共服务供给,建立健全基本公共服务清单制度,实现基本公共服务范围和标准在城乡间、区域间、群体间基本一致。完善基本公共服务项目和标准动态调整机制,根据经济社会发展实际情况,适时调整清单内容和标准,稳步提高保障标准和覆盖水平。

(四)密切关注人口变动及需求变化趋势,探索建立科学评估方式和质量管理体系,构建确保公共服务体系有效运行的长效机制

加强人口跟踪及管理系统建设,重点关注儿童、老年人口等特殊群体需求变动,合理管理和调控公共服务供需。健全服务监督评估机制,建立需求表达、财政保障、管理运行、评估考核等制度。积极开展第三方调研和评估,逐步建立多元协调互补的考评机制和评估指标体系,针对公共服务一体化的全过程进行监测评估,提高公共产品的供给质量。加强公共服务一体化监管体系建设,构建多层次、全方位、多主体参与的监管体系。建立健全公众参与、专家咨询、政府决策相结合的决策机制,确保公共服务决策的科学化、透明化、民主化和制度化。

(责任编辑 方晨光)

微博微信在突发事件信息传播中的差异与引导策略[*]

◎ 焦俊波　刘思汝

提　要：随着移动互联网时代的到来，微博微信等新媒体在突发事件信息传播中发挥越来越重要的作用。本文分析了微博微信造就的突发事件信息传播新样态，重点探讨突发事件信息在微博微信两个平台上的传播差异与引导策略，以期更好地推动风险社会中突发事件的应急处置和舆论引导。

关键词：微博微信　突发事件　差异化　引导策略

作者焦俊波，浙江传媒学院新闻与传播学院讲师；刘思汝，浙江传媒学院新闻与传播学院本科四年级学生（邮政编码　310018）。

突发事件为突然发生，造成或者可能造成严重社会危害，需要采取应急处置措施予以应对的自然灾害、事故灾难、公共卫生事件和社会安全事件。[1]突发事件事发突然且无可预知，通常涉及广大区域和众多阶层，带有极大的聚众性和破坏性。在风险社会中，突发事件的信息传播不仅涉及公众的生命安全和切身利益，也影响到国家政治经济生活的方方面面。

---

[*] 杭州市哲学社会科学规划课题"移动互联网中的突发事件舆论引导研究"（Z16YD036）研究成果。

一 微博微信造就突发事件信息传播的新样态

根据中国互联网络信息中心（CNNIC）发布的第 40 次《中国互联网络发展状况统计报告》，截至 2017 年 6 月，有 96.3% 的网民通过手机上网，手机网民规模达 7.24 亿人。以手机为主要终端的移动互联网正塑造全新的社会生活形态，而这种全新的社会生活形态与信息的发布和传播不无关联。[2] 在我国，作为使用人数最多和使用次数最频繁的两大移动互联网新媒体平台，新浪微博和腾讯微信在突发事件信息传播中所产生的独特作用和特殊影响，是其他社交媒体无可比拟的。这种作用和影响，来自两大平台形成的突发事件信息传播新样态。

第一，两大平台都拥有强大的用户基数，每一个用户都具有突发事件信息传播的主客体身份。截至 2017 年 6 月，新浪微博月活跃人数已达 3.61 亿人，移动端占比达到 92%。[3] 而《腾讯 2017 第二季度财报》显示，微信每月活跃用户已达到 9.63 亿人。微信公众账号总数也已经超过 2000 万个。微信已覆盖 90% 以上的智能手机，超过九成的用户每天都会登录微信，半数用户每天使用微信超过 1 小时。[4] 无论是微博用户还是微信用户，它们都既是信息的接收者又是信息的传播者，为突发事件舆情发展走势带来了更多的不确定性。

第二，两大平台都具有突发事件信息传播即时性强、传播速度快的特点。传统媒体信息发布的流程和把关以及技术门槛，在某种程度上对突发事件信息的即时性产生一定的影响，而自媒体平台则相对约束性较小。无论是微博还是微信，只要公众掌握一定的操作能力，就可以发布信息。随着智能手机功能的不断优化，公众具备了发布文字、图片、音频甚至视频的能力。突发事件发生时，这种随拍随传的即时性信息在微博和微信上都表现突出。2011 年 7 月 23 日温州动车事故后，第一条信息不是来自传统的电视台或者广播，而是来自微博。这条微博的发布仅在事故发生后的四分钟，网友@袁小芫微博称"D301 在温州出事了，突然紧急停车了，有很强烈的撞击。全部停电了！！！我在最后一节车厢。保佑没事！！现在太恐怖了！！"而随着微信朋友圈的用户量剧增，人们往往在突发事件发生时，在朋友圈里发布"我在现场……我看到……"这种模式的信息，以求建立社交媒体中的"信息告知者"的形象。

第三，两大平台都存在信息传播主体多样化，信息泛滥良莠不齐的隐患。和传统媒体信息发布的严格把关不同，自媒体时代的信息把关在不断弱化；"人人都有麦克风"的比喻，形象地描述了当今自媒体传播主体多样化的生态。在这人人都可以成为传播主体的时代，"客观""中立""整体真实"的新闻信息发布原则，用来要求数亿名的公众犹如天方夜谭。"道听途说""三人成虎"的信息样态，在突发事件自媒体传播中占有相当大的比重。与此同时，公众往往把事实信息和态度信息混为一谈，增加了信息"解码"的难度，使得公众在泛滥的突发事件信息中，要么无所适从，要么进入群体极化的狂热之中。

二 微博微信在突发事件信息传播中的差异

由于微博微信两大平台的参与，突发事件的舆论场变得更加复杂多样，为舆论引导带来一定难度。除去上述共性，两大平台在突发事件的信息传播主体、内容、方式、受众和影响力方面都存在一定的差异。

（一）传播主体的差异

突发事件信息发生后，微博中的传播主体常常是一些微博大V、官方媒体微博、新闻事件当事人、普通微博用户等，微博内部运行机制的热搜功能也起到一定的作用。2016年4月5日夜间，一个在4月4日新注册的微博账号@弯弯_2016发布了"和颐酒店女生遇袭"的消息；截至当晚十二点前，该微博博主再发两条微博，附上视频链接、事件叙述、长图的详细说明。事件迅速发酵并进入多个微博大V的信息流中，其中不乏"@所长别开枪是我"、创业导师"@牛文文"、励志自媒体"@我的厕所读物"等粉丝大咖，随后"@央视新闻""@头条新闻"等官方媒体也跟进介入事件中。事件曝光之后，众多明星对此事表示关注，"@Angelababy""@舒淇"等娱乐明星的转发评论再次将事件引爆，普通用户在首页关注中不断转发扩散。截至4月6日中午，"和颐酒店女生遇袭"话题已被排在微博话题榜的首位，热度以亿人次计，相关的微博内容和视频引起网友的强烈关注和持续转发。"和颐酒店女生遇袭"事件中的传播主体，涉及最早的消息来源"@弯弯_2016"，参与过程中的微博大V以及各大官方媒体和娱乐明星等。这些传播主体身份的转换和接力，也是微博传播主体多元化的体现。[5]

由于微信的好友门槛低和相对封闭，微信"关注才可见"的"一对一"互动传播更加隐蔽私密。微信用户通过互为好友的私聊对话、发布朋友圈和订阅公众号这三种方式来进行突发事件的传播。突发事件在微信中的传播主要以微信好友为主，传播的内容也仅是好友可见。一般来说，微信自身的定位使得突发公共事件很难在好友的聊天对话中形成关注和讨论，而这种交流传播的受众也仅限于好友。除了"一对一"的聊天，微信用户可通过朋友圈发布和接收彼此的动态，但朋友圈的功能也受限于互相关注和未屏蔽拉黑的好友。微信公众号的订阅和推送在一定程度上有利于突发事件相关信息的接收，用户可对此进行讨论评论和点赞，同时也可以转发给好友或分享至朋友圈。但由于微信自身的限制，突发事件在微信传播中仍不具备相对的优势,无法形成微博平台上的参与关注度和讨论热度。

(二) 传播内容的差异

突发事件在微博中的传播以转发讨论为主,话题更偏向于有关公众利益、道德良知等社会性问题。而此类话题可以渗透到各个不同阶层和影响力的圈子中,对于突发事件和信息的快速传播与及时更新有着重要作用。随着微博的改进和升级,越来越多的突发事件源于微博首发爆料。而在事件的后续过程中,各方声音和观点充斥围绕,内容信息的多样化和沟通互动的广泛性都推动了突发事件的追踪和发展。但由于微博的页面限制和功能需求,突发事件信息在微博上的传播多以几十字的短小篇幅转发和扩散,碎片化和重复化的信息难以形成更加深层化的阅读体验。[6]微博作为公众媒体平台,广泛的用户群体在这里进行生活分享和话题讨论。其中既包括国家大事、社会热点的议论,也涵盖用户自身日常点滴的记录。在2016年的里约奥运会期间,微博搜索关键词高达1亿3千多万条,其中热门话题"里约奥运奖牌榜"阅读量达到2635.1万人次,引发了1.5万次话题讨论;"女排夺金"话题也拥有1.6亿的高阅读量,共达到11.9万条微博讨论。用户在追踪里约奥运会比赛的同时,不仅会关注官方推送的新闻,也会将自己的观点和情绪带入话题中发表,在微博上形成持续而广泛的热度讨论。

微信更多侧重于好友交流和生活分享,从事件第一落点来看,微信传播对于突发公共事件信息其实鲜少关注和涉及。和微博不同,微信朋友圈信息的发布者更多会考虑"自身形象建构""私人化内容发布指向"等,往往在形成一定规模的讨论时,微信朋友圈内才会出现突发事件舆论喷发。而定位精准化传播的微信订阅号和公众号,其传播方式和分享功能都在一定程度上受限,微信公众账号在日常信息推送频率等方面有数量限制,这极大地降低了突发事件信息在微信中分享传播的开放度。但在公众号的推送文章中,主打梳理整合突发事件全过程的长篇图文,能带给用户更加全面广泛的深度阅读。

现实生活中大众更倾向于把微博当作获取信息的媒体平台,而把微信当作一种社交聊天工具。[7]二者私密性和开放度的不同,导致了各自对分享发布内容的选择差异。对于突发事件传播来说,微博的自身定位和附加功能更适合发表观点和公开的聚众讨论,而微信主打的精准和深度传播,则有利于突发事件信息的准确到达和梳理整合报道。

(三) 传播方式的差异

微博"一对多"的转发分享平台具有较强的发散流动性。微博的定位是随时随地分享新鲜事的转发分享平台,更新升级后的微博拥有更加多元化的传播载体,除了原有的图文模式之外,之前的字数限制也被打破。其后秒拍小视频、头条文章,甚至微博直播间等都逐渐开放应用。在某一突发事件发生的短时间内，微博用户可在首页的关注和推荐中追踪事件的原委和现状，之后通过微博的一键转发功能选择是否继续向外传播扩散。

微信在某种程度上作为 QQ 在移动互联网时代的进化产物，集聊天沟通工具、朋友圈分享平台、信息订阅服务等为一体。一方面，微信用户通过私聊对话和发布朋友圈来达到交流分享的目的，更加倾向于线上人际交往的虚拟社区；另一方面，用户也可自主选择订阅相关领域的公众号，获取感兴趣的信息。相较于微博所引发的公众话题和热度讨论，微信用户了解信息的渠道和范围围于自身的朋友圈子和订阅的公众号，微信自身的封闭性和私密性使其不易形成广泛的转发和关注。

微博上突发事件的信息来源广泛而丰富，信息交叉求证的方式也比较多样。在突发事件的产生、传播、平息阶段，微博随时随地的发布和更新，让关注者可以及时获得第一手消息，跟进事件的最新动态，了解事件的真相和结果。微博准入关注的低门槛和界面的一键转发功能，使得人人都能够发布和传播信息。但突发事件的相关信息在微博的快速更新和广泛传播中又比较容易产生众多谣言，这种病毒式的转发分享会助长谣言的滋生和扩散，从而会造成信息的混乱和不可控。特别是涉及人民生命财产安全的重大突发事件时，海量信息的甄别和选择会造成效率低下和无效等额外负担。

但也正由于相同的机制和一键转发功能，微博上产生的谣言可追溯到原始消息来源，从而在后续的事件发展和实际求证中，经过又一轮的更新和转发后，能够快速及时地粉碎谣言修正信息，事件的结果和真相也会逐渐浮出水面。在这种双向作用的机制下，微博对于突发事件信息的追根溯源和去伪存真起到一定的独特作用。

相较于微博高效广泛的信息传播机制，微信则显得有些低效费力。微信朋友圈中的突发事件传播通常由某个亲密好友转发为由头，出于对朋友间的熟悉和信任，受众会选择相信该事件或信息的真实性。这种熟人网络之间会进行内部的转发传播，主观性地发表自己的意见观点或是形成小范围内的舆论声音。但由于朋友圈的私密性和封闭性，相较而言事件的最新信息不容易准入准出，同时突发事件在微信中的消息来源单一且较难考证，受众很容易受到个人圈子和表面虚假消息的局限。当谣言或虚假信息已经产生并进入微信朋友圈开始扩散时，微信的私密性和封闭性也使得谣言的自我修正和清除拖延滞后。有很多突发事件实例表明：当微博上的谣言已经在粉碎修正，微信朋友圈里却依然在转发点赞。在这种情况下容易助长谣言的滋生和虚假信息的扩散，对于信息的精确度和修正性也有着一定的阻碍。

（四）受众的差异

微博具有某种"公共空间"的特性。微博非实名性的匿名社交网络则不需要双向的认同和通过,"关注即可见"的单向传播,使得信息浏览获取门槛低,大众参与面广,信息扩散传播速度快。

鉴于微博的单向关注和"一对多"的传播特性,微博在突发事件传播中的受众关系更倾向于大众传播。人与人之间的联系并不依靠特定的某种关系,传播对象也是未知和不确定的陌生群体。微博的注册用户是在匿名的情况下,去转发扩散突发事件的话题和相关消息。一方面,匿名性使得他们没有实名制的责任和顾虑;另一方面,这种隐匿性让他们不必担心传播某些虚假或不良消息的后果。相比微信用户,微博的使用者也无须过多思考"拟剧论"的存在和意义,他们可以随心所欲地在网络微博圈子里演绎各种角色。[8]

由于微博的匿名性和大众传播特性,突发事件在微博上的传播多易形成聚众讨论和广泛扩散。这种共享和交流在一定程度上有利于群体共识的达成,不同背景和经历的人通过同一热门事件话题,在潜移默化间形成某一认同感。例如灾难事件中有类似经历的网民通过讲述分享,在某种程度上促进了群体信息和情感的交流沟通。在突发事件不断发酵的过程中,微博上网友相似经历的分享不断给事件、舆情加料,引起多数人的共鸣,声音呈螺旋式放大。

微信的双向关注能让用户间实现有效的交流沟通,"发现"功能会将未屏蔽(拉黑)的好友动态自动推送至朋友圈首页,朋友间还可以评论点赞动态。微信作为一个相对封闭的社交圈,用户只能在相互关注且未屏蔽(拉黑)的情况下才能看到对方的动态。而彼此之间的联系大多也不仅仅局限于线上媒体,私下也可能是拥有共同爱好和兴趣的熟人,这种"熟人"之间的网络交往也是一种人际传播。在微信交流传播的过程中,除了常见的文字图片之外,语音和小视频等方式也更加直接并常见。无论是私聊会话的沟通交流,还是你来我往的点赞或评论,都是微信人际交往的多样体现。

在微信这种具有"私人领域"性质的社交圈中,突发事件信息的传播受限于好友和个人朋友圈以及关注订阅的公众号。[9]同时,人以群分的微信好友间容易形成类似的情感需求和价值取向,对于突发事件信息的选择和交流带有较强的同质化和主观色彩。

(五)传播影响力的差异

微博作为一个偏社会新闻性的新媒体平台,已经成为移动互联网时代突发事件的消息溯源地和舆论传播中心。突发事件信息短时间内在微博上传播速度极快,传播范围广,影响力巨大。一方面,微博的匿名化和单向关注不受限制,用户之间不需要双向通过就可以自动接收到关注账号的最新微博。突发事件发生时,相同性质的一系列账号都会先后发布类似的微博,有些微博甚至在用户关注首页经过了多轮转发，大同小异的消息会造成信息的堆砌和泛滥。另一方面，微博上的海量信息和快速刷屏，使得很多有效信息被遮蔽或是石沉大海。即使在突发事件发生的一段时间内，受到时效性和重要性等新闻价值因素的影响，更新的事件动态也多以百字以内的简短语句来报道最新的进展情况，在争分夺秒的时间里难以形成深度思考。

微信作为一款社交软件和私密分享平台，突发事件信息在微信中的传播速度和范围远不及微博。但从长期的效果来看，微信上紧密的人际互动和针对性传播过滤了大量无效信息，突发事件信息在微信中的传播更加精准有效。当突发事件经过一段时间的发酵和传播后，关于事件的梳理整合类文章往往会在某些公众号上出现推送，其中会有关于突发事件的背景缘由、现状发展、思考展望等。微信公众号的推送内容经过后台运营编辑的精心整合和编排，能带给微信用户更加精准化的深层阅读体验。[10]

微博作为重要的网络舆论场，在突发事件的报道中逐渐形成了"意见领袖"和"沉默的螺旋"效应。微博上的明星大V或是媒体达人坐拥千百万级粉丝量，在突发事件的报道传播中起到重要的过滤和中介作用。他们的意见和思想介入了传播过程，对其他公众的态度也起到了不容小觑的影响。当发生某件轰动社会的突发事件时，面对满屏更新的事件消息，受众通常会优先选择关注最具有公信力和话语权的意见领袖，会对其认同感较强和最具传播价值的微博进行分享转发，时而还会附加自己赞同或类似的观点和评论。强大的"粉丝效应"和广泛转发之后，由此而衍生出来的微博话题榜和热门微博，再次通过主页推送和发现推荐几度曝光，促使人们潜移默化地站到大多数观点的梯队。在这个过程中也会出现不少情绪化的围观从众者，而少数派的声音和观点则会在此循环往复的过程中越来越消沉没落。近年来突发事件频频上微博热搜榜，相关微博和搜索引发了公众的强烈关注，其中也有不少浑水摸鱼者，带着话题热度却发送毫不相关的微博内容。更有些热门话题遭到屏蔽或是病毒式营销，大量的"僵尸粉"和"水军"层出不穷，这些现象都不利于突发事件信息在微博中的传播。

微信公众号的推送则在一定程度上符合传播学上的"使用与满足"理论，把受众成员看作有着特定"需求"的个人，把他们的媒介接触活动看作基于特定的需求动机来"使用"媒介，从而使这些需求得到"满足"的过程。[11]在自媒体时代，每个人都可以成为微博微信的大V意见领袖，而微信中的意见领袖体现在公众账号上。只要微信用户关注了某个公共账号，就可以不定时地接收到公共号的推送更新。这不仅给了微信用户主动选择关注的权利，也有利于各类领域消息的定制和精准传播。这些自主关注的公众号针对性和可读性较强，用户也能更高效地接受，在突发事件的延伸阅读和深度系列报道方面具有更强的原创性和专业性。

三 微博微信突发事件舆论引导策略

（一）舆论引导的时间维度策略：微博在先，微信在后

时间维度的舆论引导策略，首先体现在对微博舆论场的监测上。突发事件发生后，微博常常先于传统媒体甚至官方微博成为突发事件的消息溯源地和报道跟进平台，在网民意见的表达和舆论引导方面有显著影响。[12]微博上快速形成的网络舆论，在某一突发事件伊始代表了当时的真实舆论。对于政府管理部门来说，通过舆情监测手段在突发事件之初对微博舆情进行监测和预判是极为重要的。而对于一些公共社会事件，则需要更早地在微博舆论场里给予关注，在发生引爆事件之初就能进行有效的舆论调控和引导。

从时间维度引导策略的要求看，官方微博舆论生态的营造更为迫切。政府部门和传统媒体要积极进驻微博，营造良性舆论生态，这对于一些突发公共社会事件的舆情形态会起到较好的调控作用。目前我国政务微博数量众多，但是往往流于形式，无法形成持续关注和影响力。这些微博很多时候都是由于突发事件发生后处理不当而成为人们关注的焦点，为突发事件后期的舆论引导增加了难度。当然，政府部门和官方媒体的微信公众号建设一样重要。公众号的"粉丝"角色一旦确立，往往在价值观和情感取向上较为一致，为舆论引导打下了良好基础。在后期的"粉丝"维护上，微信公众号将花费更大精力。

突发事件舆情爆发时，引发舆论的信息往往来自微博，而微信朋友圈和公众号里的信息也多转自微博。所以，对于微博的突发事件舆论引导是重中之重。

（二）舆论引导的信息形式策略：微博短平快，微信精准深

在舆论引导信息的发布形式上，微博应短平快，发挥第一时间和超链接功能，而微信则需要精准深地找好第二落点。微博的迅速即时性不言而喻，微博编排花费的时间比起微信来说也相对较短，同时微博的字数发布也有一定的限制。所以在突发事件发生后，针对公众关注的疑点以及容易引发的关注点和谣言，官方微博应在第一时间简明扼要地进行信息发布。

2016年7月武汉遭遇洪水灾情，这一突发自然灾害发生后，武汉本地的三个政务微博@武汉市政府应急办、@平安武汉、@武汉发布形成信息发布矩阵，不到一个月的时间内共发布微博950条。包括第一时间发布危机信息、为公共提供出行服务，第一时间发布救灾现场的信息和谣言澄清，也包括一些感人的救灾事迹等，来引导舆论。微博的即时性特点，使得政务微博的信息发布和救灾工作紧密配合。在暴雨还没有来袭前，@武汉市政府应急办就发布了暴雨预警并被大量转发，起到了很好的信息告知作用。而随着灾情的不断发展，微博发布量也不断增加，和事件发展保持一致。

而对于微信来说，公众号的内容无法做到随时随地更新，所以在突发事件发生时，微信公众号应和官方微博打"配合战"，对信息进行"归纳"和"深度解析"。如果说微博适用于"事实类"信息发布的话，那么微信则更需要一些"态度类"信息的推送。比如在自然灾害中，对灾害的成因、纵横对比、预防措施进行深度报道。针对谣言信息，微信更适用于集纳式报道和连续的专版报道，能起到较好的舆论引导效果。

（三）舆论引导的传播形态策略：微博大众化，微信人际化

尽管与传统媒体比较起来，微博传播具备了一定的人际性，例如人民日报微博相较于人民日报，语言样态显得更加活泼和亲民，更接地气。但是从传播内部机制来看，微博和微信的舆论引导主体还是应在传播形态上加以区别：微博的突发事件信息传播应偏向于大众传播，而微信的突发事件传播则应更注重人际传播特性。

微博的传播受众对于传播主体来说，和传统媒体一样有其广泛性，官方微博尤其如此。所以微博的整个传播机制接近于传统的大众传播。突发事件发生后，官方政务微博和媒体微博应积极进行议程设置，把握舆论关注的焦点。微博的意见领袖在突发事件发生后，往往成为大众媒体发布渠道，因此对微博意见领袖的培养显得至关重要，这样才能在突发事件舆论中占得先机。

和微博不同，微信用户之间大多彼此熟悉和了解，朋友圈更像是将现实生活中的联系纽带复制到了网络社交中，彼此的身份和角色在微信中也不会有太多偏差和改变。在这样的受众关系中，内部的传播变得更加感性和直接。面对突发事件的相关消息时，我们更多因为情感的触碰和交流而产生发布的目的和心理。突发事件的传播一般不以生硬的事实现状为主要卖点，更多的是以随心所欲地表达意见和抒发情感为主，用户之间也不太会关注理性的事实和认知判断，但彼此也会默默地点赞，以微信常见的交往维系表达熟人间的接受和认同感。朋友圈的熟悉性和亲密感，会让用户对事件真相的把握产生偏差和误解，感性化的社交圈一定程度上会带来道德和价值观的集体迷失。

由于微信舆论场更加真实和隐蔽，不易被察觉，所以针对微信舆论场，政府部门和传统媒体的微信公共号除积极进驻微信舆论场，第一时间发布信息进行舆论引导之外，尤其要注重微信传播的人际传播特点。在信息内容传播上，要重视寻找突发事件中的情感共鸣因素。共情心理是人际传播畅通的重要心理支撑，同时也是微信二次传播的有效催化剂。同时，在微信舆论引导时，应注重标题的写作。微信的信息传播中，标题是第一门槛，否则很难达到传播效果。另外，还应积极完善微信的舆论预警系统，通过大数据挖掘，尽早做出舆论态势研判。

总之，随着近年来移动互联网的发展和突发公共事件的频发，微博和微信在突发事件信息传播中起到了不可替代和不可忽视的作用。微博和微信不仅打破了传统媒体的地位和局限性，在舆论引导和全网影响力方面也体现出特殊作用。但微博和微信的性质定位和传播特征不同，二者在突发事件传播过程中也有较大区别和差异。微博平台的公开性和开放度有目共睹，传播主体和传播内容也更加广泛多样化，同时微博的一键式转发功能能够在短时间内形成巨大的传播效果。微信作为一款实时社交软件和私密分享平台，更加注重熟人间的聊天交流。当突发事件发生时，微信的精准和深度传播有利于信息的传递到达。微博的大众传播和意见领袖效应，使得突发事件发生时容易产生网络谣言和抱团从众。而微信的人际传播和朋友圈心理，很大程度上会演变为同质化感性社交；在一定程度上会带来道德和价值观的集体迷失。总的来说，微博偏向于信息的发布和传播，微信则侧重于信息的互动和交流。我们习惯利用微博浏览新闻关注时事，而通过微信与人聊天沟通。微博和微信贴近于我们的日常生活，也服务于我们的日常生活。无论是公众平台还是人际社交，二者有着各自的特征和影响。针对微博和微信不同的舆论场，政府部门和传统媒体应准确把握其传播特征和差异，以便在突发事件舆论场中进行更好的应急处置和舆论引导。

注 释

[1]《中华人民共和国突发事件应对法》，2007年8月通过，11月1日起实施。

[2] 中国互联网络信息中心（CNNIC）：《第39次中国互联网络发展状况统计报告》，2017。

[3]《新浪微博2017第二季度财报》，2017年8月，http://tech.sina.com.cn/i/2017-08-09/doc-ifyitapp3476655.shtml。

[4]《腾讯2017第二季度财报》，2017年8月，https://www.tencent.com/zh-cn/articles/8003451502937229.pdf。

[5] 程新雅：《公共事件中微博与微信传播比较研究》，郑州大学硕士学位论文，2014。

[6] 陈伟宏、马育秀：《突发事件微博舆论传播的特征及道德调控探析》，《求索》2012年第8期。

[7] 夏明名：《微博与微信：突发事件传播中特点之比较》，《现代视听》2015年第2期。

[8] 李林容：《微博与微信的比较分析》，《中国出版》2015年第9期。

[9] 方兴东、石现升、张笑容、张静：《微信传播机制与治理问题研究》，《现代传播（中国传媒大学学报）》2013年第6期。

[10] 靖鸣、周燕、马丹晨：《微信传播方式、特征及其反思》，《新闻与写作》2014年第7期。

[11] 郭庆光：《传播学教程》，中国人民大学出版社，2011。

[12] 夏德元：《突发公共事件中微博传播的若干规律》，《新闻记者》2014年第6期。

（责任编辑　王立嘉）

基层干部心理健康服务体系的构建研究

——基于杭州的调研

◎ 霍团英

提　要：我国正处于改革和发展的关键时期，基层干部面临着越来越大的心理压力和日趋增多的价值冲突。本文在实地调研的基础上，分析影响基层干部心理健康因素及原因，就如何优化基层干部行政生态环境，构建基层干部心理健康服务体系进行探讨，提出由总体要求、服务机制、环境支持、保障机制四个维度组成的服务体系，为打造高素质的基层干部队伍献计献策。

关键词：基层干部　心理健康　行政环境　EAP服务　杭州

作者霍团英，中共杭州市委党校公共管理教研部教授（邮政编码　310024）。

我国正处于改革和发展的关键时期，社会转型、经济转型、政府转型互动叠加，使基层的治理环境日趋复杂，工作任务日益繁重。广大基层干部肩负一方稳定和发展的重任，是党和国家路线方针政策的直接组织者、执行者和直接服务群众的工作者，面临着越来越大的心理压力和日趋增多的价值冲突。本课题以2015年浙江省委出台的《关于关心关爱县乡基层干部队伍的若干意见》精神为指导，在实地调研的基础上，分析影响基层干部心理健康原因，就如何优化基层干部行政生态环境，构建基层干部心理健康服务体系进行探讨，为打造高素质的基层干部队伍献计献策。

一 影响基层干部心理健康的行政环境因素分析

基层干部是我国基层公务员队伍的重要组成部分,目前我国政府与学术界没有对基层干部做统一的定义,本研究中基层干部主要指乡、镇行政编制的公务员及事业编制的参公人员,直接在一线与群众打交道的处级及以下的乡镇工作人员。调研组在杭州市下辖的县、市、区的乡镇干部中发放问卷350份,回收有效问卷331份;并召开相关座谈会,听取意见建议,形成研究成果。问卷围绕基层干部对心理健康服务需求及对行政职业环境、社会氛围中与基层干部心理健康相关因素改善的需求与建议展开。分析显示,影响基层干部心理健康的环境因素可以归纳为以下几方面。

（一）要求高,任务繁重

"基层基层,层出不穷""上面千条线,下面一根针"是乡镇工作的真实写照。从调查的乡镇情况看,班子成员每人分管联系的工作平均6项,多的甚至有10项,每项工作对应上级1~2个部门,平时均有业务线上的任务布置安排,再加上乡镇统一部署的"三改一拆""五水共治""四边三化"、项目推进、征地拆迁等中心任务,有些干部感叹真想把一天时间拆分成两天用。乡镇一般干部同样存在类似的情况,尽管招聘进单位时明确是某专管员,但往往身兼数职,承担着多项岗位任务,有干部形容自己是万金油,哪里需要就往哪里流。同时,上级临时性任务多,时间要求紧,工作不可控现象较普遍。在调查中有43.94%的干部认为"会议多",留给真正抓工作的时间太少。在问卷中43.03%的干部选择"权力责任不对等"是造成乡镇工作压力的来源。有些工作专业性强,乡镇不具备执法资格,在工作推进中难度较大,导致"门外汉干专业活"吃力不讨好。

（二）考核多,家家重要

当问到目前基层主要压力时,54.84%的人选择"问责多",44.24%的人选择"考核多","为基层松绑"排在第三位,占41.21%。当问到最影响基层干事创业的突出因素时,居前两位的分别是"到处都是高压线,多干多错"（55.45%）和"没有盼头,干多干少一个样"（43.64%）,一些基层干部反映,目前的考核检查偏多偏细,面面俱到,一旦列入考核范畴,必须全力以赴,争取考核检查的良好结果。由于检查、考核、问责的领域过多,让基层干部在心理上产生一种疲态,有些干部出现少干少出错、少问责的意识,工作中推诿躲避,敢冲敢拼的劲头下滑。

（三）晋升受限,活力不足

在调研中一些基层干部认为,在基层晋升渠道有限,限制条件较多,出现了干部成长的"天花板现象"。在乡镇一些政策规定和岗位的限制,以及干部交流力度不够，导致一些基层干部多年待在同一部门，交流难，提拔更难。这种现象使一些基层干部对工作失去热情，容易产生消极情绪。问卷调查显示，13.94%的基层干部对晋升制度"不满意"。但对改进基层干部使用管理仍有较大期望值，其中73.64%的人希望"提拔干部向基层倾斜"，有45.76%的人希望"增强基层工作力量"，34.24%的人希望"加大边远干部交流力度"和"保持基层队伍稳定"。

（四）评价欠科学，待遇偏低

客观、公正的评价干部对于激发干部的工作积极性至关重要。现有的干部考核评估体系与激励机制，不容易使那些热爱基层、扎根基层、奉献基层的干部得到褒奖、重用，因而导致他们干事的积极性不高，也使得其他的干部不愿到基层工作，或者在基层的想尽一切办法调离原岗位，这在一定程度上也影响了基层干部的稳定发展。近年来虽说工资福利待遇有所提高，但与工作的付出以及物价的上涨相比，普遍感觉收入偏低，在一定程度上影响了干部的稳定性和积极性。当调查问卷问到"当前基层干部的经济待遇水平"时，无人选择"较高"，51.82%的人选择"一般"，47.58%的人选择"偏低"。当问到"落实待遇重在哪里"时，有72.73%和65.45%的人选择"设立基层干部专项补助"和"提高年终考核奖励标准"，选择"严格落实疗休养和年休假制度""提高健康体检标准"的分别为39.39%和17.27%。

（五）培训不足，本领恐慌

基层干部长期在基层工作，视野眼界相对比较狭窄，容易思维固化、方法固化，对能力素质的提升比较迫切，特别是偏远乡镇的干部，觉得自己接触面少，这种愿望更为强烈。当调查问卷问到，干部教育培训哪些需要改进时，高达64.85%和61.52%的人选择了"经济法律规划等业务能力培训不足"和"实战方面的模拟训练和交流不足"，选择"理论类和党性教育类培训不足"的为23.03%，说明基层干部对实际工作能力的培训需求很强烈。同时，调查中也有32.42%的人认为，要减少"干得好的轮不到培训，干不好的老参加培训"的现象，教育培训不能变成反激励手段。

（六）人文关怀不足，缺乏心理支持

从问卷调查来看，目前基层干部心理问题需引起重视，有60.30%的人选择"比较突出"，13.64%的人选择"非常突出"。考虑到有心理疾病不愿公开，基层干部有心理健康问题的比重可能更大。当问到如何体现组织人文关怀时，60.04%的基层干部选择需要心理健康服务，75.06%的人选择"在困难时得到组织的关心帮助"，49.69%的人选择"出现问题时能得到组织提醒"，另有34.85%的人选择"意见建议有渠道及时反映"，28.48%的人选择"领导干部经常性的谈心谈话"。

(七) 正面宣传不够，容错机制待细化

调查问卷显示，47.58%的人认为社会舆论对基层干部"不公平"，17.27%的人认为"非常不公平"。有20.3%的人认为要"大力树立和宣扬基层优秀典型"。同时，有60.91%的干部认为，市里出台的容错免责机制，有助于创造"敢于担当"的环境。但仍有33.94%的人认为效果有限，原因主要集中在两方面："容错情形界定较难"（63.69%）；"光有一个文件"，没有配套措施，可操作性不强（66.96%）。

二 对基层干部心理健康服务的实践探索

上述调研中归纳出来的影响基层干部心理健康的问题，在全国范围内不同程度的存在。由此，全国多个地方通过多种方式开展针对公务员的心理健康服务，这些实践为我们进一步探索符合本地实际的基层干部心理健康服务工作提供了有益的借鉴。综合各地的实践，大致有以下两种模式。

（一）培训中干预模式

近年来，一些党校（行政学院）及干部培训中心纷纷将干部心理素质与心理健康教育纳入教育培训内容，开设了一系列干部心理调适课程。课题组调研了上海浦东干部学院及上海市委党校，两所学校在领导干部的教育培训中引入心理健康教育课程，形成了在培训中实施心理干预的服务模式。上海浦东干部学院、上海市委党校（行政学院）在教学中积极探索心理健康教育的有效方法和路径，建立了领导干部心理调适实训室，逐步形成了由心理测评、案例教学、生物反馈训练、团体活动、课堂讲授、个体辅导等教学模块组成的"领导干部心理调适课程"体系，如浦东干部学院的心理测评—团队训练—课堂讲授—个体辅导教学模式，上海市委党校（行政学院）的心理测评—案例教学—生物反馈训练—团体活动等的教学模式。采用必修课、选修课和专题培训班等各种教学方式相结合，针对不同性别、层级、背景的干部群体授课，在干部教育培训的实践中取得了良好的效果。

将心理健康教育与心理干预纳入常规干部教育的课程中，可以在短时间内大规模地提高干部的心理健康素养，增强积极应对心理压力的意识和心理调适能力。同时，干部教育培训过程远离工作情境，降低了他们对心理健康问题的敏感性，能够提高干部对心理健康干预的接受程度，充分发挥培训的短期优势效应，因此在培训中开展心理健康教育和干预活动模式是非常有益的探索，值得借鉴。

（二）EAP服务模式

EAP是员工帮助计划的简称，是组织中的一项健康福利计划，是由内部或外部的专家为组织、员工及其家属提供专业的组织诊断、个体心理健康评估、心理辅导、

团体培训等服务项目,它致力于提高员工自我素质以及完善组织团体氛围,是企业提升组织文化,降低管理成本,实现人力资源可持续发展的有效途径。EAP 在我国逐步发展,慢慢走入政府机构,其在我国目前的干部心理健康服务实践中主要存在三种模式:内部模式、外部模式和混合模式。

内部模式是指组织内部设置专门机构或在人力资源部等相关部门新设职能,由组织内部的专职人员负责 EAP 项目的策划、组织和实施。如 2008 年徐州市睢宁县委成立的领导干部心理提升训练中心。中心通过购买的心理测评软件系统,客观地评价每位干部的心理健康状况,并给出有针对性的评价报告。组织拓展训练、军事训练、警示教育、大型报告会等,历练干部的心智,开阔他们的视野和胸襟。在党内相关部门设立心理疏导机构,开通心理咨询热线,还为每位干部建立了心理健康档案。内部模式由政府内部人员组织,制订的方案更具针对性,但这种模式下提供服务的内部人员服务能力和专业性相对欠缺,服务对象可能会由于觉察个人隐私受到威胁降低对服务的信任度,同时,实施服务需要组织消耗一定的人力资源、时间、精力来执行计划。

外部模式又称契约模式,是组织将 EAP 服务项目外包,由组织外部具有社会工作、心理咨询辅导等知识经验的专业人员或机构提供 EAP 服务。如山东省潍坊市政府、上海市徐汇区政府曾开展的服务模式。现以上海市徐汇区政府为例,2004 年上海市徐汇区政府聘请上海德瑞姆教育机构针对徐汇区 6 个部门的 200 余名领导干部开展了员工帮助计划即 EAP 服务,这是我国政府首个针对机关干部心理健康服务埋单,也标志着 EAP 正式进入我国政府机构。徐汇区 200 多名干部及家属半年内均可免费 3 次接受心理专家咨询,此外,还可通过网络视频形式接受心理咨询。德瑞姆教育机构通过问卷调查、小型座谈会等形式了解了 6 个部门 200 余名干部的心理状况,在此基础上有针对性地开展了包括人际规划、恋爱婚姻、亲子关系等多项服务内容。外部模式以契约为基础,因而政府部门不需要耗费太多的人力资源去规划和操作,只需支付一定的报酬就可以得到所需的专业化和多元化的服务。同时,提供 EAP 服务的人员完全是政府部门之外的第三方,公务员在接受服务时更能感觉到个人隐私的安全性,对服务的信任度和接受性较高。但是,这种模式的费用也相对较高,同时,提供 EAP 服务的第三方工作人员对政府组织的了解不够,制订的服务实施方案易出现针对性相对较差的现象。

混合模式是组织内部员工帮助计划实施部门与外部的专业机构联合,共同为组织员工提供帮助项目。如浙江省慈溪市委组织部等部门启动的公务员"心理援助计划"、浙江省直机关公务员心理健康服务中心、中央国家机关职工心理健康咨询中心等模式。最具代表性的是 2008 年 12 月 1 日成立的中央国家机关职工心理健康咨询中心,由国家机关工会联合会与中国科学院工会、中科院心理研究所联合创办。该中心依托中科院心理所的专业力量,配备专职工作人员,通过日常咨询热线、心理讲座、动态监测与评估等形式,向中央机关公务员普及心理健康知识,宣传心理健康理念。逐步形成了科普服务、心检服务、咨询服务、培训服务四大体系,为提升中央机关公务人员的生活幸福感、促进心理健康发展、解决实际心理问题,搭建了较完善的心理服务平台。混合模式有政府内部人员的参与规划,使项目的开展与实施更具针对性,并能更有效地对项目质量进行监督。同时,有专业人员参与,既可保证心理服务的专业性,又可以提高公务员对心理健康服务的信任度。该模式可以说是目前政府机构实施 EAP 服务最理想的方式。

三 构建基层干部心理健康服务体系

以上是我国各地一些部门根据本地实际对干部心理健康服务做出的有益探索,这些探索仅仅局限于从心理学的视角开展服务,本文认为,心理健康服务是一个系统工程,需要跳出心理学的视角,从一个更宏观的视角来构建服务体系。结合研究对象,本文提出构建基层干部心理健康服务体系。在这个体系中,相关的机构和人员,遵循心理健康规律,面向基层干部从各个不同的维度开展心理健康促进工作,具体由总体要求、服务机制、环境支持、保障机制四个维度组成(见图1)。

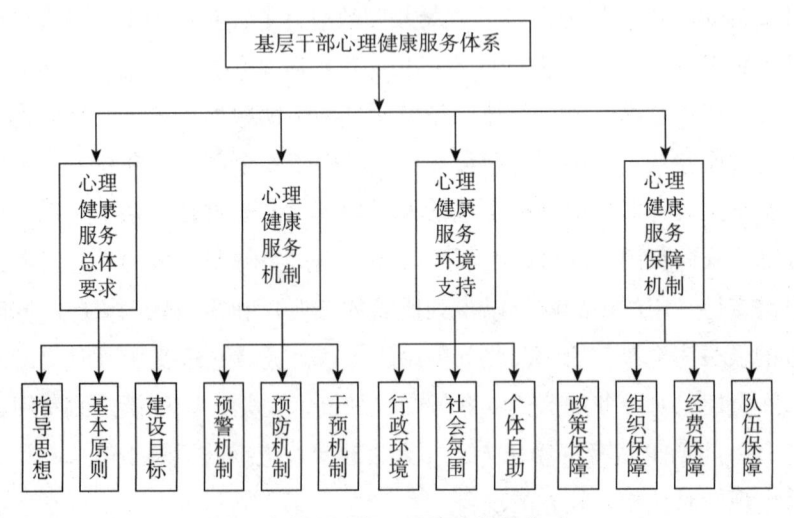

图1 基层干部心理健康服务体系

(一)基层干部心理健康服务的总体要求

总体要求是指基层干部心理健康服务的总的指导思想、基本原则、建设目标等。

1. 明确指导思想

坚持以人为本，根据基层干部特殊的职业环境所面临的普遍的心理问题，以现代化科学技术和方法为依托，以思想政治工作为基础，加强心理健康的宣传与教育，全面提升基层干部的心理素质，建设一支信念坚定、敢于担当、为民服务、勤政务实、清正廉洁的基层干部队伍。

2. 明确基本原则

第一，严管与厚爱相结合。既要认真落实中央关于全面从严治党的要求，从严加强基层干部队伍建设，对基层干部严格要求、教育与管理，又要建立健全基层干部关爱机制，在政治上、工作上、生活上、思想上、身心健康上真诚关爱干部，尽力为基层干部排忧解难。第二，个人与环境相结合。心理健康的发展过程实际上就是人与自然环境和社会环境取得动态协调平衡的过程。干部要提高个人修养加强党性锻炼，培育积极心态，同时也要为干部积极营造良好的职业生态环境和社会氛围。第三，预防与干预相结合。既要抓好面向基层干部全员的心理健康宣传与教育，全面提高基层干部的心理健康素养，增强心理调适能力，又要突出重点，对存在的心理问题，特别是严重心理危机的干部要及时实施心理干预，使其尽快重新适应工作生活。第四，传统与创新相结合。继续发扬党的思想政治工作的优良传统在干部心理、思想工作中的积极作用；同时将心理学的技术和方法运用于思政和管理中，探索把握工作规律，建立长效机制，不断提高干部心理素质。

3. 建设目标

包括普及心理健康知识，全面提升基层干部的心理素质，增强自我心理调适能力；帮助干部解决身心发展过程中的心理问题，降低基层干部心理亚健康的比例；最大限度地满足基层干部的心理健康服务需求，提高服务基层干部心理健康工作的科学化水平。打造一支心态积极、敢于担当、为民服务的高素质基层干部队伍。

(二) 基层干部心理健康服务机制

结合以往研究及我国公务人员的心理健康服务实践，可构建由预警、预防、干预相结合的基层干部心理服务机制。

1. 建立健全干部心理健康预警机制

预警机制是指通过收集基层干部的心理信息，分析他们的心理状况，及时甄别、发现可能出现或已经处于心理危机的个体，提出有效的解决措施。从进入干部队伍开始，包括以后的基层干部轮岗和职位晋升，都要对其心理健康状况进行测试建档并追踪调查，掌握他们的心理健康状况，及时发现面临的心理健康问题的干部，并有针对性地给予及时的帮助与干预，将心理隐患消除在萌芽状态。首先，建立心理预警相关制度。如《基层干部心理健康预警方案》《基层干部心理健康普查规定》

《进一步做好基层干部心理健康工作的通知》等,提高基层干部对心理健康工作的重视。其次,建立科学的心理预警指标,积极开发和遴选适合基层干部的心理测试系统,划分心理危机的不同级别,建立基层干部心理危机预警资料库。最后,以普查为基础建立基层干部心理健康档案。建立基层干部心理档案制度,定期进行数据采集和分析,从而对心理问题早发现、早报告、早诊断、早预防提供参考,也为基层干部心理服务工作的开展提供依据。

2. 预防机制应以心理健康的宣传教育为基础和前提

首先,党校或其他干部培训机构要将心理健康培训纳入干部培训的常规课程中,积极开发和探索针对基层干部的实际需求和岗位特点的心理调适课程体系。在培训中,讲授心理调适的方法和技巧,普及心理健康知识。努力提高干部的心理健康意识,培养科学的心理健康观念,掌握解决自己心理问题的方法和技巧。其次,组织部门应组建心理健康服务中心。可以借助社会力量针对基层干部开展 EAP 服务,将其纳入基层干部队伍管理的重要内容,从管理入手助推 EAP,应当是我国基层干部管理的一条创新之路。同时,建立面向全体基层干部群体的心理自助检测平台,开发适宜于干部群体心理健康自我管理软件,普及心理知识、开展心理自测,引导基层干部对自身心理状况定期检测和自我管理,定期开展讲座论坛、在线交流、心理咨询信箱、援助热线等,通过多种途径将心理健康知识辐射到基层干部群体。

3. 建立基层干部心理健康服务干预机制

组建心理危机干预专家库,合理制订危机干预方案,以便能够在最短时间内对有心理危机人员或严重心理疾病人员进行妥善处理。对长期承担急难险重工作任务,经常处于焦虑、抑郁状态的干部;个人发展进步遭遇重大挫折,情绪异常的干部;因违纪违法受到调查处理、情绪极端的、遭遇家庭重大变故、受严重疾病打击等的基层干部要尽早实施心理危机干预,并建立心理危机的事后跟踪制度,保证干预后的基层干部能尽快重新适应工作和生活。

(三) 基层干部心理健康服务环境支持

环境支持包括行政环境、社会舆论、个体自助三个层面,其中行政环境支持更为重要。

1. 优化基层干部行政生态环境

调查结果表明基层干部的主要心理压力源于工作,因此,优化基层干部行政环境应成为心理健康服务的重要部分。首先,明确责权切实为基层减负。结合基层运行体制改革研究,制定县乡两级权力、责任、问责三张清单,明确权属界限,实现权力和责任的有机统一。严格规范和控制各种检查,归并精简考核项目,严格基层事务准入,进一步精减会议、改进会风。全面落实县以下机关公务员职务与职级并行和乡镇干部经济待遇与乡镇工作补贴、住夜值班补助和夜餐费补贴等政策，用好机关事业单位福利费，加强福利待遇保障。支持改善基层办公、住夜条件，为基层干部营造良好的工作环境。其次，明确基层用人导向，加大基层干部选用力度。严格贯彻落实《党政领导干部选拔任用工作条例》，大力选拔使用基层"狮子型"干部，用好坚持原则、敢于负责的基层干部，营造风清气正的选人用人环境。乡镇领导班子中具有两年以上乡镇工作经历的人员应不少于三分之二。注重把经过基层锻炼的优秀干部选拔到领导岗位上来，对实绩特别突出、表现特别优秀的基层干部可以按规定程序破格提拔。保持基层干部队伍稳定和有序流动，建立健全市直部门从基层遴选公务员制度，完善区县（市）机关部门和乡镇干部交流轮岗等制度，促进干部有序流动，激发干部队伍活力。要关注"老黄牛"式干部，对长期在偏远地区、条件艰苦的基层一线干部要优先考虑交流轮岗。最后，健全人文关怀。细化《基层干部容错机制》的具体实施办法，为担当者担当。按照干部管理权限，经常性开展谈心谈话活动，尤其是对职务有变动、思想有波动、家庭有变故、群众有反映、本人有困难的基层干部要做到随时谈、及时谈。坚持以人为本推进先进机关文化建设，营造良好的机关文化氛围，引导基层干部保持健康的生活方式和精神追求。

2. 营造良好的社会舆论环境

建立大众信任机制，要客观公正地评价基层干部的工作，不能带"有色眼镜"，对他们要多一分宽容，多一分公正。积极选树宣传优秀区县（市）委书记、优秀乡镇（街道）党（工）委书记、"双百"优秀乡村干部等先进典型，充分发挥先进典型的示范引领作用。通过媒体宣传、组织宣讲、事迹巡回报告等形式，大力宣传基层干部艰苦创业、一心为民的良好风范和基层干部爱岗敬业、甘于奉献的精神风貌。鼓励新闻工作者和文艺工作者深入基层采访写作，创作出更多弘扬主旋律、讴歌基层干部的好作品，疏导民众心理，推动在全社会形成重视、尊重、关心、支持基层干部的良好氛围。

3. 个体自助

领导干部要拥有健康的心理，关键在于对自我有全面正确的认知，能够接纳自我，管理好自己的情绪。树立正确的人生观、价值观、政绩观，清醒认识自己工作的性质、责任、要求、意义，为自己恰当定位。

（四）基层干部心理健康服务保障机制

为了能够保障基层干部心理健康服务的顺利实施，必须在政策、组织机构、经费等方面提供必要的保障。首先，各级党委、政府要将关注干部心理健康，提高干部心理素质纳入干部队伍建设的主体规划，并制定相关政策与制度保证其能顺利实施。其次，心理健康服务三级管理模式实施还要有较好的组织保障，即可以在组织部门和机关党委建立干部心理健康服务机构，统一规划、组织协调、督导检查，各市、县（区）成立相应机构负责具体工作实施。依托浙江省心理健康促进会等协会或卫生机构的力量开展EAP服务。再次，加大公共财政支出对心理健康工作的保障力度，对心理援助体系、心理检测平台、教育培训等所需资金给予支持和保障。鼓励单位、团体、个人资助心理健康工作。最后，建设一支专业人员和思想政治工作者组成的专兼结合、优势互补、相对稳定、素质较高的领导干部心理健康服务队伍，有条件的单位可以设立机关基层干部心理健康顾问。

参考文献

陈永华：《公务员心理健康状况及服务体系的建构》，《理论月刊》2013年第8期。

赵世明：《领导干部心理健康的干预和保障机制》，《理论探讨》2008年第7期。

柳恒超：《领导干部心理干预模式探讨》，《领导科学》2014年第12期。

陈永华等：《构建中国特色公务员心理健康服务体系初探》，《江西社会科学》2013年第8期。

徐佼：《EAP在我国公共部门人力资源管理中的应用探讨》，南昌大学硕士学位论文，2010年1月。

谭焱恒：《从严治吏新常态下的基层干部激励机制探新》，《新西部》2015年第12期。

赵世明：《论领导干部心理健康教育模式》，《理论学刊》2009年第12期。

石庆新：《心理资本视野下基层干部的压力管理》，《领导科学》2013年第5期。

（责任编辑　方晨光）

文化景观视角下南宋皇城遗址保护问题研究*

◎ 王 晓

提　要：从文化景观的角度出发，结合考古发掘分析南宋皇城独特的宫城建制、体系化的礼制文化、山水园林景观，南宋皇城遗址具有较为完整的文化价值。以西湖文化景观完整性为指向，提出分阶段、分步骤、分重点对南宋皇城遗址在文化、景观、交通、社区诸方面进行渐进式保护与更新的策略。

关键字：南宋皇城　大遗址　文化景观　临安皇城

作者王晓，杭州国际城市学研究中心（浙江省城市治理研究中心）助理研究员（邮政编码　311100）。

南宋皇城遗址保护成为大遗址保护中的难题，在西湖文化景观遗产成功申遗6年，在良渚古城进入世界遗产预备名单之后，南宋皇城遗址保护区范围仍未进行大面积的考古，且由于规划中将临安城遗址与南宋皇城遗址统合保护，遗址区大面积的居住区叠压导致推进中更大的问题。

一　南宋皇城规制

南宋皇城遗址区在西湖文化景观南端凤凰山麓，沿万松岭路进入凤凰山脚路即

---

* 杭州市社科联课题《文化景观视角下南宋皇城遗址保护问题研究》成果（2017HZSL021）。

可到达。因过去这里地形为山地,馒头山上的普通民居高低错落,大部分建筑和街道尺度都保留着20世纪80年代的形态,除了普通民居之外便是工厂、仓库、学校等。因建筑缺乏统一的规划,显得有些杂乱,应该是为保护遗址而多年限高和限制新建建筑的结果。皇城另一面的宋城路同样如此,因地上遗址多不存,普通居民要在遗址区发现皇城大内的蛛丝马迹并不容易。实际上,经过多年的考古发掘和历史学研究,皇城宫城的四至范围、建筑格局、文化景观等初见端倪。

(一)南宋皇城四至范围

"大内,在凤凰山,即杭州州治。建炎三年二月,诏以为行宫"。[1]学者的研究普遍表明,南宋皇城因借自然山势而建,其格局并非是严格的方正,但规矩多仿制如之。如唐大明宫、北宋皇城、明皇城均为方正的格局,因北方地面宽阔,其景观效果有着非比寻常的恢宏。南宋皇城面江而背山,并非建筑在宽阔的平原地面,但同样遵循了古代中国天人合一的风水观念,因借山地而筑造城墙,营造景观,建设宫殿群落,呈现自然与文化相融合的皇城景观。

绍兴八年(1138)南宋朝廷正式定都临安,逐渐开始兴建宫殿,据《建炎杂记》记载"和议成,乃作太社、太稷、皇后庙、都亭驿、太学,十三年筑园丘、景灵宫、高禖坛、秘书省,十五年作内中神御殿,十六年广太庙,建武学,十七年作玉津园、太一宫、万寿观,十八年筑九宫贵神坛,十九年建太庙斋殿,二十年作玉牒所,二十二年作左藏库、南省仓,二十五年建执政府,二十六年筑两相第、太医局,二十七年建尚书六部。大凡定都二十年,而郊庙、宫省始备焉"。[2]孝宗以后,又陆续兴建大内宫殿,直至南宋末年,一百多年间陆续增补调整。万历《钱塘县志》记载,皇城有"殿三十、堂三十三、斋四、楼七、阁二十、台六、轩一、阁六、观一、亭九十"。[3]但有理由认为这并非确指,因皇城内部建筑与需要举办的活动相比,相对紧张,因此往往出现一殿多名、一殿多用的情况。

南宋皇城主要由南内、北内、太庙、景灵宫等组成,凤凰山麓的南宋皇城(南内)以吴越国国治子城增筑,城墙周围九里。有不同的学者研究指出皇城的范围,所述范围西城墙和南城墙基本一致,而北城墙和东城墙则有所差异:

皇城四至范围为东起馒头山东麓,西达凤凰山,南至宋城路一带,北及万松岭路南。[4]

东城墙在馒头山东麓,西城墙以凤凰山为屏障,南城墙在宋城路一带,北城墙在万松岭路南山,皇城四门,南门丽正门是大内的正门。[5]

徐一夔的《行宫考》认为其四至为"南至圣果寺入路,北则入城环至德牟天地牌坊,东沿河(约今中河),西至山冈(凤凰山)、自平陆至山冈,随其上下,以为宫殿"。[6]

西侧范围沿山脊线到现在凤凰亭位置封闭。皇城南墙在宋城路沿线。北墙位于万松岭古道以南，中药材仓库遗址以北，现在凤山新村中心的区域。而北门的位置应该是城墙与鼓楼、严官巷御街遗址的连接线与城墙交界处。对现在发现的东侧城墙是不是皇城东墙存疑：第一，发现的东墙是皇城东墙。第二，在中河与现在发现的馒头山脚城墙之间还有一道城墙，这次发现的是禁城遗迹。[7]

在《南宋都城临安研究——以考古为中心》（2017）中对南宋皇城南内的四至范围的认定为：南宋皇城南内遗址范围东至馒头山东麓，西达凤凰山，北至万松岭路南侧，南至宋城路一带。皇城东西直线距离最长处约800米，南北直线距离最长处600余米。呈不规则长方形。[8]

综上所述，研究者对皇城的西墙、南墙认定基本一致，而对于北墙则有所分歧，根据陈易提出的"皇城图"，东南角还有向外突出一部及东便门、水门等。城墙在此处的曲折，从地形上看完全没有必要，似乎是专为把馒头山前的土地包入皇城而作。[9]在此我们基本同意北墙至万松岭路南侧这一说法，对于东墙则取馒头山东麓

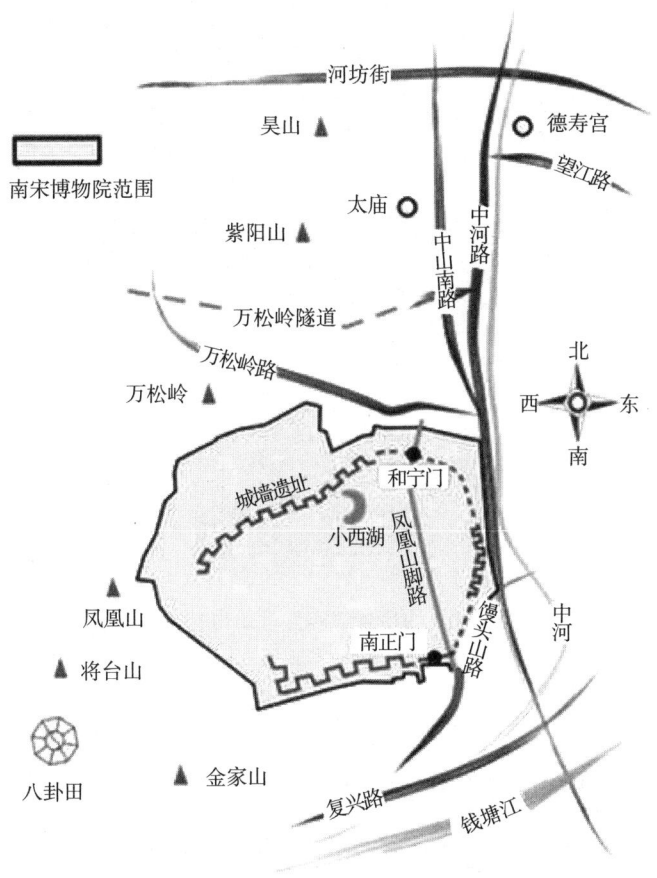

图1 南宋皇城考古遗址示意图

这一说法。至于更为确切的四至和走向则需要进一步的考古和研究。

北内：南宋皇城的大内并非只有一处，或因地势所碍或因经济窘迫而分居多处。目前已经过考古发掘的有，南内、北内（寿宫遗址）、恭圣仁烈皇后宅遗址、太庙遗址。宋人把禁城称为"大内""南内""南宫"，而把德寿宫称为"北内"或"北宫"。绍兴三十二年（1162）高宗退位以后于秦桧旧宅筑新宫，以"德寿"为名。有学者根据记载提出："德寿宫的范围，南至望仙桥直街，北至佑圣观路，西临靴儿河下，东至吉祥巷。"考古学者根据考古发掘，认为"德寿宫在今杭州市上城区望江路北侧，南至望江路，北至梅花碑附近，西邻中河，东至吉祥巷、织造马弄一带，南临胡雪岩故居，西与鼓楼相望，面积约16万平方米"。[10] 今德寿宫旧址改建为杭州市方志馆，占地面积约2900平方米。

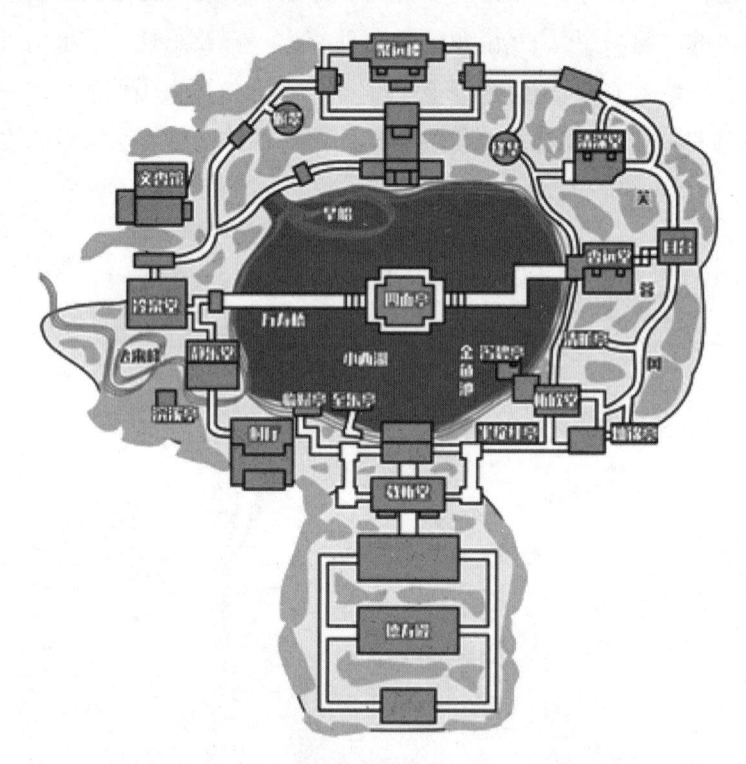

图2　杭州文物考古所绘德寿宫（北内）复原平面图

（二）皇城（南内）格局

南宋"大内"在凤凰山之左。据朱彭《南宋古迹考》记载："大内在山之左掖，后有山包之，第二包即相府，第三包即太庙，第四包即执政府，包尽处即朝天门。端诚殿（郊祀用的行殿）在山之右掖，后有山包之，第二包即郊坛，第三包即易安斋，第四包即马院。东南即大江，西为西湖，北为平湖，地险且壮，实一都会。"[11]有天然山川屏障的布局与长安、洛阳、北京都城的布局也是不同的。

前朝后市：《周礼·考工记·匠人》：前朝后市，市朝一夫。长安洛阳都采用前市后朝的方式，即皇城宫殿在全城之北，东西南一带为坊市所在。临安全城呈狭长形，皇城的宫殿在全城的最南端，官府、街坊在北面，这与过去"前朝后市"的格局正好相反。

皇城南内16门，《武林旧事·卷四·故都宫殿》载，丽正南门、和宁北门、东华东门、西华西门。苑东、苑西、南水门、东水门。会通、上阁、宣德、隔门、斜门、关门、华阁、含和、贻谟二门系天章阁。

《咸淳临安志·宫阙一·大内》载南内13殿，"文德殿、垂拱殿、延和殿、崇政殿、福宁殿、复古殿、损斋、选德殿、缉熙殿、熙明殿、勤政殿、嘉明殿、钦先孝思殿"。《武林旧事·卷四·故都宫殿》："垂拱常朝四参、文德六参宣布、大庆明堂朝贺、紫宸生寿、集英策士。以上谓之'正朝'。亦有随事更名者。"

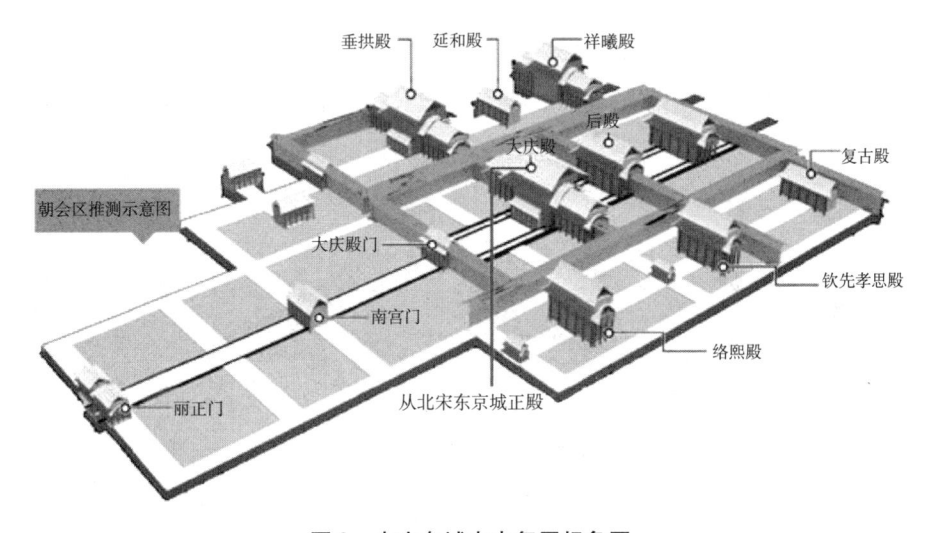

图3　南宋皇城南内复原想象图

殿阁建筑尺度：《宋史·礼志十九》："皇帝日御垂拱殿，文武官日赴文德殿，正衙曰常参，宰相一人押班。"《建炎以来朝野杂记》对垂拱殿一组建筑作了较详细的描述，这是临安大内唯一的最详细的建筑记录。垂拱、崇政殿"每殿为屋五间、十二架，修六丈，广八丈四尺。殿南檐屋三间，修一丈五尺，广亦如之。两朵殿各二间，东、西廊各二十间，南廊九间。其中为殿门，三间六架，修三丈，广四丈六尺。殿后拥舍七间"。[12][13]郭黛姮在《中国古代建筑史》中依据文献推测出了垂拱殿的复原图。

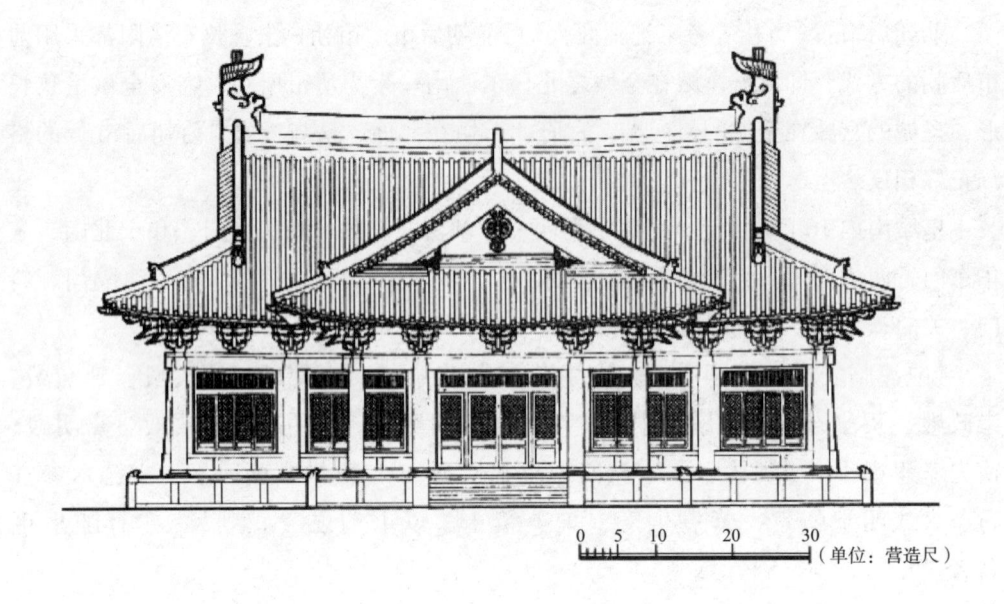

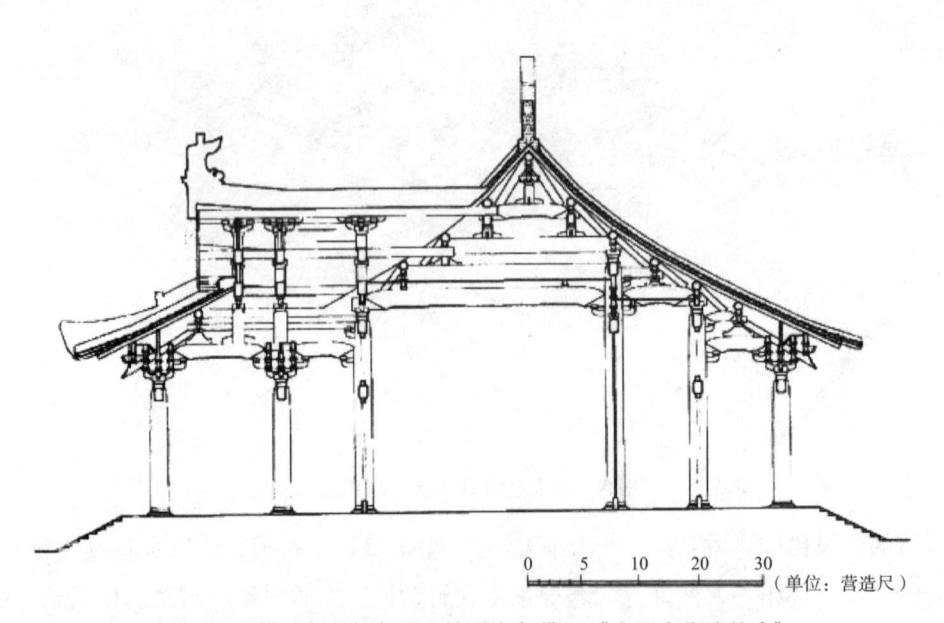

图4　垂拱殿复原想象图　转引自郭黛姮《中国古代建筑史》

二　南宋皇城文化景观

（一）山系景观

南宋皇城南内坐落的位置可称作是"襟江带湖、依山面水"，背靠凤凰山，东面钱塘江，山脉向北延伸即为西湖，有层山包裹。宋人赵彦卫说："所谓余杭之凤凰山，即今临安府大内丽正门之正面案山，山势自西北喧腾而来，至此山止，分左右两翼。大内在山之左腋，后有山包之，第二包即相府第，第三包太庙，第四包执政府，包尽处朝天门。"吴蔺山与馒头山如同两臂，环抱着一前一后两块平坦的坡地，应该是南宋皇城的宫殿和后苑的所在。

赵彦卫所说"后有山包之"应该是指八蟠岭，第二包指万松岭，第三包指瑞石山，第四包指吴山。八蟠岭前还有一座小山岭与其相连，即吴蔺山，吴蔺山山势迂回，应该就是《湖山便览》所说"凤凰山东为回峰"。与吴蔺山相邻的小山称"馒头山"，吴蔺山与馒头山之间有一道缓缓的山梁链接。考古试勘发现的夯土台轴线，基本重合于与吴蔺山、馒头山的山脊线平行居中的轴线，从一个侧面证实了南宋皇城选址与地形的必然联系。[14]史载宫廷官署和宫廷官邸便沿着山脉次第展开，西湖群山将皇城重重包裹，若使今人从文化景观的角度看，皇城本身成为西湖风景的一个组成，其建制选址体现了独特的景观文化。

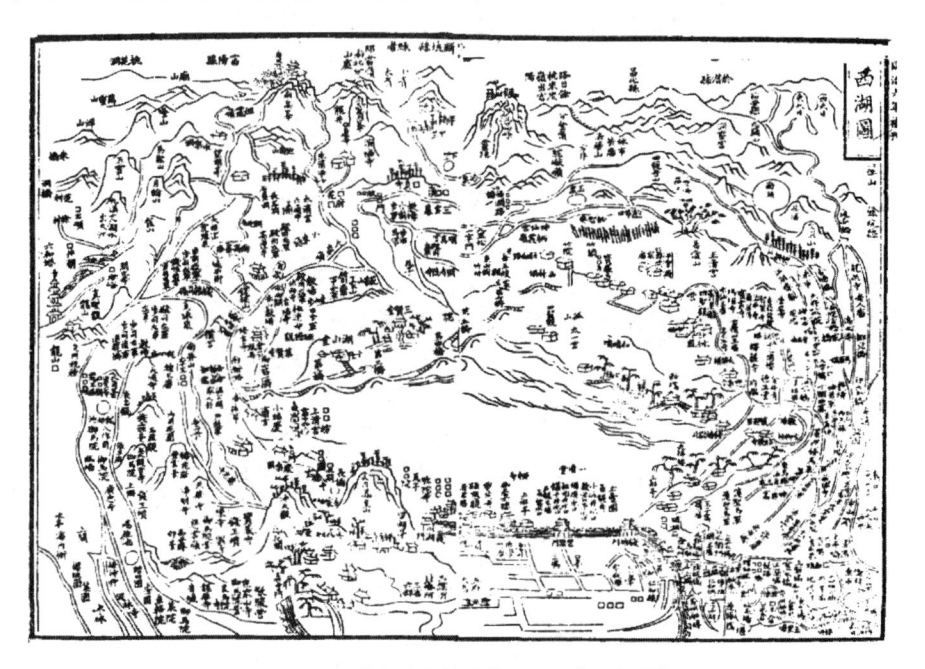

图5 据《咸淳临安志》——《西湖图》

北宋道人李思聪在《堪舆杂著》论杭州"杭州干龙自天目起，祖远不能述。从黄山大岭过峡后，一枝起南高峰，从石屋过钱粮司岭，起九曜山，越天山，过慈云岭。起御教场、胜果山、凤凰山，过万松岭，起吴山入城。……右界水自严州桐庐流入钱塘江；左界水自余杭西溪流入官河（官河即大运河）"。凤凰山北近西湖，南接钱塘江，海拔178米。整个凤凰山被包在皇城之内，故《梦梁录》卷11云："大内座山，名凤凰。"皇城以凤凰山为案山，案山即砂山，（明）徐善继《人子须知·

砂法》云："穴前之山近而小者曰案……如贵人据几案处分政令之义。有案山，则穴前收拾严密，无气不融聚之患。"不可否认的是历代的皇宫宫殿均建造在平地之上，秦咸阳宫北枕龙首山，明代特别开挖金水河，建煤山，并非是出于观赏的目的。南宋皇城之城门朝向的确如若干研究者指出的，与过去皇宫"坐北朝南""左祖右社"的格局正好相反，形成了古代皇宫选址的特例。

（二）道路水系

南宋皇城南内最重要的水系是"小西湖"和"护城河"。《南渡行宫记》记载："山下一溪萦带，通小西湖。"应该是该路水系经馒头山脚向中河排水，考古人员在东墙附近发现大型地下排水道可做旁证。因此有研究认为皇城中最重要的水系"小

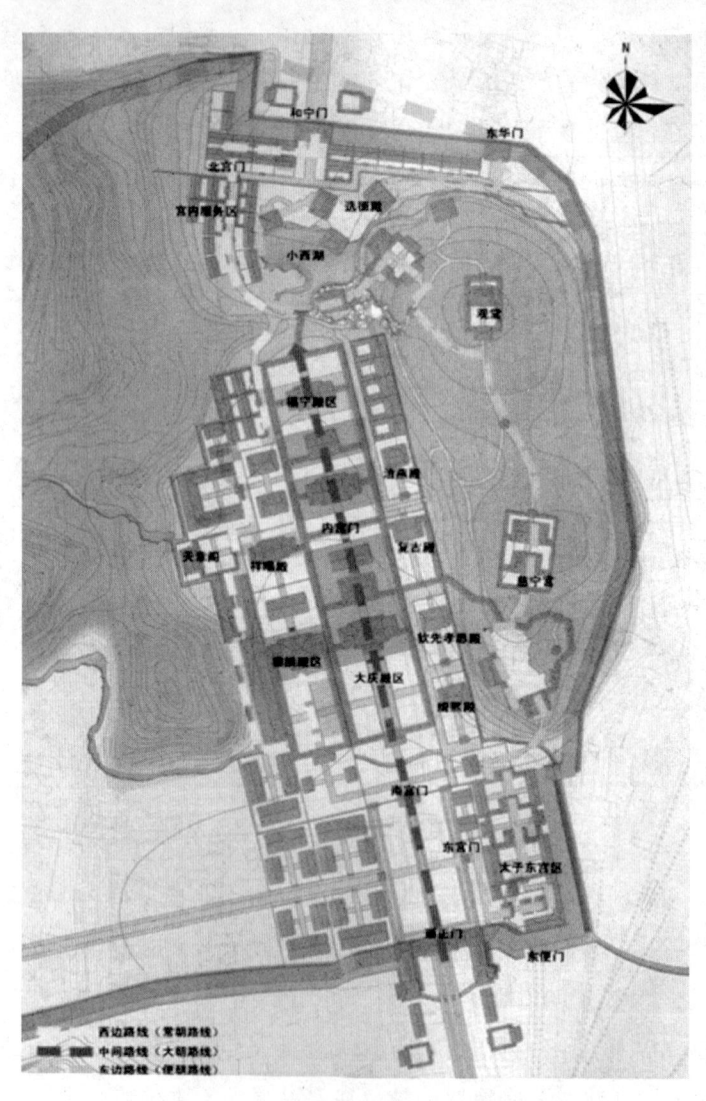

图6　南宋皇城南内小西湖的方位

西湖"的位置应该在馒头山东北角（复旦大学历史地理研究中心），或者能够与中河相连，以中河水来解决小西湖的水源问题。从历史记载来看，水堂近小西湖，翠寒堂近水堂，碧琳堂近翠寒堂，而碧琳堂是一处洞穴石室（见《南宋皇城历史文化地理研究》），应该离山体很近。[15] 从历代皇宫内部园囿的选址来看，均位于大内正殿后部偏东的位置，参考以上研究大致可以推断小西湖的位置在皇城最北端近万松岭路的位置。鲍沁星在其《南宋园林史》中提出，南宋宫廷园林存在大量对西湖景观的写仿现象，而从皇宫内苑主要湖泊名为小西湖即可印证，小西湖的营造与南宋西湖的主要景观相互对比，将会发现更多有价值的信息。

（三）御园景观

西湖是敞开式、山水式园林，与苏州古典园林的庭院式不同。历代西湖御园、官私园林营造弥多，对西湖园林的记载丰富，而西湖的现存园林多为近代私邸，御园和更为早期的园林因为缺乏较多实物依据而阙如。今考古发掘已经探明的御园包括皇城南内、德寿宫、恭圣仁烈皇后宅，均有一定的园林景观遗物。这不但可以形成与北宋御园、唐御园、清代御园的对比，同时辅以西湖景观的自然山水，可成为独特的御园园林文化。

南内后苑的位置大约在凤凰山的西北部，有开阔而幽深的岙湾，有小西湖、万松林、梅花千树。[16]《南渡行宫记》有记，"后苑梅花千树曰梅岗亭，曰冰花亭，枕小西湖，曰水月境界，曰澄碧牡丹，曰伊洛传芳芍药，曰冠芳山茶，曰鹤丹桂，曰天阙清香堂，曰本支百世祐圣祠，曰庆和泗洲，曰慈济钟吕，曰得真橘，曰洞庭佳味茅亭，曰昭俭木香，曰驾雪竹，曰赏静松亭，曰天陵偃，盖以日本国松木为翠寒堂，不施丹臒，白如象齿，环以古松，碧琳堂近之，一山崔嵬，作观堂，为上焚香祝天之所，吴知古掌焚修，每三茅观钟鸣，观堂之钟应之，则驾兴山背，芙蓉阁，风帆沙鸟咸出，履舄下，山下一溪萦，带通小西湖，亭曰清涟，怪石夹列，献瑰逞秀，三山五湖，洞穴深杳，豁然平朗，翚飞翼拱"。

《武林旧事·卷四·故都宫殿》对于皇城园林记载，有堂，有斋，有台，有阁，有轩，有亭，有园，有庵，有坡，有桥，有泉。有御舟。其中御园聚景园、玉津园、嘉惠园、富景园、玉壶园、琼华园、小隐园、集芳园等，"会芳殿，瀛春堂，镜远堂宋刻'揽远'。芳华堂，花光亭八角。瑶津，翠花，桂景，滟碧，凉观，琼芳，彩霞，寒碧。柳浪桥，学士桥。玉津园嘉会门外。富景园新门外。孝宗奉太后临幸不一。俗呼'东花园'。屏山园钱湖门外。以对南屏山，故名。理宗朝改名'翠芳园'。玉壶园钱塘门外。本刘鄜王园，有明秀堂。余见西湖门。琼华园，小隐园，集芳园葛岭。元系张婉仪园，后归太后。殿内有古梅老松甚多。理宗赐贾平章。旧有清胜堂、望江亭、雪香亭等。延祥园西依孤山，为林和靖故居。花寒水洁，气象幽古。三朝临幸。瀛屿在孤山之椒。旧名'凉堂'。西壁萧照画山水。理宗易今名。今为西太乙宫黄庭殿。挹翠堂旧名'黑漆堂'。理宗御书。香远旧秀莲亭。香月倚里湖。旧名'水堂'。理宗御书。清新旧六橼堂，白莲堂，六一泉堂，桧亭，梅亭，上船亭，东西车马门，西村水阁，御舟港，林逋墓，陈朝桧有御书诗，金沙井，玛瑙坡。"东宫有："资善堂。凤山楼。荣观堂。玉渊堂。清赏斋宋刻'堂'。新益堂。绎己堂。射圃。"从记载来看，南宋御园有许多从私家园林而来，点缀西湖各处。

宫中的生活景观更为丰富，《武林旧事》所载繁多，如禁中纳凉、七夕、赏雪、禁中赏花。南宋宫廷的实物遗迹虽然多已不存，但是宋代作为中国绘画艺术的巅峰时期，建立了最为完备的画院拥有画艺卓绝的宫廷画师，这些绘画多从景观的角度记录宫廷生活、自然环境，成为一种历史情境的重现，可作为景观复原的史料记录。

表1 宋画中具有文化景观研究价值的作品

年代	作者	题名	景观研究价值
南宋	李篙	《水殿招凉图》	冷泉景观
南宋	李篙	《朝回环佩图》	宫廷生活
南宋	李篙	《高阁焚香图》	宫廷生活
南宋	李篙	《汉宫乞巧图》	节庆景观
南宋	马远	《华灯侍宴图》	夜宴景观
南宋	马远	《宋帝命题山水册》	山水景观
南宋	马远	《台榭侍读图》	宫廷生活
南宋	马远	《雕台望云图》	山水景观
南宋	萧照	《中兴瑞应图》	宫廷生活
南宋	马麟	《深堂琴趣图》	山水景观
南宋	马麟	《秉烛夜游图》	山水景观
南宋	马麟	《楼台夜月图》	山水景观
南宋	马和之	《女孝经图》	宫廷生活
南宋	佚名	《荷塘按乐图》	山水景观
南宋	佚名	《杨柳溪塘图》	山水景观
南宋	佚名	《山堂客话图》	山水景观
南宋	佚名	《松堂访友图》	山水景观
南宋	佚名	《杰阁熙春图》	山水景观

（四）皇城礼制文化

《咸淳临安志》："御街，自和宁门外至景灵宫前，为乘舆所经之路，岁久弗治。咸淳七年安抚潜说友奉朝命修缮，内六部桥路口至太庙北，遇大礼别除治外，衮一万三千五百尺有奇。旧辅以石，衡从为幅，三万五千三百有奇，易期阙坏者凡二万。跸道坦平，走毂结轸，若流水行地上，经涂九轨，于是为称。"从考古发掘情况来看，皇宫南内—太庙—景灵宫—郊丘（八卦田）都已探明，以道路为勾连，形成了较为完整的礼制遗址体系。

太庙：南宋太庙在瑞石山之左，瑞石山即今之紫阳山，在紫阳山东麓。绍兴十二年（1142）宋金和议以来，南宋开始大兴土木，至绍兴二十八年（1158），先后兴建完备。

在今紫阳山东有太庙巷。太庙巷东起中山南路，向西至紫阳山东麓折而北上与大马弄相接。1995年9月，市考古部门在紫阳小区建设工地发掘出南宋太庙东围墙、东门址和大型建筑台基，是迄今为止我国发现的时代最早、保存最好的皇室太庙遗址。现为南宋太庙遗址保护性绿地，总面积1500平方米。南宋礼制建制遗址今已探明的有太庙、景灵宫、高禖坛等，它们都由御街相互联系。太庙、景灵宫、明堂、郊丘、御圃、崇禋馆、太社太稷坛、九宫贵神坛、耤田先农坛、高禖坛、海神坛共同组成南宋完整的礼制体系。

三 对文化景观方法的认识

文化景观概念于1992年12月在美国圣菲召开的联合国教科文组织世界遗产委员会第16届会议提出并纳入《世界遗产名录》。此后世界遗产即分为：世界自然遗产、世界文化遗产、世界文化遗产与自然遗产混合体（即双重遗产）和文化景观。文化景观代表《保护世界文化和自然遗产公约》第一条所表述的"自然与人类的共同作品"。一般来说，文化景观有以下类型：一是由人类有意设计和建筑的景观。包括出于美学原因建造的园林和公园景观。二是有机进化的景观。它产生于最初始的一种社会、经济、行政以及宗教需要并通过与周围自然环境的相联系或相适应而发展到目前的形式。它又包括两种次类别：其一，残遗物（化石）景观，代表一种过去某段时间已经完结的进化过程，不管是突发的或是渐进的。它们之所以具有突出、普遍价值，就在于其显著特点依然体现在实物上。其二，持续性景观，它在当地与传统生活方式相联系的社会中，保持一种积极的社会作用，而且其自身演变过程仍在进行之中，同时又展示了历史上其演变发展的物证。三是关联性文化景观。这类景观以与自然因素、强烈的宗教、艺术或文化相联系为特征，而不是以文化物证为特征。

世界遗产西湖即属于第二种：有机进化的景观。地理学意义上的文化景观是遗产层面的文化景观概念的来源，美国学者索尔（Sauer，1989~1975年）在《文化地理的新近发展》(1972)一文中,把文化景观定义为"附加在自然景观上的人类活动形态"。文化景观的定义强调文化与人类活动的互动,而在景观中文化的意义形成独特的体系则可看作一项突出的价值。西湖景观的文化特征体现了"天人合一"的东方美学文化。在遗产意义上理解的西湖文化景观包括了西湖十景,新产生的西湖三十景,均与南宋皇城无关。而南宋皇城这样一座古代"丘墟"的文化意义仍未揭示。

如上面所分析的,南宋皇城的皇城建筑文化、园林文化、礼制文化均呈现一种体系化特征,处在中国传统皇城的演进中转折的一环,南宋皇城作为西湖文化景观中的一个组成,作为自成体系的文化语境均能够成立。在文化景观的视角下,对遗产构成的认识不再局限于所有的遗产要素,而是关注遗产整体结构和功能上具有的联系性,关注自然景观和建成环境之间的联系性,同样重视文化遗产中的自然要素与自然景观中蕴含的文化意义,关注遗产的延续性和活态性,重视物质和非物质遗产之间的联系性,以及地方社区对于价值的贡献和参与的可能性。

四 文化景观视角下南宋皇城遗址保护对策

(一) 遗产考古:虚拟南宋皇城

现代观念上的文化遗产重要的价值体现在其时间性,在时间中的变化及其所携带的原始信息的准确性,因此突出强调"原真性"与"完整性"。《威尼斯宪章》提出,"保护与修复古迹的目的旨在把它们既作为历史见证,又作为艺术品予以保护"。"任何添加均不允许,除非它们不致于贬低该建筑物的有趣部分、传统环境、布局平衡及其与周围环境的关系。""古迹遗址必须成为专门照管对象,以保护其完整性,并确保用恰当的方式进行清理和开放。"

在《奈良文件》中价值与真实性"对文化遗产的所有形式与历史时期加以保护是遗产价值的根本。我们了解这些价值的能力部分取决于这些价值的信息来源是否真实可靠。对这些与文化遗产的最初与后续特征有关的信息来源及其意义的认识与了解是全面评估真实性的必备基础"。同时鼓励尽力保持相关的信息,"真实性评判可能会与很多信息来源的价值有关。这些来源可包括很多方面,譬如形式与设计、材料与物质、用途与功能、传统与技术、地点与背景、精神与感情以及其他内在或外在因素。使用这些来源可对文化遗产的特定艺术、历史、社会和科学维度加以详尽考察。"

在此,真实性与完整性并不意味着完全排斥后来的附加,但是又与中国古代传统中的"复建"不同,为了保持对礼制建筑的使用,时不时加以维护则也是其文化的一部分，但这样的情况均以文化传统的脉络并未中断为前提。在南宋皇城遗址的个案上，物质意义上的"复原"是不可实现的，因此可以使用虚拟技术做到一定程度的想象复原，形成虚拟南宋皇城。如清华大学的数字圆明园研究和应用项目成果。郭黛姮团队经过对大量档案精细准确的解读，利用精确的数字化建造，使用所有采集到的翔实信息，进行景区的数字化复原工作，经过15年时间，10000余件历史档案，4000幅复原设计图纸，2000座数字建筑模型，6段历史分期中的120组时空单元，目前已经能够重现圆明园60%的面貌。

数字化复原建立在前期的详尽的信息采集上，并且与持续的考古发掘相联系，并且对考古信息进行同步的保存和分析，这样的工作要经过较为长期的时间，它能够最大限度地接近并符合"真实性"原则，并且不对考古遗址发生破坏和影响。未来在虚拟技术更为先进的情况下，可在多种环境下实现多种形式的实景复原。在此信息的数字化工作中，一是要进行逐步的考古发掘和信息采集，二是持续的对各种综合资料的收集和数字化。三是寻求多种媒介的综合方式展示。

（二）文化策略：皇城礼制文化—礼制建筑景观

文化景观遗产的第三类，关联性文化景观，以与自然因素、强烈的宗教、艺术或文化相联系为特征，而不是以文化物证为特征。通过前面对南宋皇城礼制的阐述中可以看到，皇城礼制在自身文化语境中的完整脉络，而在考古发掘中也遵从着这一脉络进行工作。南宋太庙作为全国唯一的太庙遗址最早得到保护，建成太庙遗址广场，这充分说明南宋太庙遗址的礼制性价值的唯一性。同时，在南宋另一个具有唯一性价值的礼制遗址八卦田，本身就是皇城礼制的组成部分，八卦田遗址一直处在演进的过程之中，便是所谓的活的文化景观遗产。这充分说明南宋皇城礼制遗产作为在物质的和非物质层面上都达到了相应的"唯一性""完整性""原真性"，目前沿着御街遗址所进行的考古发掘仍应继续进行，最终使得这一脉络实现较为完整揭露，这既能够成为独立的文化景观，也将成为西湖文化景观遗产的一个重要组成。

（三）大遗址展示策略：研究与科普基地

大遗址保护和利用在杭州已有先例，良渚古城以博物馆+良渚考古遗址公园的形式进行保护，对于良渚古城遗址本身则做原样保护。考古遗址公园是目前普遍采用的大遗址保护形式，国内典型的案例如大明宫国家遗址公园、圆明园遗址公园、汉长安城考古遗址公园。在规划中均以古城遗址整体展开保护，而在实际的建成中则均选取其中的一个相对自成体系的部分，如汉长安城考古遗址公园实际展示的为汉长安城未央宫，而大明宫国家遗址公园中的大明宫则是唐代长安城中皇宫的组成部分。之所以出现这样的情况，是因为古今的城市都处于叠压的状况，现代的城市大多在过去的城市基地建成,若遗址之上处于城市重要建成区则无法进行考古发掘,导致遗址均以点—线的形式进行发掘和展示。所幸的是南宋皇城遗址既处于西湖文化景观整体范围之中,同时在现代城市建成区却地处僻静。尽管如此皇城范围内仍然高密度的叠加工厂、居住区。南宋皇城所处环境本身具有遗址公园的天然条件,西湖作为敞开的园林本身无所谓墙界,而南宋皇城遗址则应该也是敞开的遗址景观。在此可以将其营造成西湖题名景观中的一景,同时以景观的形式来标记考古遗址的边界。遗址景观的风格与要素南宋文化要素和西湖自然景观要素,使得"皇城废墟"这样的一个厚重的文化符号成为西湖文化景观中的压轴点。

我们所见过的大遗址公园所揭露的地层十分枯燥地被保护在棚罩之下,或者是以户外展示的形式,则在大面积裸露的地基范围之外,种植植物来标记界限。传统中将考古遗址单独作为历史和文化对象展示,而与环境没有互动,这样的遗址往往十分广阔,人们会在其中不知所云并筋疲力尽。文化景观方法则通过将遗址作为特定的文化景观纳入整个区域的现代发展中来实现。Mirjana、Roter–Blagojevic、Gordana 等在《将考古遗址作为独特的文化景观加以复兴和展示的新方法》中提到解决这类考古遗址与当今环境相割裂的问题,以融入周围环境的方式观察历史遗迹可以改变我们认识历史遗迹的方式,这些遗址具有文化景观的特征,存在人类活动和自然环境之间的互动和牢固的联系。其中包括教育学生开展遗址研究并复兴传统、仪轨、生活方式等。在皇城遗址尚未达到全面揭示的契机之时,部分揭露或者片段展示很难使之变成活的传统。因此在遗址范围内展开这种探索性的教育、科研、复兴项目则是集多种功能为一体的项目,不但可以使得居民、参观者更深度地融入遗址之中,而且能够使得他们更好地理解其文化脉络。

(四)景观策略:视点规划与配景

1. 景观视点

文化景观遗产中有机进化的景观强调的是遗产与自然的相互作用,并处在持续的进化过程中,在当今的观看者眼中,南宋皇城遗址并非过去的那个政治意义上的皇城,而只是西湖群山景观群的一个组成部分,我们不能忽视景观环境的变化,而是要把环境的变化要素视作演进中的过程。人们对于景观的审美变化并不随着时间演进而发生巨大变化,但是景观的视点本身却会发生偏移,在城市的不断演进中其门户、交通走向、城市中心的转移或者偏移都会造成景观视点的变化,这也就能够解释在一个时代被看作美的,在另一个时代则并非如此,不但空间视点会发生偏移,而且物质的环境也会发生变化、破坏甚至崩毁。

当皇城正门为丽正门之时,其景观的中心视点在面向钱塘江的一面,而以西湖为左右,其制高点选择在凤凰山之凤凰亭,能够俯瞰钱塘并西湖,当时城市的中心在皇城。而当今城市中心则发生了变化，我们的视点则往往围绕西湖展开，而城市中心则变化为多个散点，从现代观察者的视角皇城所处的位置在城市的被面，而在南宋时期却是正面，此时的视点与过去发生了一个镜面式的翻转。《临安城遗址——皇城遗址保护规划》所体现的视点为现代城市视点，即将西湖文化景观作为整体而设定的景观观察视点。而我们面临的选择是恢复并营造过去的那种中心视点，还是仍然以西湖为中心营造视点。

2. 配景植物

《临安城遗址——皇城遗址保护规划》的生态保护中提到防止水土流失，保持山形水系，部分修复历史环境，规划措施，"凤凰山九华山种植木荷、枫香。万松岭多种红国外松、黑松、湿地松和火炬松等，将台山、南星桥采石场，种植香樟、冬青、木荷、枫香、红叶李，采石场石壁攀援藤本"。从植物配置来看主要侧重水土保持而并未考虑景观的文化意义。从现场考察的情况看，凤凰山脚多为低矮的居民聚居，有自然植被，而山腰至山顶植被并不特别茂盛，多处于自然植被，山顶植物比较单调，多处于自然状态，景观的观赏性差。凤凰山游步道已经铺设完成，山间可达性佳，从山脚民居上山却缺乏道路连接。对于南宋大内的描述中出现了多种富有文化象征意义的植物，形成大片园林景观，如梅花千树梅岗亭，澄碧牡丹，传芳芍药，冠芳山茶，鹤丹桂，驾雪竹，静松亭，宫中赏鉴松、梅、桂为多，宫中又"悉效西湖植物"。以上富丽的植物不妨多种之，且仿效西湖佳景一直是宫中的所好，凤凰山、将台山在植物景观上与西湖植物配景应该融为一体。

3. 御园景观

南宋时御园众多，除内苑小西湖之外，尚有德寿宫、恭圣仁烈皇后宅等，这均是已进行考古发掘的遗址，在目前德寿宫上盖仿古建筑，但是所占据的面积要大大小于实际的宫殿面积，在展示区并未复原或者延续过去德寿宫的园林手法。而恭圣仁烈皇后宅已做考古发掘且发现花园的水池、假山等遗址，出土部分瓦当、建筑构件等。现此宅邸做回填处理，其他的御园并未做相应的考古发掘。在历史典籍中记载的御园的盛况实际上是唐代以来园林营造传统的丰富和延续，这一文化脉络的延续，能够成为西湖文化景观中一个"活态"的载体，以系列园林的传统手法来改造或者修复现代园林，将是景观文化融入现代环境的有效手段。

（五）交通策略：加强与西湖核心区可达性

"城市中心"是城市中一切活动的核心决定因素。在对中外城市史的研究中发现城市的视点、交通走向随着城市中心而转移，在古代城市以"神庙"为中心，在传统时期中国以"皇宫"为中心，而在现代城市以"购物中心、车站、公园"为中心。杭州城市由"西湖文化广场、杭州站、西湖景区"多个核心中心组成，城市中心的变化带来交通组织的变化,城市走向会导致区域内的发展不平衡。自现在的城市中心观察南宋皇城遗址位于城市的背面,虽然地处上城区繁华地带但是整个地区的交通可达性较差。

《临安城遗址——皇城遗址保护规划》对遗产保护区的交通可达性评价中指出,"与主城区交通便利(评估等级 A);公交车与周边景区便利(评估等级 A);从玉皇山隧道到官窑博物馆,无法从南侧到达遗址区(评估等级 C);自钱塘江对岸过江,无论是走中河高架还是轮渡,都无便捷道路可达遗址区(评估等级 C)。"[17]调查遗址区交通的状况显示交通的便捷性较差,这与西湖景区其他地区交通便捷的互通互联相比,是明显的缺陷。如上分析,导致这种情况的主要原因在于城市中心、视点的转移,现代杭州城市的交通规划和景观规划均不再以皇城遗址区为中心,而从景区到达遗址区会使人感觉进入城市背面。

在南宋时期却并非如此,至明代仍可感受到这种以钱塘江为景观中心的存在,明朝文人浦祊君在《游明圣湖日记》中写道"至圣果寺,可望江,雅秀仿佛灵岩"。凤凰山上的凤凰寺为望江的绝佳地点,望江门为杭城古代东南部城门,始建于南宋绍兴二十八年,其东有茅山河草桥门。候潮门正临潮水之冲,南宋绍兴二十八年在竹车门旧基重候潮门。解决交通可达性、便利性问题,一是疏通遗址区与钱塘江岸的交通;二是疏通遗址区内部居住区的交通;三是疏通居住区山麓通往山上游步道的交通;四是将遗址区纳入西湖旅游环线的统一公共交通之中;五是统一规划遗址区内慢行交通。公交:在西湖旅游专线中增加南宋皇城大遗址站,统筹安排市域公交;慢行系统:根据南宋皇城大遗址公园的游览和出行需要开辟专门的自行车道,重点路段为中河东侧便道(凤山门—体育场路)、凤凰山路等。另外,在规划建设的海潮寺南北院之间建设横跨钱塘江景观大桥,内部设置自动扶梯和观光休闲设施。水上交通:建立中河、东河、龙山河和钱塘江水上游览系统,设置中北桥水上交通枢纽中心;在沿江片设立白塔、嘉会门外两处游船码头。

(六)社区策略:逐步搬迁,部分回迁

馒头山社区的一期改造采用"邻里中心"模式,且规划建设 14000 平方米的社区公园。馒头山社区并未采取历史街区的改造方式,因这里的主要街道尺度均超过传统的明清时期街巷尺度,在遗址的建设控制区并不存在历史区的地上遗存。改造后馒头山社区主路风貌良好,但有几个问题是不容忽视的,一是在此次改造工程中建设的速度较快而缺乏长期的规划,二是在改造中停留在主路两旁而深入到遗址区山麓的社区尚未涉及,三是根据大遗址保护的要求,在遗址保护核心区的居民、工厂都要逐步搬迁,但目前搬迁的工作进展缓慢。馒头山属于遗址保护区范围的居民仍未搬迁,遗址保护核心区的范围工厂仍未搬迁。我们提出的策略为,逐步搬迁,部分回迁，逐步改造，逐步利用，最终遗址保护核心区范围与遗址文化关系不大的全部搬迁，遗址保护建设控制区的工厂全部搬迁，结合统一的土地、空间规划、景观规划，居住区实行部分搬迁。

形成居住区居民参与遗址区的管理和建设的模式。一是对遗址规划的参与管理，二是对遗址区保护的参与管理，三是对遗址区城市更新的参与管理。在遗址保护研究方面，我们支持在现有南宋皇城遗址保护管理所基础上，设立长期的研究管理机构，在遗址区跟踪收集相关的研究信息，在研究组的成员中吸收社区居民代表参与研究项目；在遗址区的规划参与方面，最终形成将社区公众参与纳入皇城遗址规划决策与设计过程中的体制。通过小型规划项目中的公众参与——社区听证会模式，大型规划项目中的公众参与——"展出+反馈"模式等，引导社区居民有效地参与到遗址区的规划过程中；在遗址区的管理参与方面，引导社区居民在基础设施、游览设施、公共服务方面提出意见，在建立相关的管理组织时吸收社区居民参与组织，促进社区管理和自治协调。

注　释

[1]（宋）周密：《咸淳临安志》，卷一，影印文渊阁四库全书。
[2]（宋）李心传：《建炎杂记》，甲集，卷二，影印文渊阁四库全书。
[3] 倪士毅：《南宋故宫述略》，《浙江学刊》1989年4月第4期。
[4] 唐俊杰、杜正贤：《南宋临安城考古》，杭州出版社，2008，第22页。
[5] 倪士毅：《南宋故宫述略》，《浙江学刊》1989年4月第4期。
[6] 林正秋：《杭州城市建设史研究》，中国文史出版社，2012，第142页。
[7] 陈易：《南宋皇城遗址研究》，《城市学研究》2016年第3期。
[8] 杜正贤：《南宋都城临安研究——以考古为中心》，上海古籍出版社，2017，第88~96页。
[9] 陈易：《南宋皇城遗址研究》，《城市学研究》2016年第3期。
[10] 杜正贤：《南宋都城临安研究——以考古为中心》，上海古籍出版社，2017，第105页。
[11]《建炎以来朝野杂记》（乙集）卷三《南北内》；《武林旧事》卷四《故都宫殿》；《梦粱录》卷八《德寿宫》；《咸淳临安志》卷二《宫阙》；《南宋古迹考》卷下《园囿考》。
[12]（宋）李心传：《建炎以来朝野杂记乙集》卷三《南北内》，影印文渊阁四库全书。
[13] 郭黛姮：《宋、辽、金、西夏建筑》，载《中国古代建筑史》第3卷，中国建筑工业出版社，2009。
[14] 陈易：《南宋皇城遗址研究》，《城市学研究》2016年第3期。
[15] 陈易：《南宋皇城遗址研究》，《城市学研究》2016年第3期。
[16] 汪菊渊：《中国园林史》，中国建筑工业出版社，2012，第235页。
[17] 中国文物研究所、东南大学建筑设计研究院、中国社科院考古研究所、杭州市城市规划设计研究院联合编制《临安城遗址——皇城遗址保护规划》（2009~2020），2008。

参考文献

傅伯星：《宋画中的南宋建筑》，杭州出版社，西泠印社出版社，2011。

（宋）潜说友：《咸淳临安志》，浙江古籍出版社，2012。

刘春迎：《北宋东京城研究》，科学出版社，2004。

侯迺慧：《宋代园林及其生活文化》，三民书局，2010。

吴伟进、朱岩通、杨艳：《杭州南宋皇城遗址保护性开发探讨》，《浙江建筑》2008年第5期。

Mirjana Roter – Blagojevi. GordanaMilo evi. Ana Radivojevi：《将考古遗址作为独特的文化景观加以复兴和展示的新方法》，《南方文物》2013年第1期。

郭黛姮：《城市文化遗产中的历史园林景观保护与研究》，《城市学研究》2015年第4期。

雷娴、孙燕：《文化景观视角下的清西陵保护管理策略》，2015年9月16日，http://www.haokoo.com/internet/8570896.html。

唐俊杰：《南宋太庙研究》《文博》1999年第5期。

倪士毅：《南宋故宫述略》，《浙江学刊》1989年第4期。

王建国、杨俊宴、陈宇、徐宁：《西湖城市"景—观"互动的规划理论与技术探索》，《城市规划》2013年第10期。

鲍沁星：《南宋园林史》，上海古籍出版社，2017。

（责任编辑　方晨光）

钱塘江南沙文化特色探析

◎ 方晨光

提　要：钱塘江涌潮千百万年来始终未曾停息，怒吼不止，有"海失故道""海岸崩坍""海凡五变""三门演变"之变迁，然而让江南人记住的远不止这些，蜀山、长山、越王城、航坞、连山、高迁桥、戍城等遗址保留了良渚文化、吴越争战、秦皇造桥、孙策渡江等历史的记忆，而南沙大地孕育出了捍塘之歌、造地神话、古代观潮、江南水神、沙地文化等无数可以"动天地、泣鬼神"的人间神话，提炼出了属于这方土地上居住人的"萧山精神"。这对于进入钱塘江时代的杭州具有重要的意义。

关键词：江南沙地　文化特色　萧山精神　钱塘江

作者方晨光，杭州市社会科学院研究员，《杭州学刊》《杭州都市圈蓝皮书》常务副主编。

沙地，是钱塘江衍生出来的一块神奇的土地。位于宁绍平原的西端，萧山的北部，与杭州、余杭、海宁隔江相望。四至为东到曹娥江以西，西到钱塘江大桥以南，南至北海塘，北濒钱塘江。

沙地，亦称南沙，在清初南大门、中小门故道相继淤塞后，南沙成陆。是相对于钱塘江以南而说的，钱塘江以北的称"下沙"（当地人有南称"上"，北称"下"的习惯），以区别于"南沙"。萧山南沙是一块广袤的土地，以位于浦沿、长河、西兴、北干、衙前、瓜沥、党山、益农一线的北海塘为界，以南呼"里畈"，以北称

"沙地",其面积占萧山1420平方公里的五分之二。"沙地"又以赭山、坎山一线为界,分"东沙"和"西沙"。

根据《萧山围垦志》钻探地质资料分析,长期地质运动中不同物质的淤积是南沙成陆的重要原因。南沙成陆的另一个原因是上游山岭下来的泥沙和涌潮携入的泥沙的沉积,而以后者带来的泥沙沉积为主。钱塘江上游山水年平均来沙量为608万吨左右。南沙成陆还有个重要原因是北岸滩涂坍失的泥沙南徙。钱塘江流道多变,北涨南坍时,泥沙向北移,而南涨北坍时,泥沙则南迁。而宋朝以来北坍远比南坍为多为烈,导致江北沙土大量南徙。以上涌潮携入泥沙、上游山岭被雨水冲刷下来的泥沙和沙地坍涨三大原因,导致了南沙的形成。

沙地历史文化悠久,具有吴越天堑、三门演变、捍塘之歌、造地神话、萧山精神等文化特质。

一 钱塘古迹记录着吴越天堑真实的故事

钱塘江是吴越战争的天堑,记录越王句践历史传说的地方有几十处,无论是杭坞、防坞、石塘、船宫、固陵城、固陵港,还是查浦、鸡鸣渡、萧然山、越王峥等,都记录着吴越争战血淋淋的影像,诉说着越族先辈求生存与发展的经历。而越王城(固陵)是"周朝胜迹,越代名山",被誉为百越先民的圣山。

在吴越战争时期,越王句践把它称为"后海"的钱塘江,是越国军事设防的天堑,越国的大船军的军事设施都建在"后海"的南岸,在《越绝书》上记载有"杭坞""防坞""石塘""固陵"等,吴越两国交战,"后海"成了吴越相争的天然屏障。然而,这天然屏障终究也没能挡住吴国的水犀军,越国兵败后,句践自缚入吴为奴,越国官民在固陵临水祖道,场景悲壮至极。句践被放回国后,对外韬光养晦,朝贡吴国,献美女西施;对内卧薪尝胆,发奋图强,发展生产,立志复国。历史文献上记载了许多吴越战争时期的古地名,有的至今还有遗迹可寻。

越王句践时期越国水军理念处于先进行列,如设置军港,并以此为基点构筑水陆协同防线。如果将固陵、杭坞与其西侧相距不远的越国都城会稽联系起来,可以发现这些分散的点实际上构成拱卫首都的、具有一定纵深并且水、陆军协防的两道防线。固陵是第一道防线,利用钱塘江为天堑,以固陵军堡为主要防守点,协防点包括今萧山城北、城西一带的北干山、萧然山(西山)、城山、画眉山、老虎洞山、青山等山体的大小山头及其附近的水域;杭坞、防坞、船宫等处则是第二道防线,它们位于今航坞山附近;另外,它们通过古代渔浦湖、临浦湖,并上溯到浦阳江(西小江)等河湖航道,与今萧绍交界的另一处陆军据点越王峥协防。

杭坞　防坞　石塘　船宫　春秋战国时代，越国所设之军港都在今萧山境内，杭坞、船官、石塘等，均位于今航坞山附近。杭坞、船官、石塘等，从《越绝书》记载的方位、距离看，在今萧山区瓜沥镇航坞山西北麓的浙江之滨。航坞山，亦名龛山、杭坞山、王步山，海拔299米，东西宽3公里，南北长约3.5公里，群峰起伏，山坞幽深。春秋战国时期，航坞山耸立于"后海"（浙江）南岸，与北岸赭山对峙，形成"海门"。据《越绝书》记载，越军在这里的设施有"杭坞""石塘""防坞""船宫"等处："杭坞者，句践杭也，二百石长、买卒七十人，度之会夷，去县四十里"，是越国大船军的出海码头和修船之处；"石塘者，越所害军船也，塘广六十五步，长三百五十五步，去县四十里"，是越军修筑的后海堤塘，越大船军驻防之地；"防坞者，越所以遏吴军也，去县四十里"，为句践遏守、阻止吴军进攻之所，当有水、陆军共同遏守；"舟室者，句践船宫也，去县五十里"，是专供停泊官船或指挥用战船的建筑，亦是主管造船的官署。由于处于航坞山的杭坞、防坞、石塘、船宫对于越军的重要性，句践与大臣们常到航坞山视察，因此民间至今仍称呼航坞山为"王步山"。航坞山东北角曾出土过铭"越王"的石矛残件，更有力地说明越国大船曾在此频繁地活动过。句践时，吴越各置水军，吴曰"水师""水犀军"，越称"习流""大船军"。航坞山一带，是越之军港和造船基地。

固陵城　《越绝书》载："浙江南路西城者，范蠡敦兵城也。其陵固可守，故谓之固陵。其所以然者，以其大船军所置也。"从文中可知，固陵城由越国范蠡所率大船军所建，是大船军固守之地，固陵城、固陵港相联，固若金汤。南朝夏侯曾先《会稽地志》载："其山四方皆高，隐然有城垔遗址。"《古诗源》曰："越王勾践五年，与大夫文种、范蠡入臣于吴，群臣送之浙江之上，临水祖道，军陈固陵。"其地理位置在《名胜志》和《嘉靖萧山县志》中有载。《名胜志》云："在（萧山）县西九里，其中卑四高，宛若城堞。"明《嘉靖萧山县志》载："城山去县西九里，其中卑四高，宛若城堞，吴伐越次查浦，句践得此拒吴，名越王城，又名越王台。"林华东先生《越国固陵城考》一文，明确提出固陵城乃今之越王城，而非西兴（旧称西陵）。

固陵山，又称越王城山，属天目山余脉，由杭州转塘浮山潜渡钱塘江而入萧山境内，海拔151米，山巅有固陵城，又名越王城，山以城名。固陵城又称西城、越王台、鸟啄台等。考"固陵城"之名，"固"乃坚牢之谓；"陵"据《尔雅·释地》云："大阜曰陵"，段玉裁注："《释名》曰：'土山曰阜。'象形者，象山高大而上平。"自郦道元所著的《水经注·浙江水》记："浙江又经固陵城北，昔范蠡筑城于浙江之滨，言可以固守，谓之固陵。"史载为范蠡大船军所筑，是越军"保栖"抗吴的战略重点，时间约在公元前492年。城垣按山脊走向而建，保存基本完好。城址俯视呈东西向梯形状。遗址中间低四周高，高处即为人工夯筑的城垣，宋代以后有寺，曰城山寺和句践寺。为遗留至今的春秋时期越国屯兵抗吴唯一的军事城堡。从现存的越王城遗址看，越国大船军沿山脊自然走向夯土筑城，城垣周长1091.2米，北城墙建在马山峰脊，长约416米；南城墙建在仰天田螺山山脊，长约256.5米；西城墙长65米；东城墙长353.7米，面积约0.2万平方公里。城垣内缓外陡，靠钱塘江一侧的西北、北部城垣外壁及山体非常陡峭，部分坡度超过80度，有的山体明显经过人为劈削，易守难攻。四角有高隆台地，以利作战之需。城垣由泥土夯筑而成，底宽6～8米，上宽1～3米，高因山体而定为2～6米。其中北段城垣中段低洼处以块石垒筑而成。仅在南面中间有谷口，方志称"马门"，是当时入城唯一通道。城内有"佛眼泉"及"洗马池"。在城内地面上常可采集到印纹硬陶、原始青瓷和泥质陶片等遗物，其中印纹硬陶的器形多为坛、罐之类，纹饰有米字纹、编织纹、方格纹、米筛纹、重回对角线纹、回字纹；原始青瓷为碗、钵、盅之属，多素面，少数有水波纹或弦纹。1991年对北城垣作了一次试掘，地层的包含物较为单纯，以原始瓷和印纹硬陶碎片为主，其中印纹硬陶的纹饰有米字纹、席纹等多种。采集和考古文物的年代均在春秋晚期至战国时期，是典型的越国文化遗存。

宋代诗人华镇《城山》诗："兵家制胜旧多门，赠答雍容亦解纷；缓报一双文锦鲤，坐归十万水犀军。"说的是吴军进攻时，将固陵城围困了起来，吴军以为山上乏水，派使者送以盐、米，越军明白其用意，即以两条鲜鱼答之。吴军方知山上有粮有水，易守难攻，遂撤兵，这就是史书记载的著名的"馈鱼退敌"的典故。历代颂越王城和城山寺的诗很多，较为有名的是唐朝宋之问的《登越王台》："江上越王台，登高望几回。南溟天外合，北户日边来。"明清之时，城中曾建有一座城山寺（又称越王殿、越王庙），相传供奉越王句践、范蠡和文种偶像。至20世纪60年代寺塌，但殿宇基址犹存，气势不凡。清朝张远有《城山怀古》诗："句践祠前日欲晡，扪萝曲蹬问雄图。身栖绝峤偏存越，计就孤臣欲沼吴。一自乌鸢辞浙水，遂令麋鹿入姑苏。怜今散作花台雨，西望迷离暗五湖。"今山顶盆地有一方池，长17.5米，宽14米，池水清冽，池中有鱼，实为城山寺的放生池，古"洗马池"在放生池与马门之间的洼地上。

综观湘湖一带吴越相争的古战场史料和遗迹，其战略地位最为显著，且遗址也保存得较为完整。现代学者张宗祥认为："吴、越之争，首在嘉兴，次则萧山。萧山城山，即以越人立城以守得名。"1989年12月，浙江省人民政府公布越王城遗址为第三批省级重点文物保护单位。1990年8月，参加杭州国际百越文化学术研讨会的120多位中外代表，对越王城山作过实地考察，一致认为山顶的越王城是目前发现和保存得最完整的春秋末期越国御敌的城堡遗址。

固陵港 固陵是句践时期越国屯兵打仗的军事城堡,固陵山南北一侧为"溟海"(句践语。后为渔浦湖,今为湘湖),一侧是"后海"(浙江),两侧均是越国水军基地——固陵港,停泊着越国的"大船军"。至今,湖头陈村还流淌着一条千年不涸的"固陵河"。据《越绝书》载:当时,越国拥有一支庞大的舰队,称大船军,并"习于水斗,便于用舟","以船为车,以楫为马""习流二千人""死士八千人""楼船卒二千八百人""戈船三百艘"。又据《吴越春秋》载,公元前492年句践战败入吴为臣,"群臣皆送至浙江之上,临水祖道,军阵固陵"。祖,饯行。群臣,包括范蠡、文种、计倪、扶同、苦成、皋如、曳庸、皓进、诸稽郢九位大夫。在固陵城上,群臣先是谏劝意志消沉的句践需要振作起来,随后又各自在政务、军事、外交、监督、民政、天文等方面向句践表明了"各守一分,以保社稷"的信心和决心,实际上这也是一次决定图谋复国的会议,是越国"十年教训,十年生聚"的起点。最后句践消除了忧虑,下山乘舟而去,群臣与之垂泣而别。《中国水运丛书》记载,杭州对面的钱塘江南岸萧山,是固陵港的遗址,这里进能攻,退能守,当年越国在此常驻水军有4.7万人。陈志富《萧山水利史》云,固陵港为越大夫范蠡主持并与固陵城相配套的一项军事港口工程,因而又名范港。据《百位名人与萧山》一书称,固陵港就设在越王城山下,现越王城山西北麓,是越国的水军基地,称固陵军港,由范蠡主持建造。此处进可出钱塘江,并可入太湖水系与吴国争战;退可凭浙江天堑进行防守。固陵军港建成不久,句践于周敬王二十四年(前496)起兵拒吴,先后7次大规模的军事行动都是从固陵港出发的。越王句践三年(前494),越王闻吴王夫差日夜练兵将以报越,便不听上将军范蠡的劝告,先兴师数万往伐。吴王夫差任伍子胥为大将,悉发精兵迎战,两国水军鏖战于太湖之上,结果越国水军几乎全军覆没。

后来,越王句践以石买为将,吴越两水师又一次对峙于"后海"。《越绝书》载:"句践与吴战于浙江之上,石买为将。耆老、壮长进谏曰:'夫石买,人与为怨,家与为仇,贪而好利,细人也,无长策。王而用之,国必不遂。'王不听,遂遣之。石买发行至浙江上,斩杀无罪,欲专威服军中,动摇将率,独擅其权。士众恐惧,人不自聊。兵法曰:'视民如婴儿,故可与赴深溪。'士众鱼烂而买不知,尚犹峻法隆刑。子胥独见可夺之证,变为奇谋,或北或南,夜举火击鼓,画陈诈兵,越师溃坠,政令不行,背叛乖离。还报其王,王杀买,谢其师。"这是句践军队继太湖败绩之后的又一次大败仗。吴王夫差顺势攻破越都平阳(今绍兴县平水镇平阳村),句践只剩五千甲士,保栖会稽之山。当时,萧山湘湖一带地处浙江要津,是越国的重要防线和军事要塞,固陵城、萧然山及所前的越王峥等地,均为越王句践的保栖之地。

越王句践忍辱负重，虚与委蛇，韬光养晦，积蓄力量，差范蠡从萧山苎萝山下（今临浦施家渡村）觅得鬻薪女西施，"饰以罗縠，教以容步，习于土城，临于都巷，三年学服"，于周敬王三十四年（前486）献于吴王，西施从固陵港乘船出发入吴。越王句践"卧薪尝胆"，"十年生聚，十年教训"，于公元前482年，在固陵港集中了水手2000人，水师官兵4.7万人，战船数百艘，一路出海入长江，一路经钱塘江直趋苏州。《吴越春秋》载："越王闻吴王伐齐，乃使范蠡、洩庸率师，屯海，通江，以绝吴路，败太子友于姑熊夷；通江淮，转袭吴，遂入吴国，烧姑胥台，徙其大舟。"此虽未彻底灭吴，但越军已积聚力量，民心大震。越大船军从"屯海"之地——固陵港出发，经后海（浙江）入长江，截断北伐吴军的归路……掳走了吴国的"余艎"大舟。此后，越国北上争霸，从固陵港出发的戈船（海船）就有300艘，攻占琅琊后，又动员30000多越国移民从固陵港出发迁齐国琅琊。固陵港在春秋末期得到迅速发展，它是当时全国规模最大的军港，在古代我国海港史上占有重要地位。

陈香梅文化和自然遗产保护研究中心主席于立岳先生研究，固陵港还是我国航海业重要的起点之一。边上跨湖桥遗址出土了8000年前新石器时代早期的独木舟，证明这里的先民首先使用了舟楫进行生产生活和出海狩猎。2200多年前，固陵港还是徐福东渡的海港，《资治通鉴》记载，秦始皇于公元前210年南巡会稽登固陵，而被秦始皇派去求仙草的徐福第一次从山东琅琊出发，未果；第二次经过周密策划，选择从会稽的固陵港为出发地；而最近又发现萧山北干山上尚存具有秦代椭圆形特征的祭台遗址。据中外史学家考证，现在日本民族在2000年前主要由两部分组成：一部分是列岛土居的阿依奴人，另一部分是中国徐福率领的上万名以百越难民为主的大陆人。而固陵越民个子高大，又有先进的文化和生产技术及战舰200余艘，从此融入了日本大和人种。故日本不少志书上称：自己的宗族来自中国的吴越分野处——固陵。早几年日本九州大学教授多次带学生到固陵来寻根。难怪航海史专家杨熺教授说："中国还是一个向太平洋完全开放的国家，尤其是东南沿海一带的百越人，是典型的航海民族。"

查浦 又称查渎、柤渎、柤塘。在萧山固陵城下。根据《嘉泰会稽志》载："夏侯曾先《地志》云，吴王伐越，次查浦，越立城以守。查吴作城于浦东以守越，以越在山绝水，乃赠之盐（鱼）。越山顶有井，深不可测，广二丈余，中多鱼，乃取鲤一双以报吴。吴知城中有水，遂解军而去。"据实地考察，固陵北为"后海"（今钱塘江、杭州湾），吴不可能"守越"；而固陵城南为"溟海"，东达萧然山及会稽山腹地，当与"浦东""守越"相符。据此推断查浦应在今越王城以东的湘湖（又名西城湖）岸边。清顾祖禹《二十一史方舆纪要》："查渎在县西南九里。"越王城与查渎相近，均处"西城湖"。陈桥驿《浙江古今地名词典》："查渎，古聚落名。又称查浦，也即《水经注·浙江水注》所称之柤溪、柤塘。"《名胜志》"浙江"卷四记云："吴伐越，次查浦，越立城以守，此山即其地名。越王城山半有池，曰'洗马泉'，中产嘉鱼。越拒吴时，吴意越中乏水，以盐鱼为馈，越取双鱼答之，遂解围。"

鸡鸣渡 又名鸡鸣墟。位于滨江区浦沿镇钱塘江边。东汉袁康、吴平的《越绝书·越绝外传记地传》曰："句践将降，西至浙江，待招入吴，故有鸡鸣墟。"越王句践五年（前492），群臣于浙江边的鸡鸣渡为句践饯行，离别时，群臣垂泣，咸大哀。句践夫人坐船离岸，据舷流泪，顾乌鹊啄江渚之虾，飞来复来，意甚闲适，因哭而歌："仰飞鸟兮乌鸢，凌玄虚兮翩翩。集洲渚兮优恣，啄虾矫翮兮云间。任厥性兮往还。妾无罪兮负地，有何辜兮谴天。飘飘独兮西往，孰知返兮何年！心愆愆兮若割，泪泫泫兮双悬。"（《吴越春秋》卷七《乌鸢歌》）鸡鸣墟呈现兴越亡吴的悲壮之气。今鸡鸣山孤峙钱塘江边，虽海拔仅28米，但一想到此地为句践屈辱赴吴之地，那2400多年前的悲壮仿佛还历历在目。

越王峥 又名栖山、越王山、越王寨。位于萧山所前与绍兴交界处。《越绝书》："越栖于会稽之册，吴追而围之。"公元前494年，句践兵败，栖兵于此，故又名栖山，俗称越王寨。据晚清陈得明《绍兴县天乐乡富家墩村志》记载，吴越之战时，范蠡曾率士兵在山顶用巨石击败了吴国水师。当年吴军追越残兵经湘湖固陵、萧然山，又经渔浦湖、临浦湖、浦阳江口（当时浦阳江流经西小江入海）直达越王峥，越军则退栖到了浦阳江边的"越王峥"上后，用巨石击退吴国军队。越王峥，主峰海拔354米，现东属绍兴，西归萧山。山顶有"走马岗""伏兵路""支更楼""逍遥天""沐浴山""饮马池""淬剑石""仙人洞""九龙盘山顶"等遗迹景点。明来宏振《春日登越王峥》诗云："青山滚滚树层层，句践当年此困兵。山色隐含倾国恨，溪流似带请成声。西施古土犹延庙，范蠡扁舟尚著名。徒倚竹堂伤往事，花枝好鸟向人鸣。"

钱塘江是吴越战争的天堑，无论是杭坞、防坞、石塘、船宫、固陵城、固陵港，还是查浦、鸡鸣渡、萧然山、越王峥等，都记录着吴越争战血淋淋的影像，诉说着越族先辈求生存与发展的经历。记录越王句践的历史传说，在萧山还有许多：如卧薪尝胆的老虎洞山，种苴砺志的"苴山"（今长山），砍柴困倦入睡听到仙人弹琴的"琴石"，养鸡、养猪的"金鸡山"和"豕山"，向吴朝拜的白虎山"百尺楼"，观察吴军动向的河庄山"越王浦""百尺溇"等。

二 清初"三门演变"使钱塘江河口改道

钱塘江河口由于受上游洪水下泄、下游海潮抵冲及泥沙淤积等自然因素影响，千百年来流道发生了很大的变化。自有文献记载以来，有"海失故道""海岸崩坍""海凡五变"等记载。发生于清朝初期的"三门演变"是历史上钱塘江河口变迁最为频繁的时期。

据历史记载，在秦汉之际，钱塘江河口段，水面辽阔浩瀚，赭山、河庄山、岩门山等处皆在海之中，无所谓"三门"。自唐、宋以来，杭州东南才有广阔的沙地与赭山连成一片。

由于钱塘江河口受上游洪水下泄、下游海潮抵冲及泥沙淤积等自然因素影响，千百年来流道发生了很大的变化。从有文献记载以来，前人有"海失故道""海岸崩坍""海凡五变""三门演变"等记载。其中清朝初期是历史上钱塘江河口变迁最为频繁的时期，钱塘江江流先后走南大门（龛山、赭山之间）、中小门（禅机、河庄两山之间）、北大门（河庄山与海宁塘之间）三条通道，简称"三门演变"。清《两浙海塘通志·海塘节略序》记载："北大门约阔三十余里，有河庄山为界；河庄山之南为中小门，约阔八里，有赭山为界；赭山之南为南大门，约阔三十余里，有绍郡之龛山为界。"唐朝诗人李白《送王屋山人魏万还王屋》诗："涛卷海门石，云横天际山。"此海门应为南大门。

南大门 在龛山与赭山之间，一因龛赭两峙如门，二因海潮至此与钱塘江流相遇，如江海的门户，史称海门；又因龛山旁有形如鳖的小山，适在海门之中，故亦名鳖子门。北宋初燕肃在《海潮论》中记述："夹岸有山，南曰龛，北曰赭，二山相对，谓之海门，岸狭势逼，涌而为涛。"据宋《咸淳临安志》的盐官县图，当时江流通道，南岸在西兴、长山、坎山、大和山、党山、三江口以达曹娥江；北岸则自杭州观音塘经赭山、雷山以至凤凰山。南大门从唐初（约7世纪）形成以来，流道几经变迁。宋代有盐官县"海失故道"，元代有海宁三次"海岸崩坍"，明代有海宁的"海凡五变"等岸坍水涨的大变迁，均是江流走南大门。宋嘉定间，南大门淤沙，潮流一度趋北，据《海塘览要》载："按自唐开元以后，至宋嘉定以前，无不坎、赭为海门也。嘉定十二年（1219），潮失故道，盐官县南40余里，尽沦为海。"其后重修堤塘，导江流故道。明《嘉靖萧山县志》中的"萧山县境之图"中，赭山亦为北岸海宁县界。明代潮流北趋更较前代为烈，据明万历《海宁县志》载，自洪武至万历，海凡五变，塘凡五修，因实生阻北导南方针，竭力促使流道仍归南大门。但海宁塘外原有沙地坍陷较剧，堤防溃决，潮水泛滥。至清初，南大门淤沙日积，江流改道，康熙十九年（1680）江潮已出入于中小门，此时南大门已不再是主要流道，仅在大潮时还有漫流而已。崇祯三年（1630）陈祖训撰《重修海塘记》云："邑西南龛、赭夹峙，南阙十有八里，潮从东方来，北阙直上，折入钱塘江，迩年沙涨，以千顷之涛，束而内之三里之口，扼咽不达，转而喷薄。"

中小门 位于南大门之北，在萧山禅机山与河庄山之间，由于南大门向北淤涨，迫使流道北趋，潮湿入中小门。康熙《钱塘县志》载："庚申（1680）四月望日，钱塘江海潮自东入小门。"在此之前，江流虽在南大门，而中小门亦已通流，但非主道。又据记载，中小门是一狭长地带，江面较窄，且两山之间似有山脚相连，江流经此，河床不能切深，很易淤塞，故系南北两大门过渡时期的流路，当南大门或北大门畅通时，中小门即淤。中小门自康熙十九年（1680）通流，至康熙五十四年（1715）流道趋北大门，遂告淤塞。由于海宁一带堤塘年受威胁，曾4次重开中小门流道，据民国《萧山县志稿》载：在康熙五十七年、康熙五十九年和雍正十二年（1734）这三次引河都没有冲刷扩大，且不久即淤；第四次是乾隆十一年（1746）十一月至十二年四月开通，冲刷扩大宽达450丈。从此北大门沙涨20余里，南北两岸相安无事达12年。乾隆二十四年，江流又改走北大门，中小门逐渐淤积，其间虽还通流三次（乾隆二十六年、乾隆三十六年、乾隆三十九年），都系旋能旋塞，到乾隆四十二年（1777）完全淤塞。

北大门 在萧山岩门山、河庄山以北，至海宁城南海塘间，即现时钱塘江流道。据清康熙年间程鹤翥《闸务全书·三江记略》载："绍圣甲戌（1094）水出自南大门，五百有余岁。迨明万历庚申（1620）出自小门（按：康熙《钱塘县志》载，中小门通流在1680年，在此之先，大潮时中小门虽已有漫流，皆非主道），未及百年即涨满。而北大门庐墓田园付诸川流，壬申（1692）癸酉（1693）间，流尚细微，至乙亥（1695）六月二十三日遂骤决而成大江。"但此时中小门未淤，北大门仅是承担一部分流量而已。朱定元在《海塘节略总序》中所述："康熙三十六年以前，水出中小门，康熙四十二年水势北趋，宁城以南桑园渐成沧海，康熙五十四年潮汐直通塘根。"清康熙五十年（1711），江道从中小门全部移至北大门。康熙五十九年朱轼奏疏中所谓："赭山以北，河庄山以南，乃江塘故道（即指中小门），近因淤塞，以至江水海潮尽归北岸。"乾隆十二年（1747）人工开通中小门，乾隆十二年至二十四年改走北大门至今。其间，除中小门尚有几次通流外，北大门就成为钱塘江之唯一流道。

清初，自钱塘江改出北大门，原南大门、中小门先后淤涨成陆，逐步形成广阔的南沙，清嘉庆十八年（1813）赭山由北岸海宁县划归南岸萧山县管辖。清末、民国因钱塘江失于治理，坍江溃堤灾害不绝。直到20世纪50年代后，大规模缩窄江道结合围涂的工程，将萧山顺坝至外十二工段与江对岸之间60公里的河道缩窄至1~4公里，形成现今的江岸线，并给人多地少的萧山带来了可观的土地资源。

三 保护钱塘江海塘是历代官府的重要任务

钱塘江堤塘的修筑素有"黄河日斗金,钱塘江日斗银"的说法。规模宏伟、驰名中外的钱塘江海塘,相传始筑于春秋战国时期。

萧山襟江带海,钱塘江从西、北绕南沙而入杭州湾,江海岸线长达72.69千米。为确保人民安居乐业,从古到今,萧山开始了长达2000多年的海塘修筑。有据可考的有石塘、直径塘、王天塘、黄竹塘、西兴塘、西江塘、北海塘和南沙大堤等。

萧山最早的海塘,当追溯到春秋战国时代。据《越绝书》记载,越国有固陵、杭坞、船宫、石塘等濒海军事设施,除固陵在今湘湖城山外,其余根据书中所载的方位、距离看,应在航坞山西北麓的钱塘江畔。《越绝书》记载:"石塘者,越所害军船也。塘广六十五步,长三百五十三步。去县四十里。"从《越绝书》记载看,句践时,航坞山一带既是军港,也是造船基地,"石塘"是史籍记载最早的石筑堤防。

"早潮直径塘,晚潮王天塘。"这是萧山至今流传的民谚。直径塘为南北向,南端位于西小江畔的江桥头,北端位于长山南麓的横塘头。王天塘为东西向,东接庵前胡的直径塘,西连城厢南门江畔。至今仍可见遗迹。从民谚知,直径塘与王天塘是挡潮用的。从地理位置看,直径塘、王天塘均处里畈,那又挡哪来的潮呢?原来,萧山属山会平原西部,山—原—海的地貌骨架已形成,在蜀山平原形成前,是浦阳江漫流、散流之地,为沼泽之地,江海洪水、潮汐内趋成灾,由于受咸潮的影响,土地无法耕种,为发展生产,筑低矮的直径塘、王天塘以挡咸潮,保护塘内淡水的灌溉。从直径塘与王天塘所处位置分析,当时浦阳江散流北入钱塘江(句践称其为后海),蜀山平原还是溟海(句践语)一片,所以百姓筑直径塘与王天塘,保护塘内土地的开发利用。还有,筑塘需大量人力物力,没有一定的群体力量是很难筑成的。从以上分析,直径塘与王天塘始筑年代当在越国形成以后。直径塘和王天塘是古代钱塘江变迁和萧山蜀山平原形成的最有说服力的实物证据。

"苍松掩映杨岐岭,黄竹依稀范蠡塘。"[1] 范蠡塘,即黄竹塘,位于义桥镇东湖村,横筑塘自然村。《越中杂识》云:"在萧山,昔范蠡遗鞭于此,生笋成林,竹色皆黄。"黄竹塘是古代山会平原西部堤塘,亦是浦阳江古河道出口与钱塘江渔湖渔浦湖的东南岸堤塘。

明朝浙江巡抚温纯《重筑西兴塘碑记》曰:"无塘无镇,无镇无越,为塘而庶几其有越乎!"塘指西兴塘,镇乃西兴镇。西兴古海塘乃萧山北海塘之发端。在县境内逶迤70公里的西江塘、北海塘皆以西兴永兴闸(一名龙口闸)为起点,因县境西、北皆邻江海,故筑塘以防御江洪海潮,并以同县治相对地理位置而名。两塘总称"江海塘"。五代梁开平四年（910），吴越王钱镠主持用"石囤木桩法"修筑西兴篾石塘。西兴古海塘的兴毁，关系到整个萧绍平原乃至古越国地域的安危，被称为"越之门户"。明朝歇庵居士陶望龄有《西兴新堤》诗云："叠石成堤结构雄，岩峣飞阁倚晴空。根盘吴会鲲鲸静，势拥东南雨露通。鸟集平沙春自语，花香古渡岁初红。欲知今日西陵意，一带渔歌和晚风。"

乾隆钞本西吴悔堂老人的《越中杂识》曰："西江塘，即钱塘江东塘也，以在萧山县西故西江。口岸凡十六处，俱设塘长看守，其尤要者，曰潭头、闻家堰、义桥坝。"为萧山西线及西北线江塘。北自西兴镇永兴闸（一名龙口闸，已废），经由西向南经长河、浦沿、闻堰、义桥、临浦，止于进化麻溪坝，全长 31.25 公里。为历史上保护萧绍平原免遭钱塘江、浦阳江水患的重要水利工程。西江塘的形成，与钱塘江水势和浦阳江下游河道变迁有关，系分段陆续建成。唐代中后期，西兴至冠山、半爿山江塘已具规模。宋以前系逐段土塘，后改为柴塘、篾石塘。北宋政和二年（1112），筑小砾山附近段，为湘湖湖堤，外御洪潮，内障蓄湖水。渔浦与麻溪间江塘与碛堰开堵相关。元代至正元年（1341），就有筑坝麻溪以塞麻溪之举。明洪武年间（1368～1398），兴筑四都至渔浦段江塘，明宣德年间（1426～1435），筑坝临浦以断内趋之故道。明成化年间（1465～1487），太守戴琥又筑坝于麻溪，并在渔浦至麻溪筑土塘 25 里，后逐年累月延续整修加固。明成化至清康熙四十二年（1703），进行重大修理 10 多次。明嘉靖十八年（1539），西江塘圮，县城可驾舟。清康熙三十一年（1692），始筑西江备塘 300 余丈。乾隆二十年（1755），西江塘绝大部分泥塘改建为石塘，并将互不相连的塘堤加高、培厚，使之连接。康熙五十三年（1714）始改石塘。咸丰元年（1851），闻家堰新建鱼鳞石塘。全线有临浦火神塘、碛堰山凉亭下及闻堰镇上下三处，由于坐湾迎流，受洪水顶冲，形势最为险要。自明永乐后，半爿山至西兴为西江塘北段，塘外淤沙滩涂逐步开垦，沿江新建南沙大堤，此段逐渐沦为备塘，1960 年后，塘上修建公路。半爿山至麻溪坝为西江塘南段，至今仍为钱塘江、浦阳江一线堤塘，新中国成立后先后进行三次大规模加高培厚。处于闻堰镇的鱼鳞石塘为至今保存完整的旧塘。

据民国《萧山县志》记载，因塘在县北，因名北海塘，又曰捍海塘，全长 41.44 公里，为古代萧山北线海塘。西起西兴永兴闸，与西江塘相接，向东经西兴、城北、长山、新街、衙前、坎山、瓜沥、党山、益农等镇乡。瓜沥经党山至童家塔段称后海塘。《越绝书》记载的"石塘"为北海塘最早的记载。唐开元十年（722），会稽县令李俊之主持修筑会稽海塘（即北海塘），西起西陵，东至三江闸（今名）。北宋景祐，时任工部郎中、两浙转运使的张夏，主修萧绍海塘（北海塘与西江塘的总称），将部分柴塘改建为石塘。据《浙江通志》记载："萧山捍海塘在县东二十里，长五百余丈，阔九尺。"南宋嘉定十二年（1219），太守赵彦炎主持修筑山阴后海塘，即今瓜沥、党山、益农段，完成了对北海塘的连接。南宋咸淳六年（1270），北海塘为风潮所圮，越帅刘良贵主持重修，并植柳万株以固塘，名曰万柳塘。明《万历志》载："治北十里曰北海塘，跨由化、里仁诸乡，横亘四十里。在由化为龙王塘，东至由夏乡为横塘，为万柳塘，又东至凤仪乡为巨塘，为瓜沥塘。"从南宋起至清康熙年间，因受江潮、大风等影响，北海塘多有毁坏，其间修筑达八次之多。修筑的类型有土塘、条块石塘、丁由石塘、丁石塘、块石石板塘、鱼鳞塘等多种。明洪武二十一年（1388）大风，北海塘坏，潮抵县城，人畜淹死甚多；次年修复，自茌山至坎山 40 里塘身，砌石以固。明崇祯元年（1628），风雨大作，瓜沥塘坍，湮没庐舍无数，淹死 1.7 万余人。清乾隆三十五年（1770）七月廿三日和次年的七月十四日两次大潮灾，西兴至宋家溇 80 余里堤塘被海水溢入，淹死的人数均在万人以上。现存石塘均为清康熙五十二年（1713）以后至光绪年间所建，有龙王塘、娄下陈、郭家埠、塘下高、转塘头等近 20 段。清康熙十九年（1680）前，钱塘江循坎山、赭山间的南大门下泄时，北海塘全线临江。自江道改出中小门、北大门后，塘外淤沙成陆，并新筑南沙堤塘。清高宗弘历曾六下江南，四巡海塘；为了督筑钱塘江鱼鳞大石塘，雍正皇帝还专门指派对修筑海塘有研究的时任吏部尚书朱轼前来浙江领导实施筑塘工程。当地知府、县官也大都把治理钱塘江作为自己的首要职责，他们深知江流安稳才能天下太平；传说那时的海塘官为了修建钱塘江海塘，还向朝廷立下生死令，成则生，败则亡，广揽壮丁，沿江修堤。一旦所修大堤为潮冲垮，这些官员则顿足长叹，跳江自尽。清宣统二年（1910），还成立了萧山、山阴、会稽塘闸水利会，专门管理萧绍地区塘工水利事宜。现北海塘已成为三、四线备塘。近来发现有一碑被砌入海塘底部，长 2.2 米，高 0.34 米，上镌"断鳌立极"四个大字，落款"乾隆五十七年"。考此碑文义，即借上古女娲氏断鳌足以立地之四极的神话故事，赞颂此堤塘的牢固，万世不动摇，确保一境平安。1988 年 6 月 20 日至 7 月 2 日，市文物管理部门对古北海石塘遗址进行了全面调查。沿西兴、城北、长山、新街、城东、螺山、坎山、瓜沥、党山、夹灶等乡镇（全程 80 公里）对古塘基进行考察，发现保存较好的古北海塘址 25 处，并对各处进行了测绘、拍照、文字记录。保存最好的是党山镇信源村蔡家塘堤，由八层条石叠砌，长 600 米，宽 7.2 米，高 2.15 米。

据《钱塘江志》载："南沙大堤半爿山至长山间海塘外面，雍正十二年（1734）即有昌围、泰围、丰围、宁围、盛围、盈围等六围围堤，围地面积 5.5 万余亩。"自乾隆二十四年（1759）江槽迁北大门后，河庄山以南逐渐淤成平陆，被陆续围垦，遂逐渐形成蜿蜒的南沙大堤。据来裕恂《萧山县志稿》记载：清光绪二十七年

(1901) 六月，淫雨浃旬，南沙一带致成泽国。山阴、会稽、萧山三邑绅士筹款赈抚，捐集银洋一万元，于次年筑"新堤"四千八百余丈，属萧山境者计三千六百七十丈。宣统三年（1911）风潮坏堤后，于民国元年（1912）以工代赈修复。民国11年曾自赭山至茬山筑横直12堤；民国17年在西兴江边新建浆砌块石护坡488米。自1950年开始，随着江道的变迁，分段抛石护堤。1958年全线培修，连成系统。自1966年开始有计划地围垦后，南沙大堤均已退居二、三、四线。

四 "人类造地史上的奇迹"是对沙地最美的赞歌

钱塘江浩浩荡荡，从南到北，到钱塘江大桥折弯后，又从西到东，流了千千万万年，受上游洪水和钱江潮的冲抵，钱塘江自身经历了无数个东涨西坍造地与失地的过程。

钱塘江从上游新安江、富春江过三江口到现在滨江区浦沿镇的半爿山，萧山人的造地运动就从半爿山开始，从半爿山到曹娥江口，在直线距离不到89公里的地方，经历了从古到今不停地东涨西坍过程后，萧山人开始围垦江滩土地，当地人将这方从钱塘江滩涂中围垦得来的土地称为"沙地"。

萧山北濒钱塘江河口段，独特的地理环境让萧山人千百年来遭受到了钱塘江洪水和海潮带来的苦难。"历史上萧山南沙江岸坍涨无常，而每遇坍江，往往沃野陆沉，村落湮没，家破人亡，卖儿鬻女，种种惨象在清乾隆以来的《萧山地方志》中均有记载。"[2]奔腾不羁的涌潮时而急流推沙，淤涨起大片滩涂；时而惊涛拍岸，将大片的沙洲吞噬，沿江乡民迁徙不定，围垦治江成了沙地人民群众的夙愿。

中华人民共和国成立后，萧山沿江人民开始依靠集体的力量进行围垦，20世纪60年代中期揭开了有计划围涂的序幕。"萧山围垦地处举世闻名的钱塘江涌潮地段，上承洪水，下接强潮，施工不易，保堤亦难。"[3]萧山人把治江与围涂造结合起来，采取围一块保一块巩固一块的办法，至现在共在南沙大堤外围得滩涂约56.71万亩，南沙平原不再坍失，钱塘江河口段亦逐步被束狭、刷深，改善了航运。萧山围垦按南沙大堤堤线划分，自西向东可分为3段，即浦沿镇半爿山往北迤东至南阳镇美女山，美女山往北迤东再南下至党湾镇十二埭闸，十二埭闸往南至益农镇益农闸止。

半爿山至美女山围垦（1950~1970）。此段三分为半爿山到红卫闸堤外围垦、顺坝围垦和九号坝围垦，共围得土地9.59568万亩。半爿山到红卫闸堤外围垦（1950~1987）是萧山起始最早的围垦，半爿山在今滨江区的浦沿镇，红卫闸在今宁围镇的钱江二桥南，此段共分13次围垦，围得南沙大堤外土地0.89368万亩。参加者分别有长河、西兴、浦沿乡（公社）的相关村（大队）和县城北农场、驻萧解放军某部。这段围垦每块面积大多较小,最小的一块沙郎沈前圩仅35.11亩,最大的一块为钱江轮渡码头西驻萧解放军某部围的1440亩,其中钱塘江大桥东因有侵华日军铁船沉没,故该围垦称"铁船沙"。顺坝围垦(1960～1999),西起五堡闸,东至九号坝,南接钱江农场,北濒钱塘江,隔江与杭州七堡、九堡相望。此段围垦分七次,共围得土地2.4403万亩。此段围垦因有浙江省水利厅、浙江省钱塘江工程管理局、萧山县革委会和杭州彭埠公社、余杭九堡公社及驻萧解放军某部的共同参与和投入,城北区委发动浦沿、长河、西兴、盈丰、宁围、长山、城北、新街八个公社(乡镇)联合围垦,使得单次围垦面积从一千多亩到上万亩不等,加上谁投入谁分得土地政策的落实,大家对围垦海涂的积极性大大提高,使得浙江、杭州、余杭等地都有积极性参与围垦。九号坝围垦(1958～1970),因处新街镇九号坝外围上下游而得名。其位置西靠顺坝围垦,南接南沙大堤。九号坝于1928年开始动工修筑,南依长山脚,向北延伸,是钱塘江南岸重要的主力坝。从1958年省林业厅在九号坝至红山段南沙大堤外的2200亩滩涂芦竹场起,到1970年南京军区浙江生产建设兵团围涂止,共围得土地6.2617万亩。最有影响的是1966年下半年的围垦,省、市、县联合,新街、南阳、坎山、赭山四公社日出20000人,共围得土地2.25万亩毛地(含芦竹场、盐场等),国家投资214万元,总投工99.6万。

美女山至十二埭闸堤外围垦(1965～1999)。此段围垦共组织20次大规模围垦,围得土地共14块,约39.415万亩。其中第四块围垦在1969年11月30日至12月7日进行,共围得毛地5.2万亩,这是萧山围垦史上第一次组织全县范围的围垦,共有13个大公社参加。第十三块围垦于1993年10～12月分两期围成,围得毛地1.33万亩,这是萧山围垦史上首次采取以泥浆泵采镇为主的机械化施工,累计出勤泥浆泵台3449套。而第十四期围垦从1994年11月至1995年12月共分两年四期才完成,用机械化围垦作业,围得土地1.9万亩。美女山至十二埭闸堤外围垦的特点是,大多是大面积围涂,围涂难度较大,人员从万余人到几万人,甚至全区动员、全县动员,最多一次日出工达8.8万人,有四块围垦是分期围成,有两次是机械化围涂。

十二埭至益农闸堤外围垦(1966～1977)。此段围垦有五块,均在萧山东部,分别叫益农一围至五围,合称"益农围垦",共围得土地7.7万亩。

围垦是一个极其复杂的工程,萧山围垦从小规模到大规模,逐步积累围涂经验,从手拉肩挑到机械化围垦,可以说每一次都经受住了严峻的考验。围垦一般选在年底大潮尾、小潮头至下一潮汛以前的六七天内突击完成筑堤基本工程,工程前须做充分的准备,包括勘察设计、时机选择、物资准备、奖金筹集、思想发动和民工组织等方面的准备。围堤一般分两期施工,一期突击抢筑围堤,二期土堤加高;通常要经过抛石护坡、浆砌护坡、挑流保堤、水下防护等抢险加固工程,具体包括立堤、护坡、丁坝、沉井等工程防护体系，以保护大堤不被江流冲刷、潮水冲击而破坏，在秋汛大潮、潮高流急破坏力极强的时期，抢险任务尤其艰巨。

萧山的干部群众为进行围垦，同吃同住同劳动，住草棚、饮咸水，冒严寒、顶朔风，赤脚挖河筑堤，而抢险护堤和劈山采石更是有生命危险，从1966年开始大规模围涂以来，为围垦事业而牺牲者达52人。正是这种艰苦奋斗、勇于献身的精神，才成就了萧山围垦这一举世伟业，这种精神被萧山广大干部群众自豪地称为"围垦精神"，并以此自励互勉。中国水利专家钟世杰评价道：萧山的海涂围垦，面积之大、气势之宏、收效之快、效益之高，为全省之最。国内外众多参观者都感佩不已。联合国粮农组织官员在对萧山围垦区考察后称赞道，这是"人类造地史上的奇迹"。

五 "永立潮头"是萧山精神的集中体现

沙地是一方神奇的土地，在这方土地上，被称为"沙地江司"的沙地人创造了神奇的文化：做做吃吃、挑围垦、造瓦屋、沙地菜、抢潮头鱼……观潮是沙地一道长达七十多华里的独特风景，而"永立潮头"的"萧山精神"则是从沙地文化中提炼出来的精华。

沙地，属亚热带湿润气候，四季分明，雨热同期，降水充沛，温湿适度。沙地地形背陆面江，西南高，东北低，受海洋气候的影响，水资源丰富，为人们的生产和生活提供了诸多方便。沙地文化是沙地人特有的人文品质。它是生活在钱塘江边沙地人智慧的结晶，是在独特的沙地区域中形成的区域性文化。沙地人大多是"里畈"外搬的穷苦人家，有的来自绍兴，有的来自萧山南片，有的则来自江北，有着不同的姓氏，他们住在用稻草或茅草搭成的横舍或直头舍中，并散居广袤的沙地上，艰苦的环境造就了沙地人特有的品质，能吃苦，勤劳动，有胆略，好自强，特勤俭，善开拓。

沙地人以"做做吃吃"闻名于世。早期的沙地人，是人们眼中的"晒盐佬"。钱塘江潮水是咸水，在潮水的冲刷下，沙地土地很难种植农作物，里畈来的穷人于是在江边咸碱白地住下来，以晒盐为生。"在烈日炎炎的盛夏，他们就在老盐碱地上刮起一层含盐量很高的白泥，然后将它挑到在地面下设有盛盐卤的木桶附近堆起'泥蓬'，用'卤杆子'将卤水滴入卤桶内，然后再将卤挑到木板上晒盐。挑白泥的畚箕特别大，一担就有二百来斤重，且是盐民独自盛装挑运，俗称'打背钩'。这样一天要挑好几百担，因为天气特别热又无树蓬遮阴，挑泥者个个是汗流浃背。"[4]久而久之，晒盐的盐民变成了"盐黑子"。

沙地人的品质在历次围垦中表现得最为集中和典型。"天排云阵千雷震，地卷银山万马腾。"要在钱塘江涌潮下筑堤围地,其难度是可想而知的。为在潮口夺地,围垦大军冒严寒,顶北风,赤脚踏冰,起早摸黑,抢时间,赶进度,挖河筑堤,为在大潮汛来临之前完成围堤,有时甚至不分昼夜地干,每人每天至少挑土3~5立方米,其劳动强度之大是不言而喻的。而且住的是临时自己搭建的草棚,睡的是潮湿的泥地,喝的是咸水,吃的是麦糊饭加霉干菜,如果没有吃苦耐劳、艰苦奋斗、百折不挠的精神,是万万围不成大堤的。

沙地人不像里畈人那样,以姓氏为村落而群居;沙地人是由于各种原因被迫离乡背井来到钱塘江边谋生的,姓氏种族观念很淡薄,万事依靠自身实力去努力、去奋斗,顽强地生存下去。这种独立自强不息的理念,从沙地人居住的房屋变迁中,就能深刻地体会到沙地人独特的秉性。沙地人喜欢独家独园地建房,这种传统历经了沙地人创业的全过程。沙地民居的变迁大致可分为草舍时代、石墙草舍时代、平瓦房时代、二层半楼房时代、三层半至五层半的高层楼房时代和别墅时代。在短短30年里,沙地经历了六代住房的变迁。萧山流传着这么一个故事,说的是里畈人从山上砍了一担柴,拿到街上去卖,把卖得的钱买了猪肉带回了家;而沙地人带了一襞罗卜干去卖,把卖得的钱带回了家,为的是积攒起来造瓦屋,讨老婆。

沙地人把造瓦屋与讨老婆紧密地联系在了一起。造瓦屋是沙地人一辈子乃至几代的梦想。20世纪80年代初,媒人为沙地人的囡说人家,最重要的是男方人家住的什么,如果住的是石墙还过得去,如果住的是直头舍,那都不用谈,因为住直头舍的人家是沙地最穷苦的人家。在里畈人眼中,沙地是最穷苦的地方。"老婆要讨沙地囡,生囡不嫁沙地郎。"为啥?沙地老婆肯做;而给沙地人做老婆要做煞。

20世纪六七十年代以前到沙地,一看住瓦屋的,或者是地主人家,或者是地主人家的房子在做学校,大部分人家住的是横舍;到70年代末80年代初,相当部分人家住上石墙舍;没多久,到80年代初中期,许多沙地人一步到位建起了平屋;与此同时,少数富裕人家盖起了二层半楼屋;而到90年代以后,则是楼屋比高矮,到现在别墅比豪华。里畈人曾说:"不要看沙地住的是什么,要看沙地人饭架上蒸的是什么?"确实,沙地人建房经历了苦难的历史,不仅艰苦创业,还要省吃俭用。在《沙地文化》教材中这样描述,一直以来,沙地以穷苦"闻名"邻近地区,最显著的特征是沙地人家住的大多是草舍。草舍分为箍桶舍、直头舍、横舍三种。初到钱塘江滩涂开垦的先民们就在高沙头上搭建简易的住房,安身栖息。这种简易的住房就称为箍桶舍。箍桶舍是南北向搭建,舍形成拱形,东西两边是落地椽子,草扇从地面盖起,省去东西两边的风笆,以节省材料,又不太挡风,不易被吹倒。搭建箍桶舍所用的材料最省,只需一些竹子、茅草和芦苇,而这些材料大都可在本地取得。箍桶舍与后来的草舍相比,是草舍中最矮小、最简陋的一种,看起来似草蓬,是沙地最早的舍头。随着沙地的进一步开垦，有一些经济状况稍好的人家改箍桶舍为直头舍。直头舍与箍桶舍一样也是南北向的，只是舍身比箍桶舍高大得多，东西两边不再是落地椽子而夹起了风笆。再是一些经济较为富裕的人家，改直头舍为横舍。横舍的舍头（以栋梁为标志）是东西向的，它的山墙在东西两面，不同于箍桶舍、直头舍的舍头是南北向的，山墙在南北两边。但横舍与直头舍一样均为朝南开门。横舍一般比直头舍要高大，且它的前舍沿开得较高，除了有舍顶的亮窗外，还在南面和东面多开一些窗门，因此比直头舍要亮堂，住起来也舒服得多。但它建造的材料要多要好，费用也就大。后来，一些人家从里畈的山里运来石块，砌成石墙，取代原来的风笆，但舍面盖的仍然是稻草或茅草，这种舍当地人称为"石墙舍"。石墙舍的墙壁用白石灰做粉饰，就显得比风笆草舍来得光洁明亮住起来更感舒适。改革开放后，沙地人在住房上又有重大进步。他们开始拆掉草舍，建造瓦屋，这种瓦屋是平屋，用料极普通，造价亦不太高，即使是这样，沙地人也得花费全家勒紧裤带省吃俭用十来年的积蓄。所以当时沙地人戏称为"饿屋"（"瓦"沙地人方言读音与"饿"一致）。沙地人就是这样，从草房到瓦屋，从瓦屋到楼屋，从楼屋到别墅，一次又一次地把原来的房屋推倒重建，实现了一个又一个的梦想。这不仅让人看到沙地人物质生活的发展变化，更重要的是透视出了沙地人自强不息、你追我赶、不甘落后、永远进取的沙地精神。

外地人喜欢到钱塘江边去看著名的钱江潮，尤其是中央电视台实况播出钱塘江大潮后，去的人更加多了。萧山在每年的农历八月十八前都要举办中国萧山钱江（国际）观潮节，起到以潮会友、以潮促经济发展的目的。而祖祖辈辈生活在钱塘江边的沙地人，却以另一种方式与潮争"宠"。宋朝大诗人苏东坡则非常浪漫："碧山影里小红旗，侬是江南踏浪儿。拍手欲嘲山简醉，齐声争唱浪婆词。"把惊险的"弄潮儿"看成是舞蹈般的"踏浪儿"。沙地人至今仍然保留着"抢潮头鱼"的风俗，就是诗中描绘的"踏浪儿"。

潮头上有鱼，这是千古之谜，有人说是海龙王故意搞的诱惑，目的是想引人上钩；有人说这是上天给人的口福，看你敢不敢去要，总之当钱塘江涌潮隆隆而来的时候，潮头上总卷许多鱼。于是，一些勇敢的沙地人就跃入潮头中，与潮争鱼，有的甚至会以此谋生。看抢潮头鱼的人，很怕很怕。抢过潮头鱼的人却不以为然，因为他们的生活就是常常与钱塘江潮水打交道的。事实上，不是所有沙地人都能抢潮头鱼的，只有那些勇敢、有体魄而熟知潮性的青壮年沙地人，才是真正的好手。熟知潮性，不是一句空话，潮水天天都有，一天两潮，但能抢潮头鱼的就在小潮汛的那么几天；地方也不是什么地方都行，要选择较开扩的沙滩和岸坡相对平缓的地方进行，否则不利逃生。沈青松在《沙地风情》中这样写道：潮来前，抢潮头鱼的人已在沙滩上等候。听到天边响起潮声，便开始行动。即使寒冬腊月，上身都脱裸出一只臂膀,把棉衣、线衫的袖子在胸前打成结,而下身一丝不挂,绝对不会穿短裤,否则短裤受湿粘住身子,不仅行动不便,而且影响奔跑速度,会危及生命。潮水临近时,他们背起鱼篓,抄起长柄潮兜,迎潮而去。当看到那些翻白沉浮的潮头鱼,就立即跳进潮头,迅速用潮兜捕捞,而后人随潮而跑,跑出潮头速返江岸。这是多么壮观的一幅钱江渔猎图啊!

然而,更壮观的是那些本领高强的沙地人,他们敢到较大一些的潮水中去抢潮头鱼。因为潮头大被卷入的鱼也较多较大,当然其危险性也随之加大,其技巧与体力也随之提高。当潮水来到时,他就背对潮头,向着堤岸方向呈斜线奔跑。一边跑一边不时地观察潮头中的鱼,但不轻易抢鱼,因为抢这样的潮头鱼,进入潮头用潮兜兜鱼的机会就一次,无论是否兜到鱼,都要迅速逃离潮头,否则会葬身浪潮。一个老沙地江司曾经讲述过他遇险的经历,因为看到潮头中翻滚的大鱼,转身跳进去一兜背了就跑,没想到兜到的鱼大而多,潮兜太重无法跑出潮头,看看不行了,速将潮兜放入胯下,顺潮而动,努力往岸边靠,终于脱离了危险。他说,有了那次,以后再也不到中潮汛中抢潮头鱼了,老婆孩子都要靠他的。萧山人常说的"勇立潮头"的"萧山精神"便是从沙地人抢潮头鱼中得来的。"勇立潮头"的胆略和气派,勉励着一代又一代的萧山人开拓奋进。

从上述内容可以看出,沙地人抢潮头鱼不全是凭体能和勇敢,还要有看潮头鱼的眼力、机遇和摆脱危险的机敏。于是,萧山人又从沙地人勇抢潮头鱼精神中,提炼出一种善抓机遇的能力。或许是沙地人受潮涨潮落的影响,吃尽了坍地毁家的苦头,或许是受抢潮头鱼的启迪,头脑变得灵活,决策变得果断了。因为潮头中卷上来的鱼有大有小、有多有少,随潮而跑地形有高有低、有硬有软,抢潮头鱼的时机稍纵即逝,遇到这种情况,抢潮头鱼的人就要迅速做出判断,兜哪些鱼,兜哪次卷上来的鱼,只有具备善抓机遇眼力的人方能抢到更多更大的潮头鱼。

注　释

[1]（明）魏骥:《舟发湘湖抵峡山书事》诗,《萧山古诗五百首》,方志出版社,2004。
[2]《萧山围垦志》,上海人民出版社,1999。
[3]《萧山围垦志》,上海人民出版社,1999。
[4]引自徐伯兴《沙地文化》教材。

（责任编辑　王立嘉）

杭州市民办博物馆发展困境与对策研究[*]

◎ 陈燕飞　吴舒倩

提　要： 社会力量参与公共文化机构建设有利于创新公共文化服务运行机制，激发全社会创造活力，保证社会公共文化决策反映社会的需求。博物馆是最重要的公共文化机构，民办博物馆因其藏品的多样性和独特性成为公办博物馆的有益补充。本文选择具有代表性的几家民办博物馆，通过实地调研、馆主访谈等形式，深入探索杭州民办博物馆的生存现状，一窥当下杭州市社会力量参与公共文化机构建设的现状，并结合"互联网+"、大数据时代的背景，设想提出使民办博物馆走上可持续发展道路的解决方案，增强杭州市民办博物馆的"活力"。

关键词： 民办博物馆　公共文化　社会参与　杭州

作者陈燕飞、吴舒倩，杭州师范大学人文学院学生（邮政编码　311100）。

自十七届六中全会以来，"引导和鼓励社会力量通过兴办实体、资助项目、赞助活动、提供设施等形式参与公共文化服务"这一决定日益受到各级政府的重视。经济发展、社会进步必然会促使社会力量更为积极地参与到公共文化服务的建设中。浙江省经济发展走在全国前列，民营经济尤为发达，杭州市作为浙江省的省会城市，依托良好的经济基础，在公共文化建设中充分调动社会力量参与公共文化服务体系

---

[*] 2017年浙江省第十五届"挑战杯"大学生课外学术科技作品竞赛研究成果。

建设，其中出现了众多由个人或企业出资建设的民办博物馆[1]。

一 杭州市民办博物馆发展的基本情况

杭州的博物馆事业可追溯到1929年6月，首届西湖博览会开幕，并在同年11月建立了西湖博物馆，后改名为浙江博物馆。1911年到1949年，中国的博物馆事业得到了初步发展，为新中国成立后博物馆事业奠定了良好的基础。新中国成立后，国家实行对农业、手工业、资本主义工商业的社会主义改造，建立社会主义计划经济体制，国家统一管理文物，对民间文物流通造成了一定影响。从新中国成立到改革开放，中国大地上没有一座民间博物馆。

改革开放以后，中国实行以公有制为主体，多种所有制经济共同发展的经济制度，鼓励私营经济的发展。社会的开放环境促进了民间博物馆事业的发展。1982年发布了《中华人民共和国文物保护法》，从制度上规范民间收藏，体现了政府对民间收藏态度的转变，提高了民间收藏的地位。20世纪80年代，一些收藏家乐于将自己的藏品与相同爱好者交流，向社会展示，逐步形成了民间藏馆。90年代，改革开放深入发展，社会主义市场经济逐步建立，经济的发展，推动私人博物馆的增加。由此，民办博物馆掀起了发展浪潮。

杭州作为八大古都之一，人文历史气息浓厚，拥有丰富的地方特色资源，在此基础上，杭州市民办博物馆事业走在全国前列。譬如1991年建立的杭州胡庆余堂中药博物馆，其蕴含的丰富中药文化内涵和精湛建筑艺术吸引了众多海内外游客，有力地传播了中华文化；1993年建立了杭州高氏照相机博物馆，该馆自成立以来接待了不少国外人士，在中外民间文化交流中起到重要作用；1999年成立的杭州世界钱币博物馆，是全国唯一一家展出国内外钱币的民间博物馆。

进入21世纪，民办博物馆的社会和制度环境越发良好。2002年10月，经修改的《中华人民共和国文物保护法》重新公布实施，2006年1月1日开始正式实施《博物馆管理办法》，2014年、2015年分别颁布了《关于民办博物馆设立的指导意见》和《博物馆条例》……这些法规的出台都为全国的民办博物馆建设提供了有力的保障。近年来，杭州市政府也颁布了相关法规政策来保护和扶持民办博物馆，促使民办博物馆更好更快地成长。到2016年底，杭州市正式登记注册的民办博物馆共有16家，占杭州市博物馆总数的29.6%。

其中值得指出的是，即使杭州市民办博物馆发展势头良好，其中也不乏已经淡出人们视野的民办博物馆，例如都锦生织锦博物馆、南宋钱币博物馆、剪刀博物馆。这三家博物馆均创立于20世纪90年代，是杭州市最早的几家民办博物馆。民办博物馆虽然不断注入新的血液，但是部分民办博物馆的消失也令人惋惜。

表1　2015年杭州市正式登记注册的16家民办博物馆建立时间[2]

序号	名称	建立时间	序号	名称	建立时间
1	胡庆余堂中药博物馆	1991年	9	杭州东方圆木博物馆	2009年
2	杭州高氏照相机博物馆	1993年	10	杭州萧山吴越历史文书博物馆	2009年
3	梅家坞周总理纪念室	1993年	11	杭州江南明清古建筑博物馆	2010年
4	杭州世界钱币博物馆	1999年	12	杭州西湖本山龙井茶博物馆	2010年
5	杭州萧山湘湖吴越古文化博物馆	1999年	13	杭州土火斋古陶瓷博物馆	2012年
6	马寅初纪念馆	2004年	14	浙江观吟艺术博物馆	2014年
7	浙江朱炳仁铜雕艺术博物馆	2004年	15	杭州万事利丝绸文化博物馆（新馆）	2015年
8	杭州神博农家博物苑	2006年	16	杭州江南锡器博物馆	2015年

资料来源：根据公开资料整理。

二　杭州市民办博物馆运行机制调查

唯有创新发展民办博物馆运行机制才能实现民办博物馆的可持续发展，因此研究运行机制非常必要。民办博物馆的运行机制主要包括管理体制、运行经费、公共服务三大板块。下文内容的撰写基于文献整理和对民办博物馆馆长[3]的采访。

（一）管理体制

在公共文化机构推行组建理事会，是管理权与所有权相分离的一种新的管理理念的体现。1963年，英国国会通过了《大英博物馆法》，规定"大英博物馆理事会"为大英博物馆的法人团体，拥有管理权，开了博物馆理事会制度之先河。在我国，2008年实施的全国公共博物馆定级与评估制度，就明确鼓励博物馆根据自身条件组建理事会；2011年，国家文物局曾发文要求"公共博物馆纪念馆要逐步实行理事会决策、馆长负责的管理运行机制"[4]；党的十八届三中全会通过的《中共中央关于全面深化改革若干重大问题的决定》指出，要"明确不同文化事业单位功能定位，建立法人治理结构，完善绩效考核机制。推动公共图书馆、博物馆、文化馆、科技馆等组建理事会，吸纳有关方面代表、专业人士、各界群众参与管理"；2015年的《博物馆条例》博物馆章程中指出"组织管理制度，包括理事会或者其他形式决策机构的产生办法、人员构成、任期、议事规则等"——强调博物馆应当完善法人治理结构，建立健全有关组织管理制度。

通过调研，笔者发现，杭州一部分民办博物馆馆长既是藏品的征集者、保护者，又是博物馆的讲解者、管理者。不论是日常的行政，还是收藏与展览，文物保护与修复，或者是教育活动都由馆长一人负责。虽然普遍都建立起了博物馆理事会，但理事会往往没有产生实质性的作用，只是名义上的理事会。这些博物馆通常是由博物馆馆长私人建立，人单力薄，如杭州眼镜博物馆就没有建立理事会。

另一部分博物馆如万事利丝绸文化博物馆、江南锡器博物馆等相对规范化，建立了相对"标准化"的博物馆理事会。江南锡器博物馆更是与南宋官窑博物馆结对帮扶，从公办博物馆吸收管理经验。

（二）运行经费

博物馆的资金来源通常可以分为三部分：政府财政支出、社会赞助、博物馆自身的经营收入和投资收入。而民办博物馆不同于公办博物馆之处就在于政府的资金支持几乎是零。作为公益性的事业单位，民办博物馆不论是建馆还是运营依靠的都是自身的力量和社会的帮助。西方的博物馆因为财政拨款不多，往往是依靠捐赠和开发文化产品的形式募集资金。近年来关于支持社会力量参与公共文化事业的政策陆续出台，2011年中共十七届六中全会《决定》指出"引导和鼓励社会力量通过兴办实体、资助项目、赞助活动、提供设施等形式参与公共文化服务"，"国家文物事业'十三五'规划"也提出至2020年"社会力量广泛参与文物保护利用格局基本形成"。但是由于目前政策、体制仍不完善，社会力量很难参与到博物馆的建设中去。

民办博物馆多是由个人或是企业建立。个人出资建立的博物馆往往是依靠馆长个人的财产在维持博物馆的运营。而由企业建立的博物馆则依靠企业资金得以发展。在社会募捐上，不论是企业还是个人兴办的博物馆都是相对空白。

（三）公共服务

博物馆是重要的教育阵地。中共中央办公厅、国务院办公厅印发的《关于实施中华优秀传统文化传承发展工程的意见》强调"要充分发挥图书馆、文化馆、博物馆、群艺馆、美术馆等公共文化机构在传承发展中华优秀传统文化中的作用……强化文教结合，完善博物馆青少年教育功能，定期开展博物馆中小学生教育活动，推出一批博物馆教育精品项目和示范活动"。

公办博物馆通常是综合性的博物馆，面向的是社会大众，而民办博物馆出于其自身特色，作为专门性的博物馆，其受众往往是特定的人群。但是民办博物馆也同样蕴藏着深厚的历史文化积淀，应该同样发挥其公共服务的作用。例如在世界反法西斯战争胜利70周年之际，杭州高氏照相机博物馆举办了世界反法西斯暨抗日战争胜利70周年照相机展览；为迎接杭州2016年G20峰会，又举办了"黄履的梦——照相机展览"，展示嘉庆年间的杭州才女黄履发明的"钱塘镜匣"（照相机的雏形），宣传杭州才女在摄影方面的突出事迹。其展览契合时机，很好地实现了以活动促宣传、以活动促教育的目的，不仅留住了其特定的受众群体（摄影爱好者），更是将教育渗入社会大众。

博物馆不是堆积文物的仓库，也不是科研的圣地，而应该是为社会大众服务的文化机构。博物馆应该依托博物馆自身的文化资源，联合个人、媒体以及社会的力量，将公共文化传递给社会大众。

三　杭州市民办博物馆发展困境

(一) 场地不足，资金匮乏

民办博物馆不同于公办博物馆的重要一点在于，它是"由社会力量利用非国有文物、标本、资料等资产依法设立并取得法人资格，向公众开放的非营利性社会服务机构"，它的建立者大多是私人或者企业。

而促使这些收藏家建立民办博物馆的重要原因在于馆长的"历史情怀"或者"文物情结"。浙江省第一家私人办的圆木博物馆（东方圆木博物馆）馆长胡兴法介绍说，"办这个博物馆是因为自己的爱好，在当今，圆木已经没有什么使用价值了，走进博物馆让更多的人知道这门手艺，便是它最好的归宿"。而杭州眼镜博物馆、江南锡器博物馆、杭州高氏照相机博物馆也都表示一开始建立属于自己的博物馆都是因为"爱好"，同时也想把自己的成果分享给大家，把文化传承给下一代。这是民办博物馆建立的最初原因，但这也造成了民办博物馆资金匮乏，只能依靠馆长自身的财力、物力建设和运营。

"弄堂里的博物馆"是对民办博物馆的最真实的概括。它们或是隐藏在居民住宅区里，或是散布在狭窄的巷子里，抑或被遮蔽在企业的角落里。场地的限制，造成了民办博物馆难以"做大做强"；无处摆放的文物，难以真正地释放出那一份属于历史的美感。而建立起这些博物馆后，由于博物馆支出费用的繁多，资金成了其生存最大的难题。政府每年的财政拨款虽较前几年有了较大的提升，但对于庞大的维护费用来说，只能算是凤毛麟角。杭州高氏照相机博物馆高继生馆长戏谑地表示自己是"啃小族"，每年儿子给他十万元支持他的博物馆建设，即使这样还是依旧难以维持生存。为了筹办"世界反法西斯战争暨抗日战争胜利70周年照相机展览"，高继生馆长只能忍痛拍卖了自己收藏的字画。而以企业为依托的眼镜博物馆，在资金越来越匮乏的时候，只能选择将自己的博物馆不断缩小来维持自身的发展，展示企业文化。

资金问题是博物馆发展的重中之重，如何解决民办博物馆的资金问题，是博物馆可持续发展的关键。

（二）人才紧缺，文物难修

博物馆的运营不同于一般的企业运行，在日常的展览之外还需要开展精细的保护工作。而这样的保护工作，急需"博物馆人才"。国家文物局发布的《国家文物事业发展"十三五"规划》指出，将大力进行博物馆人才的培养，推进"文博人才金鼎工程"[5]，由此可见博物馆人才对博物馆发展的重要作用。而民办博物馆资金没有公办博物馆雄厚，待遇自然也没有公办博物馆好，因此民办博物馆人才紧缺也是其发展遭遇瓶颈期的重要原因。通过对这几家民办博物馆的调研，笔者发现这些博物馆大都是"四位一体"，博物馆馆长既是藏品的管理者、讲解者，也是保护者、修复者。由于馆长的时间以及精力有限，很多文物都无暇顾及。同时，高继生馆长指出，"由于藏品的特性，在许多藏品的修复方面不得不聘请专业的人员"。所以，民办博物馆的人才紧缺问题尤为严重。

同时，由于场地的限制，许多藏品都不能得到很好的展示，它们只能被挤在某个角落里，或者是堆砌在仓库里。而江南的梅雨季节对文物的损坏尤其严重。民办博物馆没有雄厚的资金支持，因此它们很难有很好的通风系统和防潮系统，加之缺少人才支持修复文物，很多藏品渐渐地成为"残品"，甚至成为"废品"，这对文物来说是一项很大的损失。有馆主也指出，政府部门应该举办文物保护培训班，让民办博物馆人员具备一定的专业知识，能够起到更好的保护作用。

（三）关注偏少，亟待扶持

民办博物馆"藏"在民间，其社会的关注度远远不及公办博物馆。2008年，杭州市为发展青少年教育，开展未成年人思想道德建设工作，开展了杭州市青少年学生第二课堂行动计划。中小学生利用假期时间深入博物馆开展第二课堂活动，大大地提高了公众对公办博物馆的认知度。而民办博物馆由于本身选址不如公办博物馆，大多处在"郊区"，访问的人数明显偏少。

同时，电视、报纸等媒体在宣传博物馆时，民办博物馆的出镜率明显较低，大多也都是言说民办博物馆的"尴尬"处境，以及发展的艰难，未能把民办博物馆自身的特色、优势以及举办的展览等做一些"正能量"的宣传。而在自媒体发展的今天，很多公办博物馆都建起了宣传自己的公众平台以及微信、微博等，而民办博物馆馆长大多数年龄比较大，难以紧跟时代的潮流，不会使用网络，也没有资金、精力去建设和维护这些网站。虽然馆长们都怀有一份"愿望"，却终究难以实现。

2016年，杭州市政府出台了一系列扶持民办博物馆发展的意见和政策。馆长们也表示省政府、市政府、区政府每年也会拨一些款项给民办博物馆，但是经营民办博物馆不同于企业，没有收入，只有支出，而这些拨款也只能弥补日常的开销和文物的修复,这样的收支不平衡,导致了民办博物馆难以走上可持续发展的道路。民办博物馆在依托政府的政策、资金支持的同时,要想长远发展,必须要增强自我造血的能力。

(四) 时代挑战,功能欠缺

在新中国成立初期,我国的博物馆大多效仿苏联的建馆模式,这样的模式对当时中国的建馆体系有很大的借鉴意义,但是随着当今社会的发展,"互联网+""大数据"时代的到来,该模式需要顺应历史潮流做出一定的改变。

民办博物馆的功能大多还局限在陈列、展览等方面,其单一的运营模式,难以适应时代的挑战。在许多公办博物馆中,单纯的博物馆已经慢慢地向"复合型"的博物馆转移,比如腾讯与故宫博物院合作开发游戏、国家博物馆入驻天猫商城等。在文化产业兴起的今天,国家也大力推进文博创意产业的发展。虽然民办博物馆大多都有这样的意识,却因技术、资金等原因未能很好地开发这一块产业。

多样化发展是时代的要求,在走访的几家民办博物馆里虽然也有像高氏照相机博物馆多次举办展览、江南锡器博物馆举办学术活动、眼镜博物馆依托眼镜行业展示企业文化、圆木博物馆承办"第二课堂"等多种形式展开活动,但是这样的功能挖掘远远不能适应当今的精神文化需求,在这方面,民办博物馆还需要积极探索,建立复合型的博物馆,促进多元化发展。

四 杭州市民办博物馆发展对策

杭州民办博物馆事业仍在蓬勃发展,而如何解决上述问题,成为促进民办博物馆可持续发展的重大难题。针对上述问题,基于国家"传承中华文明"的要求,以及"互联网+"时代的背景下,抓住博物馆由博物馆的衍生品向文博"IP"转型的机遇,积极建设民办博物馆文化PPP模式,传承优秀传统文化,笔者设想提出以下发展建议,希望能为民办博物馆的发展出一份力。

(一) 自我造血,创意文化

民办博物馆虽然已经在法律上和公办博物馆取得了相同的地位,但是政府部门对民办博物馆的资金投入远不及公办博物馆,而"民办"的"民办非企业单位"性质也在某种程度上说明民办博物馆应该有着比公办博物馆更强的"自我造血"功能。

以往的博物馆的运营就像是一个"黑洞",只有投入,没有产出。据四川省建川博物馆工作人员介绍,建川博物馆在成立之初,完全处于亏损的状态,而在后期建川博物馆通过文化产品的研发、与旅游业的合作,渐渐地能够实现博物馆的可持续发展。而这一民办博物馆的成功经营对杭州的民办博物馆乃至全国的民办博物馆都具有重大的借鉴意义。

重视开发文物创意产品。在"互联网+"飞速发展的阶段，越来越多的博物馆寻求和互联网合作，拓宽博物馆自身的融资渠道。单一的文物衍生品已经不能满足日益增长的精神文化需求，所以文物的衍生品应慢慢地向文博"IP"（知识产权）转型，设计属于博物馆独有的"标志性"产品，将文物融入产品的设计，研发文化融合型产品。而这一设想的完成，也要和文创企业大力合作，共同开发文物创意产品。在《国家文物事业发展"十三五"规划》中，国家文物局提出"到2020年，打造50个博物馆文化创意产品品牌，建成10个博物馆文化创意产品研发基地，文化创意产品年销售额1000万元以上的文物单位和企业超过50家，其中年销售额2000万元以上的超过20家"的目标，民办博物馆拥有独特的文化资源，在这样的机遇面前，更应该加大文物创意产品的开发力度，以期实现博物馆的可持续发展。

初步形成民办博物馆产业链。民办博物馆应该将自己的活动范围扩大，而不仅仅是局限于单一的陈列展览。习近平总书记指出，"要让文物活起来"，这就要求博物馆应该将自己的视野延伸到人们的日常生活中，诸如：地铁站、社区、商场等。此外，博物馆可依托自身的馆藏资源，和旅游、游戏、科技、文化等产业融合，形成产业链，促进融合型的文化产品开发。同时博物馆可以在政府的帮助下，建设"博物馆群落"，将多个博物馆的特色融合在一起，形成一种"集群效应"，扩大影响力。与此同时，博物馆的资金问题也能得到一定的解决，在融合中获取资金，实现可持续发展。

（二）政策支持，人才倾斜

政府是民办博物馆发展的坚强后盾，而当前国家层面已经出台了一系列促进民办博物馆发展的政策，但是地区层面的却比较少，因此县市级政府应该在结合当地实际的基础上，出台更为具体、细致，切实能够支持民办博物馆发展的方针、政策。

加强对民办博物馆工作人员的培训。文博人才是整个博物馆良好运行的基石，而民办博物馆却较少能够得到文博人才的青睐，因此民办博物馆在管理、讲解人才上往往是缺失的。政府如果能在加强对民办博物馆管理的同时，对民办博物馆的管理人员、工作人员给予一定的培训无疑会对民办博物馆带来巨大帮助。

建设透明、公正的融资平台。早在2014年国家财政部就提出"要加快促进政府和社会资本合作模式（简称"PPP"）的形成[6]"，而这一模式对民办博物馆的发展具有很大的促进作用。政府应建设一个透明、公正的融资平台，以此来为民办博物馆筹集资金，让社会资本流入民办博物馆。

（三）多边合作，传承文明

博物馆在发展过程中，并不是孤立的，而是与周边有着密切的联系，一个好的博物馆能振兴一个城市，这就是"毕尔巴鄂效应"，这也是博物馆的奇迹。民办博物馆驻扎在民间，是民间文化的象征，加强民办博物馆与基层社区、学校、公园的结合，能带动这个地区的文化发展。

加强民办博物馆与周边的联系。坐落于郊区的民办博物馆，可与所在街道、社区联系，开展一系列丰富当地居民的文化活动，将博物馆融入居民生活，在丰富民众生活的同时，也增强自己的影响力。民办博物馆可加强与学校的联系，不仅仅依托"第二课堂"实践活动这样的形式，还可与周边的高校合作，举办讲座，为大学生讲解文物知识。周边高校若有文博专业，则可和学校合作，促进人才流入民办博物馆，挖掘藏品的附加值，同时也为文博专业的学生提供实习基地。另外，民办博物馆可和媒体合作，发扬自己的"正能量"，不再是以一种"难以生存的尴尬境地"出现在民众的视野中，让民众想去、愿意去、乐于去民办博物馆，领略和公办博物馆不同的艺术魅力。

与"互联网+"结合传承文明。中华民族的文明源远流长，作为一个文化大国，中国历来重视传承传统文化。中共中央办公厅、国务院办公厅印发的《关于实施中华优秀传统文化传承发展工程的意见》也指出要"大力发扬中华人文精神"[7]。文物就是中华人文精神的最好载体。江南锡器博物馆陈建明馆长指出，"一件文物其实反映的是古人们的生活态度，这些是他们的审美追求、生活理想，蕴藏着他们对子孙的祝福"。文物是历史的见证者，民办博物馆拥有不同于公办博物馆的文化资源，蕴藏着独特的"民间"的艺术气息。而在互联网时代下，将文物实现数字化，能更好地利用好民众的"碎片化"时间，了解藏品的最新信息，促进文明的传播。

民办博物馆的发展并不是一帆风顺的，杭州的民办博物馆还有很大的发展空间。民办博物馆应该根据当前的时代背景，在政府的引导下，逐步实现"自我发展"，走上可持续发展的道路。

综上所述，笔者认为，当前杭州市多数民办博物馆的运营都面临资金困境，尤其是由个人建立的民办博物馆。但是，即使是面临如此困境，这些博物馆馆长依旧坚守着博物馆。社会力量参与公共文化机构建设，政府不仅要在政策上给予规范，还需要提供适当的政策优惠，为社会力量参与公共文化机构的建设提供公开透明的平台，实现公共文化机构的可持续性发展。

注 释

[1] 2015年《博物馆条例》及国家的政策文件更倾向于使用"非国有博物馆"这一概念,但笔者认为,"民办博物馆"这一称谓能够更好地反映这一类博物馆的特点。因此,本文将沿用"民办博物馆"这一称谓。

[2] 建馆时间,而非在文物局、民政局登记注册时间。

[3] 分别是杭州高氏照相机博物馆馆长高继生、杭州东方圆木博物馆馆长胡兴法、杭州江南锡器博物馆馆长陈建明、杭州眼镜博物馆负责人周峰。

[4] 《关于进一步做好公共博物馆纪念馆免费开放工作的意见》,2010。

[5] 《国家文物事业发展"十三五"规划》,2017。

[6] 《关于推广运用政府和社会资本合作模式有关问题的通知》,2014。

[7] 《关于实施中华优秀传统文化传承发展工程的意见》,2017。

(责任编辑　方晨光)

文化话语视域下的人才研究

——以浙江晚清进士汤寿潜为例

◎ 张迎春

提　要：本文以文化话语研究为视角，从三个维度来研究浙江晚清儒家人才汤寿潜的所学、所行和所在（其成长、生活的村落），旨在挖掘中国传统儒家人才养成的知识体系和机制，以期为树立切当的人才观，形成多元的人才培养模式提供参考，并对当下的教育和人才培养有所启示。

关键词：汤寿潜　儒家人才　文化话语

作者张迎春，浙江外国语学院英文学院讲师、博士（邮政编码　310012）。

浙江省晚清进士汤寿潜（1853～1917）为浙江省山阴县天乐乡（大部分属今杭州市萧山区进化镇）大汤坞村人。他从小接受传统儒家教育，通过科举考试成为进士，由此进入士绅阶层，辛亥革命后成为浙江省第一任都督。作为一个深深浸淫在儒家文化中，同时生活在一个文化、制度、思想转型历史时代的儒家学子，他著书立说，勇于实践，积极参与富国强民的社会改革，在地方乃至国家治理中发挥了重要的作用，留下了许多有益后世的思想财富。"不恤一身，为拯民，不为取位"，是汤寿潜在他那个时代发出的由衷的心声。人才培养问题是当下国家教育改革的主题。

---

* 杭州市哲学社会科学规划常规性立项课题"文化话语视域下'儒家学才'汤寿潜研究"（Z17JC068）的研究成果。

正如《国家中长期教育改革和发展规划纲要（2010～2020）》指出的，"坚持以人为本、全面实施素质教育，是教育改革发展的战略主题，是贯彻党的教育方针的时代要求，其核心是解决好培养什么人、怎样培养人的重大问题。"目前，国内外学者对现代教育体系下"工具性"的人才观进行反思，认为当下机构化教育体系下培养的人才趋于专业化和功利性，缺乏对人生存的本质意义的思考。本文以汤寿潜为例，探索传统儒家人才养成的知识体系和机制，为当下树立恰当的人才观，思考不同的人才培养模式和策略，提供一种不同的视角，期望对当下人才培养的理论和实践有所启示。

一 话语和文化话语研究

自20世纪90年代人文社会科学领域里的"语言学转向"以来，话语研究受到极为广泛的关注。何为"话语"？不同于传统语言学意义下的"话语"概念的处理，即分析字、词、句、篇章或一个语音单位的形式和内容，"话语"被认为是在特定的社会、文化、历史环境下具体的语言交际事件，即"使用中的语言"或"实际生活中的语言活动"。奠定目前人文社科领域"话语"理论基础的是法国学者福柯。他将"话语"定义为"隶属于同一的形成系统的陈述整体"；话语不仅是对语言符号的简单言说，同时更是一种"社会实践，系统构建其言说的对象"。即话语不仅反映了社会现实，更有建构知识和现实的能力。我们关注世界以及其中任何一个方面的知识、立场和价值取向，都是在话语建构中形成、确立并且巩固的。在具体的话语分析中，英国话语分析学者费尔克拉夫的话语理论和分析方法对本文颇有启发。费尔克拉夫认为，任何话语"事件"（任何话语的实例）都应同时被看作一个文本实践、话语实践和社会实践的实例；必须包括三个向度的分析，即文本内部的语言向度的分析，说明文本生产、流通和消费过程的话语实践向度的分析，以及将其置于一定的意识形态和政治权利关系中的社会实践向度的分析。

近年来，随着话语研究在国内的受重视和流行，诸多学者看到源自西方的话语理论的局限性，尤其是以西方的概念、理论、价值观作为基本出发点，在方法上呈现严重的西方中心主义倾向。因而他们提倡促进话语研究的多元对话，促进一种顺应国际社会多元文化发展的需求和潮流，国际学界出现了一种新的知识活动、学术思潮和在其推动下形成的多元学术体系。这一体系或范式，我们可以称为"文化话语研究"。西方学者格尔茨认为，文化是一种具有诠释属性的，包含人类思维和行为意义与价值的概念。文化一方面是一整套存在于一定社区/群的社会实践活动之中的规律、规则、概念、价值、策略、身份地位和社会关系等；另一方面它还存在于不同社区/群之间由特定历史形成的相互联系和社会关系之中。它是一种看不见的传统，随着社会生活的变换而发展。因此，对人的研究，本质上是文化和价值理性的研究。本文拟构建汤寿潜作为儒家人才的文化话语研究的体系，而"儒家人才的文化话语"可以理解为一整套围绕着其所学、所行、所在的话语所构成的意义系统。通过对一系列与其所学、所行、所在相关联的话语（文本）进行分析，来挖掘其蕴含的意义、价值和思维方式。汤寿潜作为儒家人才的文化话语，是他那个时代的一种特定的文化思维和实践方式，其中包含着值得继承并弘扬的传统文化的精华。

二 研究儒家人才汤寿潜的三个维度

汤寿潜作为一个杰出的儒家学者、官员、社会活动家，在浙江省乃至全国有着举足轻重的影响力。本文在查阅汤寿潜早期村落生活和学习经历、社会活动及主要著作的基础上，以其所学、所行和所在（他成长、生活的村落）这三个维度，作为研究分析的总体框架。

汤寿潜的所学（著作）、所行（社会实践）颇为丰富，面面俱到肯定会流于表面。本文在对汤寿潜的生活世界及其著作、思想和社会实践整体把握的基础上，从其所学、所行、所生活的环境中选取若干具体的文本、事件和场所进行分析。水利是农业的命脉，关系到中国传统社会的国计民生。汤寿潜自小生活在农村，看到家乡人民不仅深受水患之苦，村落之间还为了水利时常发生械斗，于是从小就立志要解决家乡的水利问题。因此，本文以水利这一主题作为汤寿潜学和行的重要内容，分析和阐释汤寿潜在水利方面所学和所行的话语（文本）；同时对汤寿潜成长和生活的空间——大汤坞村进行考察。这样，就形成三个维度，即所学之维度、所行之维度和所在之维度。

（一）所学之维度

汤寿潜历时二十余年编辑成《三通考辑要》（1874~1896），《文献通考辑要》为其中的第一部。我们从《文献通考辑要·田赋考》"水利田"[1]这一节入手，并追溯马端临《文献通考》"水利田"的文本，进行话语分析，探索水利的意义是如何在话语中建构起来的。同时分析汤寿潜编纂"水利田"这一节的话语策略以及隐含的思维方式，并挖掘中国传统话语知识体系的特征和话语策略。

（二）所行之维度

主要考察汤寿潜关于水利的社会实践。其水利事功，主要体现在解决家乡麻溪坝的水利争端以及辅助山东巡抚张曜治理黄河的事例中。麻溪坝水利争端的前因后果，主要记载在国家图书馆古籍部方志类所藏《山阴县中天乐乡沉冤纪略》（汤寿潜于1913年编纂），其他相关记载散见于各种地方志（如天乐乡志等）、与汤同时代学者的著作以及后代水利学家的著作等。汤寿潜辅助治理黄河水患，主要记载在他所著的《危言》（1887~1890）"东河"卷中。这些将成为剖析其水利思维方式（如何看待水利的意义以及如何形成水利治理的思路）的主要文本。

（三）所在之维度

对汤寿潜出生、成长的家乡——大汤坞村村落空间进行阐释。通过对自汤氏始迁祖定居此地八百多年以来人地互动中形成的村落自然景观和人文景观进行观察描绘，并穿插采访实录，口耳相传的故事、传说，各种文献如族谱、地方志、档案等，对村落空间进行"多声部"叙述和解读。

这三个维度的分析研究，主要探讨三方面的问题：①汤寿潜是如何认识理解水利的意义的？这种对水利意义的认识及思维方式，是如何建构起来的？②汤寿潜的水利治理体现了什么样的意义和思维方式？其所学与所行之间有何联系？③汤寿潜出生、成长的宗族村落，这个历史空间/场所有什么文化教育意义？

三 汤寿潜之所学、所行和所在

（一）所学：熟读经、史形成的治水思维

这里根据《文献通考》"水利田"的文本，分析其语言特征和话语策略，来考察水利意义的建构和治水思维的形成。《文献通考·田赋考》（卷六）"水利田"，按照时间先后逐条记载历代和水利相关的事件，始于公元前三世纪"魏，史起引漳水溉邺"，终于南宋绍兴二十九年的"诏尽罢所增租"，持续1500年左右。《文献通考》归属于史部、政书类，按照"文"和"献"[2]两大类构建，"文"和"献"即历史叙事的不同类型和来源。台湾学者李宗翰通过对《文献通考·封建考》的研究，指出"文"和"献"有四个层次，通过文字顶格和留格这种书写风格体现出来。

《文献通考》中的水利话语，是由"文"（叙事）和"献"（论事）按照四个层次的话语策略构建的知识体系。第一个层次属于"文"，收录和水利相关的典章制度和历史事件的史料。第二、三、四个层次属于"献"，即对具体的水利事件的评论。第二、三个层次收录时人的评论和后世诸儒的议论，内容包括"订典故之得失"以及"正史传之是非"，第四个层次为马端临自己的按语。由此可见，"献"的层次性来自"献"的来源的多样性。

以下通过"魏，史起引漳水溉邺""秦，李冰开蜀渠"这两个历史叙事（文）和评论（献）的分析，以及对"水利田"中民歌/民谣）（"献"的来源之一）的分析,来探讨中国传统话语中水利核心意义的建构。

> 魏,史起引漳水溉邺。魏襄王时,史起为邺令。起曰:"魏氏之行田也以百亩(赋田之法,一夫百亩),邺独二百亩,是田恶也。漳水在其旁,西门豹不知用,是不知也。"于是乃引漳水溉邺,以富魏之河内。民歌之曰:"邺有贤令兮为史公,决漳水兮灌邺旁,终古舄卤兮生稻粱。"

> 秦,李冰开蜀渠。秦平天下,以李冰为蜀守。冰壅江水作堋,穿二江成都中,双过郡下,以通舟船,因以灌溉诸郡,于是蜀沃野千里,号为"陆海"。公非刘氏《七门庙记》曰:"予为庐州从事……"按:此汉初之事,史所不载。然溉田二万顷,则其功岂下于李冰、文翁邪?愚读《公非集》,表而出之,以补遗轶。[3]

"魏,史起引漳水溉邺",记载了魏襄王时代,地方官员史起把漳河水引流到邺地,浇灌盐碱地,改善土质,使不能生长粮食的盐碱地成为能耕种稻粱的好地。这段话的来源可以追溯到司马迁《史记·河渠书》中的记载。《河渠书》对史起的话记载更为详细:"漳水在其旁,西门豹不知用,是不智也。知而不兴,是不仁也。仁智豹未之尽,何足法也。"历史学者们对西门豹作为地方官员时在水利上的作为持有不同见解。我们且不追究史实真相,从话语的角度来说,只需看记载了什么?为什么记载这些,而不是其他?作者试图呈现什么样的意义?分析史起的话语,可以看到,这是对一个地方官员在治理水利(治理地方)时的评价,评价有"智"和"仁"两个角度,即"不知道怎么做,是不智;明明知道对百姓有益的事情而不去做,是不仁"。这样的书写,可以引发读者对官员的品质和选拔标准的思考。

"秦,李冰开蜀渠"这条历史叙事,讲述了战国时李冰修筑蜀渠的功绩。从话语的角度来看,这条史料的字数非常值得注意。"李冰开蜀渠"史料本身的记载只有56个字,然而对这条史料的评论部分共计有336个字。评论的内容,有"后世之儒"刘公非对此事的长篇描述,以及作者自己的评语,即原文中的"按"。直接引用别人的话,凸显了作者的意图:极其赞同刘公非对实施水利工程的官员的评论,即只有"勤心于民,以兴万世之利"的人,才会"至今民犹思之,则祀之"[4]。

"水利田"中出现相当数量的民歌/童谣,如上文所引:"民歌之曰:邺有贤令兮为史公,决漳水兮灌邺旁,终古舄卤兮生稻粱。"在"水利田"中还有许多类似的记载,如"童谣曰:坏陂谁?翟子威。饭我豆食羹芋魁。反乎覆,陂当复,谁云者？两黄鹄"。"陂",即水塘,为古代的一种水利设施。这首童谣借黄鹄之口,谴责名叫翟子威的地方官员,为了得到更多的土地,摧毁水塘堤坝。民歌/童谣朗朗上口,易于传唱。《文献通考》引用这些民歌/童谣,是对官员实施水利工程或褒或贬的间接评论,是社会评价的一部分,反映了民众的心声,对水利决策者/官员能起到警示、教育作用。

《文献通考·田赋考》有关"水利田"的最早记载是公元前三世纪,然而,这并非最早记载水利的文本。"水利田"中"沟洫"以及《田赋考》开篇"尧遭洪水,天下分绝。使禹平水土,分九州"指向的"大禹",使我们进一步将水利话语溯源至儒家经典《周礼》的"地官"篇和"考工记"篇中记载的"井田沟洫制",以及《尚书·禹贡》中的"大禹治水"。通过对这几个文本的分析,发现水利在儒家经典中具有更为深厚的意义指向。"井田沟洫制"的核心意义,在于为百姓创造了一个"死徙无出乡,乡田同井,出入相友,守望相助,疾病相扶持,则百姓亲睦"的和谐的生活空间。如果说"沟洫"起到了灌溉功能的话,那么水利本质上是对制度的考量,而制度是保障人民的生活,最终为了人的生存服务的。《禹贡》作为儒家"五经"《书》中的一篇,记载"大禹治水"的故事,从为治水"三过家门而不入"的公心,到奠定中华大地"九州"之治的宏大国家治理格局,"大禹治水"展现的是大禹作为"德"的源泉和化身。"大禹治水"由此影响了中国整个历史,各个时代的学者和官员们进行诠释,加以推崇,为治水乃至国家地方治理提供意义的来源。

以上通过对《文献通考·田赋考》"水利田"话语的分析,探讨了中国历史文本中水利的意义建构。那么汤寿潜对《文献通考辑要》"水利田"做了何种编辑处理,又如何体现他对水利的意义和治理的理解呢?

汤寿潜在《三通考辑要》的序言中提到,他所做的工作主要是删减[5],其编撰原则是"芟削繁芜,但有芟并,无敢增改一字",即他只是删除内容繁杂的部分。通过对两个文本的比较,可以得知,汤寿潜对历代的水利事件("文")删减比较少,而在"献"的层面即评论部分则删得比较多。此外,他对"文"的删减是有选择的:从上古到唐代的水利事件删减较少,对宋元时期的水利事件则删得较多。具体来看,他删掉了宋太宗到熙宁年间17条水利事件中的7条,而从秦到唐代的1200余年的水利事件,只删去了3条。由此可见,汤寿潜具有"古今会通"的思维方式,首先保留"文"的层面自古到今的文本脉络,源流清晰,其蕴含的意义从古到今得以贯通。可见,汤寿潜领悟、继承了这些水利话语所传递的意义,并运用到以后的水利实践中,如解决家乡的"麻溪坝"争端,为山东巡抚张曜治理黄河出谋划策,取得很好的效果。

(二) 所行:"麻溪坝"争端中"通"与"变"的历史思维

"麻溪坝"是汤寿潜家乡山阴县天乐乡（大部分隶属今杭州市萧山区进化镇）麻溪上的一条堤坝。为抵御浦阳江泛滥造成的水患，明代中期以后，绍兴知府修筑起麻溪坝。然而麻溪坝的修筑使天乐乡一分为二，上、中天乐（今城山、进化、欢潭等乡）当时有 70 个村庄，3 万多人口，被摈在坝外，致使坝外上、中天乐一带涝则淹没，旱则断流缺水，十年九荒，庄稼减收或颗粒无收，坝外农民生计困难。从此，坝内外废坝、保坝之争迭起，甚至械斗不断[6]。汤寿潜于 1911 年 8 月会同麻溪坝外天乐乡自治会，向浙江省议会提出"废麻溪坝案"。1912 年 11 月，他再次联合中天乐乡乡贤葛陛纶、鲁雏生等人，向浙江省议会提出废麻溪坝（或改坝为桥）的陈情书。经过与保坝派的多次斡旋，据理力争，终于在 1913 年 6 月由汤寿潜主持，麻溪坝着手改建为桥，从而彻底解决了自明代中期开始，400 多年关于保坝、废坝的水利纠纷。

通过对《山阴县中天乐乡沉冤纪略》（以下简称《纪略》）的分析，可以看出汤寿潜解决水利争端的思维和实践方式。首先，他实录明代乡贤刘宗周[7]三篇关于天乐乡水利的论述——《刘忠介天乐水利议》《建茅山闸记》和《茅山闸议》；其次，他从历代府县志和水利志中，以实录的方式详细梳理了麻溪坝建造以来至清末历代相关的水利事件（麻溪坝、茅山闸以及与上下游相关的其他水利工程）；最后，他记录了同时代人葛陛纶关于麻溪坝水利的意见和建议。这样的文本处理方式，秉承了前文分析的《文献通考·田赋考》中以"文"和"献"分层次进行叙事或评论的话语方式。通过收集麻溪坝、茅山闸和其他相关水利工程的历代的史料（"文"，叙事），实录前人、后世诸儒以及同时代人的评论（"献"，论事），从而对废坝、保坝或改坝为桥的利弊有了清晰的认识，内心形成一幅"历史的图景"，最终形成自己的麻溪坝处理方案。

汤寿潜在其 1890 年所著的《危言》"东河"篇中，首先细致地梳理和分析了黄河的地势地形和历代流势变化的翔实资料，而后提出治理黄河的"探源之策""救急之策"和"持久之策"。在"探源之策"中，他认为治理黄河根本上应着眼于历代对"蓄"和"泄"的不同思考。在变通的思维下，西方的电报、电话、小轮、水轮机等，都是可以为我们所利用的技术工具。同样，麻溪坝在建造之初是有利于民的，然而随着形势的变化[8]，废坝或改坝为桥就成为当下最好的选择。由此可见，无论是治理麻溪坝还是治理黄河，都体现了汤寿潜"通"和"变"的历史思维。

汤寿潜在《纪略》中说："禹视天下之溺犹己。潜生于斯长于斯，实已溺焉。"可见，作为一个晚清的儒家学者，他高度认同大禹治水的意义，这成为他水利治理的思维方式和意义的源泉。在汤寿潜看来，无论是治水还是其他实践活动，都要从

"用人"和"为人"的角度考量。这也是儒家学者"经世致用"的传统，即积极的入世精神、强烈的社会责任感以及对现实问题的深切关注。在当下的技术、经济活动中，很需要这样的人文精神。

（三）所在：大汤坞村的文化意义

根据汤氏族谱记载，汤氏祖先于南宋年间从开封迁到杭州，其中的一支由始迁祖汤贵带领族裔，一路上寻寻觅觅，来到大汤坞村。因"见天乐乡永福里，有菱山居瀛湖之中，城山、青化、梅里、苎萝诸峰环绕拱卫，其山麓平广，可以成巨族，可以卜宅兆……遂肇基于此"。[9]对中国人来说，选择宜居地，不仅是为了生存，更是为了给子孙后代提供一个良好的教育环境。因此，对汤氏后裔来说，这个村落"地灵人杰，故能瓜瓞绵绵，子孙繁盛。庶富相仍，甲于天乐者也。目其俗，尚勤俭，人敦齿让，弦诵相闻，书香继起，正未有艾也"。[10]

大汤坞村是汤氏族裔日常生活同时也是文化实践的场所，村落空间有形的场所和物体，以及无形的传说、故事、记忆、日常礼仪等，都体现了他们对传统文化的理解。而这些"日用而不知"的意义和影响，后人一代一代传承下来。如果把村落历史和文化空间看成"文本"，通过对各种文本的叙述和解读，可以阐释大汤坞村落空间的文化意义。

首先，村民日常生活和村落遗迹与"水"相关的文本叙述，比如村里大池塘的故事，汤氏祖先南宋汤云出资建造"八角井"的故事，体现了汤氏族裔对地方意义和生活意义的理解，以及人与自然和谐相处的方式和良善的治理方式。其次，汤氏宗祠的空间叙述和族谱（序）的文本所体现的教化意义。祠堂是举行祭祀祖先的场所，族人在这里"溯其源而追其本"，从而"孝悌之心油然而生"。"孝"是人生而有之的最自然的天性流露，是"仁"或"德"[11]的根本，从而是教育（教化）的出发点。再次，大汤坞村供奉诸神的章坞庙以及当地民众祭拜诸神（关帝、土地公、财神、观音，以及一些地方历史人物神话化的神如勾践、葛云飞等），使村民对家乡形成一种地方感和归属感。这种多神信仰和日用体验以美善为旨归，更是一种感性的大众教化形态。最后，汤寿潜家族成员和他塾师的传记以及村落老人对祠堂读书的记忆，体现了传统的"耕读"方式对儒家学者成长的意义。"古之学者耕且养"，"耕"不仅能够提供家庭生活来源，更是学子的"知"之"本"。

四 儒家人才立体养成机制及启示

基于实证主义/经验主义的认识论范式下的教育人才观，把科学当成衡量合法性知识的唯一标准，把知识分化为不同的知识点，封闭在书本上、课堂上，用抽象、符号化的形式灌输给学生。同时，忽视了知识在实践过程中与世界互相作用的生成性，造成了学生的知识与实践、与世界之间的分离，忽视了知识主体、世界本身以及知识本身的整体性。知识经济、知识社会、人力资源理论、工具主义理论等，给人才培养带来极大的功利性导向。中国传统教育重视人才的德性培养，重视先"立己"而后"达人"，"诚意、正心、修身、齐家、治国而后平天下"，重视以德为本的"君子人格"或者"德性人格"人才培养。因此，从优秀的中华传统文化中汲取精华，树立一种新的人才观，对当下人才培养具有一定的补偏救弊的意义。

学习是一个个体生命的成长过程，个体所在的文化背景对其成长具有重要意义；知识在与环境互动、对话的过程中获得，因而人才养成不是静态的、孤立的过程。本文提出的儒家人才所学、所行、所在这三个维度（要素），是不可分割、相互紧密联系的整体。本文从生命体验过程的情境性、动态性和整体性来看待儒家人才的养成，特别关注个体在历史、文化背景下的成长历程。笔者认为，挖掘中国传统儒家人才养成的知识体系和机制，对人才研究以及当下教育改革有以下几个方面的启示。

首先，人才研究需要突破知识论的思维框架，即培养、评价人才不能仅仅从知识论的视角出发。人才培养应该超越对象性的知识，形成对人的主体知识、认知（思维方式）和行意发展的整体认识。

其次，人才研究需要有适合本土的理论框架，要立体、多维地考量人才养成的知识体系（涵盖知识、认知/思维方式和文化土壤）。这有助于加深对人才和培养机制的认识，提升人才（教育）研究的理论基础。

再次，应反思当下课程的语言，思考传统儒家经典等历史话语对人才培养的意义。同时，人才培养立足于本国的"文化土壤"，可以使我们跳出科学主义的课程与教学话语，走向关照生活、关照主体的完整意义的教育话语。

最后，基于西方话语理论和话语分析方法的教育研究，不完全适合中国国情下的本土教育研究，我们不能盲目追随西方的教育研究模式。要构建具有中国特色、中国风格、中国气派的教育学话语体系，改变中国教育学对西方的依附状态，使中国教育学走向世界并在世界舞台上发出中国声音。

注 释

[1]《文献通考辑要》是汤寿潜编辑的《三通考辑要》中的第一本。汤氏于1874～1898年，花费二十余年时间对898卷，约1294万字的"三通考"，即马端临《文献通考》、嵇璜和刘墉等领衔修的《续文献通考》以及《清朝文献通考》进行编辑。详见竺柏松《作为历史学家的汤寿潜及其〈三通考辑要〉》，刊于《近代史

研究》1995年第5期,第218~224页,以及《汤寿潜史料专辑》,浙江萧山市政协文史工作委员会编,1993。

[2] (元) 马端临《文献通考》自序。华东师大古籍所点校,中华书局,2011,第4页。"凡叙事则本之经史,而参之以历代会要,以及百家传记之书,信而有证者从之,乖异传疑者不录,所谓'文'也;凡论事则先取当时臣僚之奏疏,次及近代诸儒之评论,以至名流之燕谈、稗官之纪录,凡一话一言可以订典故之得失,证史传之是非者,则采而录之,所谓'献'也。"

[3] (元) 马端临《文献通考》卷六·田赋考·水利田。华东师大古籍所点校,中华书局,2011,第135~136页。

[4] (元) 马端临《文献通考》,《卷六·田赋考六·水利田》,华东师大古籍所点校,中华书局,2011,第139页。

[5] 《汤寿潜史料专辑》,浙江萧山市政协文史工作委员会编,1993,第52页。

[6] 详见《中国档案报》"坝改桥梦圆桑梓——汤寿潜破解家乡历史上水利'冤结'一事",2013年3月27日。

[7] 刘宗周(1578~1645年),字起东,别号念台,明朝绍兴府山阴(今浙江绍兴)人,因讲学于山阴蕺山,学者称蕺山先生。明代最后一位儒学大师,也是宋明理学(心学)的殿军。

[8] 汤寿潜:《山阴县中天乐乡沉冤纪略》。国家图书馆古籍部,1913。"今者形势大异,昔之重要在麻溪坝,今之重要在茅山闸。自麻溪坝成,而坝以内之堰闸以废。则自茅山闸成,而闸以内之麻溪坝犹不可废乎?"

[9] 民国37年(1948年)《汤氏宗谱·卷一·九世乔迁始祖贲公传》,无页码。

[10] 民国37年(1948年)《汤氏宗谱·卷一·九世乔迁始祖贲公传》,无页码

[11] 《孝经注疏》(十三经注疏,标点本),〔唐〕李隆基注,〔宋〕邢昺疏。北京大学出版社,1999,第3页。"子曰:'夫孝,德之本也,教之所由生也'。"

参考文献

Bakhtin, M. M., *Speech Genres and Other Late Essays*. Austin: University of Texas Press, 1986.

Foucault, M., *The Archeology of knowledge*, A. M. Sheridan (trans.), London: Tavistock Publications, 1972.

李学勤:《论遂公盨及其重要意义》,《中国历史文物》2002年第6期。

李宗翰:《动态的制度史——〈文献通考〉之史学方法》,《台大历史学报》2010年第4期。

钱穆:《中国史学名著》,生活·读书·新知三联书店,2000。

杨善群:《论遂公盨铭与大禹之"德"》,《中华文化论坛》2008年第1期。

向德彩:《民间歌谣的社会史意涵》,《浙江学刊》2009年第4期。

施旭:《文化话语研究:探索中国的理论、方法与问题》,北京大学出版社,2010。

张元:《马端临史论的结构分析》,载《邓广铭教授百年诞辰纪念论文集》,中华书局,2008,第90~103页。

(责任编辑 王立嘉)

论清代历科进士及历朝巍科人物的省级分布[*]

◎ 沈登苗

提　要：清代全国各地进士与人才的时空分布基本一致。较大层面的不一致，大多可用特殊性加以解释，即各地巍科人物的多寡和内部进士的集中程度及产生的时段有关。研究的现状要求我们对进士地理分布的统计缩到最小时空单位，即以县为纬、以科年为经对全国进士做动态研究，如此方能反映进士在清代人文地理研究中不可替代的作用，并有助于科举学的进展。本文关于清代历科进士的省级分布、清代历朝巍科人物的省级分布的统计分析，为比较准确地进行县/科年为单位的动态研究和多角度、多层次、全方位地探讨清代全国进士的时空分布打下一定基础。

关键词：历科进士　巍科人物　清代　省级分布

作者沈登苗，浙江慈溪人，独立学者（邮政编码　315300）。

一　旧题重拾

20世纪90年代后期，笔者在缪进鸿教授等的无私帮助下，撰写了《明清全国进士与人才的时空分布及其相互关系》（以下简称《关系》）一文。文章明确提出并

---

[*] 本文在撰写过程中得到了毛晓阳教授、江庆柏教授、侯美珍教授的帮助，谨在此表示衷心的感谢。

翔实论证了明清全国人才中心随着科举中心的转移而转移,科举中心实质上就是教育中心和文化中心,也基本上是人才中心的观点,为研究明清全国的区域文化与人才分布提供了一个参照系。并认为,我们在整体上对科举制度的客观性、选拔人才的公正性、考试内容的智力性不应怀疑,对科举的教育功能应重新评估[1]。以此文为基础,笔者接着又写了科举与教育、人才方面的一系列论文[2],在学术界产生了一定的影响,同时还把有关资料应用到其他研究中[3]。撰写《关系》时,仅进士的统计表格就有数百页,根本不可能把有价值的资料都反映出来。故在后续研究中,我在引用并标注出处时往往说明:含未发表的统计资料。这些后续研究成果,均收入我的论文集《文化的薪火》中(社会科学文献出版社,2015年)。

台湾成功大学的侯美珍教授来信热情鼓励,同时提出问题:关于进士人数的引用(指《关系》发表后的若干引用),他人不能复查,影响了可信度,别人更不能享用。建议我在网上建个数据库,以惠学界。其实我当初就以科年为经,以县为纬,对明清进士的籍贯分布做了十分详尽的动态统计,即明清两代任何年份、任何时段、任何县级以上行政区域的进士人数,都能在我的原始资料里方便地找到。至于数据库,目前我确实没有精力,同时老实说也不懂建数据库的技术,只能有待未来了。

回顾新千年以来清朝进士地理分布的研究,我个人觉得,全国性层面的讨论,重要的学术成果主要反映在进士的人数、籍贯、文献出处等的考证上。其中,江庆柏的《清朝进士题名录》(中华书局,2007年,以下简称《题名录》),以科年、甲第、名次排列进士,并附籍贯。该书"考据严谨,征引全面,论证精当,几乎完全还原了每一位清代进士的原貌"[4]。《题名录》"是目前进行清朝进士县级进士人数统计最为保险的一种文献"[5]。毛晓阳博士主要做了文献考据与整理的工作,考订出有清一代文进士总数为26849人,并指出学界广为引用的《明清进士题名碑录索引》(朱保炯、谢沛霖编,上海古籍出版社,1979年,以下简称《索引》)中存在的一些问题[6]。他推介了很重要但不被当今学人注意的重要文献——房兆楹、杜联喆编《增校清朝进士题名碑录·附引得》,考证中又解决了若干《题名录》不曾解决的进士籍贯县级归属的问题[7],并把考证的理论和成果运用到实践上,使得其《清代江西进士丛考》(江西高校出版社,2014年),成为同类专著的佼佼者。笔者还十分推崇其在该书中对清代历科馆选的分省统计,尽管庶吉士与进士是不同的概念。吴根洲博士又校正了一批《题名录》中进士籍贯省级的归属[8]。所有这些基础性工作,为当今人们研究清朝进士的地理分布创造了良好的条件。对于本人来说,已到了修正当初因仅有《索引》可以利用而存在问题的时候了。尤其是实现当初的梦想——比较准确地以县/科年为单位,动态地反映清朝进士的地理分布,已成为可能。可以这么说,目前虽不能把清代进士的分布做到百分之百的准确,但几乎能全部复原的条件已具备。事实上，即使仅按《索引》统计清代进士的籍贯，百分之九十九以上的准确率也能保证。故笔者认为，所有按《索引》统计撰写的文章，从理论上说都不会影响宏观分析。

相对于这些基础性工作，清朝进士地理分布的应用性研究，尽管参与者和发表的成果更多，但实质性的进展并不大。这表现在，从统计的时空单位讲，除了李润强继何炳棣后，以朝代为经统计各省的进士分布[9]，陈尚敏、朱乐平以朝代为经分别统计甘肃省和福建省的进士分布[10]，以及朱乐平以朝代为经统计福建省各府州的进士分布等外[11]，多数人仍以整个清朝为断面对某地的进士做分布研究。总之，迄今为止，海内外还没有人以科年为经，以任何一地，哪怕是一府、一州、一县为纬，做过较为清晰的动态描述。之所以强调以科年为经，因为在反映时代背景上，它与朝代为经的作用是不同的。如在李润强的"清代进士人数分省统计表""顺治"一栏中，顺治朝统一全国的政治、军事背景和各省知识分子与新朝合作的先后几无反映[12]。但若按科年统计，就比较清楚了。如开科的顺治三年，明代科甲鼎盛的江浙赣闽东南四省的进士只有区区7人，此乃清军刚占领这些地区的反映。而华北的冀鲁豫晋四省的进士占了全国的95%，充分占了地域政治的便利。江苏的进士，到了第二次殿试的顺治四年，就以97名进士遥遥领先各省，表示该省读书人对新朝的迅速认同。而浙江的士人对新朝的合作则慢了一拍，到第三次殿试的顺治六年，进士人数才凸显出来，这与清军南下、占领的顺序有关。而要反映全国多数知识分子对新朝的态度，即全面合作，是第六次殿试的顺治十五年以后的事。因为到了这一科，除了西南三省及文化本来就已处于衰退中的甘肃（不考虑其还未建省之因素），其他省的进士都批量出现了。夸大一点说，顺治朝历科各省进士的分布，可看作各省当时政治、军事尤其是知识分子态度的一种表现。由此可见，进士的时空分布，反映的不仅仅是人文指标。

至于主张以县为纬，笔者认为，把统计的空间单位缩小到县，不仅能帮助人们了解清代全国各省进士人数的极端不平衡性，也有助于我们认识同一省内各府之间，甚至一府内各县进士人数的极端不平衡性，并以此可以观察相应的文化、教育现象。譬如从较大的方面讲，从清中期开始，全国绝大多数省份的进士逐步向省城所在府，尤其是向省治的附郭县集中[13]。舍此，科名特盛、独为翘楚的地方州县将不复存在。这是雍正朝在全国省城或总督、巡抚驻节之地遍建省级书院[14]，优质教育资源向省城或学政所在等特殊地区集中所产生的效应。明乎此，我们就不难理解，为什么清中叶以前，以学术大师的郡望或其主要活动地命名的、重要的地域学派，如南宋的永嘉学派、明中叶的姚江学派、晚明的东林学派、清初的浙东学派、清中叶的桐城派与扬州学派等均不在省城。而清中叶以降，著名的地域学派，或其他重要的人文现象，离开地方的最高行政区，就波澜不兴了。

从中观、微观的角度，可以帮助我们了解一些县级的人文现象和原因。如清代全国最大的文派——桐城派，产生在大别山东麓的安徽桐城，貌似不可思议，但当我们知道，在清代，整个长江以北除京城的两个附郭县：大兴、宛平，以及河南省治祥符县外，桐城是出进士最多的县（其中魁科人物在长江以北仅次于大兴）后，就不会感到太惊讶了。与进士作用于文教之相辅相成，教育条件的好坏，同样影响着进士的产生。如清代陕西省进士最多的县，既不在省城，也不在府治，而是普通的三原县。这与清代陕西学政长驻三原，以及明清时期的"西北最高学府"——宏道书院也在此使然[15]。而同样普通的山西安邑县的进士人数，高居该省第二位，应是清代山西的商额给了安邑的结果[16]。这些科举成功的县，如果孤立地看，不易察觉有什么特别之处，只有在较大的空间上比较，才有意义，并知其所以然。

再如，李兵博士的《血榜——中国科举舞弊案》中，有一个张謇冒籍案：清季江苏海门直隶厅籍的张謇，冒籍去如皋县参加县试（考秀才）。对此事，张謇自称冒籍的原因是为了省钱，但李兵并不认可这个说法。他认为："张謇之所以冒籍更深层次的原因，就是想避开竞争相对激烈的海门，而到竞争小些的如皋去考试，这样就比较容易考取秀才。"[17]可事实也许并非如此。数据显示，清代江苏如皋县的进士是27个，海门的进士只有1个[18]，这说明前者的文风远比后者盛，则张謇自称冒籍的原因，为了省钱的理由应该是成立的，至少不是为了避难就易。我想，这可能也是当初江苏学政彭久余庇护张謇的一个客观原因吧[19]？如果李博士当时有这一进士分布的史料，可能会给张謇冒籍案定性时有所保留：张謇在主观上应不存在作弊动机，从而还这位历史名人一个清白。这也启示我们，科举时代的"冒籍"，不完全都是投机性的，张案即是实例。限于篇幅，相关讨论在此不展开。

这些启示和认识都告诉我，披露进士地理分布的详细信息，不仅是历史人文地理的需要，也有助于科举学本身的建设。同时，笔者甚至认为，如此久远而系统、完整、权威的精英时空分布史料，在世界人才史上也是独一无二的，理当成为科举"申遗"的重要实物和内容。

从应用性研究的结果和原因分析，大家的观点大同小异，反映的仅是进士地理分布与某地教育、人才的一般规律：清代全国各地进士与人才的时空分布基本一致，而缺少对一些特殊现象、特殊规律的探讨。所谓的特殊现象、特殊规律主要表现在：进士在地域文化中的作用，不仅要看进士的数量，也要论进士的质量，还涉及各省内部进士的集中程度和产生的主要时段。以下借何炳棣先生曾经的质疑，对此做一次集中的讨论。

何炳棣根据朱君毅的《中国历代人物之地理的分布》（《厦门大学学报》第1卷

第 1 期，1931）一文中对李桓编的《国朝耆献类征初编》《清史列传》所收的人物统计（两者分别称 A、B 组），与张耀翔统计的《清代进士之地理的分布》（《心理》第 4 卷第 1 期，1926）（称 C 组），列表作"清代分省名人数量"的比较。何氏认为，A 组、B 组的取样有主观成分；尤其是 A 组，编者偏爱家乡湖南人，不如 C 组来得客观。他举例，尽管湖南、安徽两省在清代的最后六十年中，有许多军事将领具有显达的成就，但他们在 A、B 两组中的排名之高（在 A 组，排名前六的依次是江苏、湖南、浙江、山东、河北、安徽；在 B 组，排名前六的依次是江苏、浙江、安徽、河北、山东、湖南），还是令人高度怀疑。例如，江苏产生的进士人数比浙江和河北稍多一点，但在 A 组中，江苏产生的进士（应为名人）却是浙江的 1.57 倍，是河北的 4.92 倍；在 B 组中，是浙江的 1.22 倍，河北的 3.25 倍。更明显荒谬的是，湖南的进士人数仅及浙江的 25.7%，而其名人人数的排名却胜过浙江。故"必须认识到使用这些传记资料做材料会造成严重的统计失实"。这里，按照何氏的理念，在清代地域人物比较中，凡与进士的人数比例有较大出入者，所用资料都是不客观的。

但我认为，何氏仅仅是考察了进士数量与其他人物数量的一般关系，强调"举业的成功与社会显达的关系，必然是相当密切的"[20]。如果分析一下进士分布中的一些特殊现象，何文上面所质疑的问题大都可以诠释。

首先，受区域配额政策的影响，同一地域进士分布与其他人物的关系，不仅要看其数量，还要看质量，即名次。由于目前学术界对进士的名次，仅讨论殿试前四名和会试第一名（合称巍科人物），我们就以此作比较。如虽然江苏的进士不是特别多，但其巍科人物在全国遥遥领先，几乎占全国的三分之一[21]。具体来说，江苏是浙江的 1.35 倍，是河北的 4.45 倍，这不是很接近何文 A、B 两组中，江苏超越浙江与河北的平均值吗？再说湖南和安徽，这两省虽然在清代进士的排名中，都属于中偏后，但巍科人物的排名并不落后，安徽是第三，与 B 组中的名次一致。湖南继河北、江西、山东之后排第七名，但第五名的江西的巍科人物，与该省的进士相似，分布非常松散，且咸丰后仅出了 2 个，与人才的关系相对就弱（详见后文）。若考虑到这个因素，把江西的实际影响排在第七名，则清代巍科人物的"前七省"，就几乎与何文 B 组中前七名一致了。用同样的理由看，何文 A 组中的前六名，都包括湖南在内的清代巍科人物的"前六省"了。由此可见，"从宏观上讲，巍科人物的分布更能反映清代的社会文化地理"；"也可反证：清代科举考试及其成绩排名是比较客观、公正的"[22]。

如果说，何文所示的 A 组、B 组所收的人物属传统的眼光，那么，我们就按当代的人才观——以《中国大百科全书》收录的专家学者为主体的人才数量，来做个比较。把人才较多的前八省（依次是江苏、浙江、安徽、河北、广东、湖南、福建、山东），与清代巍科人物排名前八省（依次是江苏、浙江、安徽、河北、江西、山东、湖南、湖北）相比，前四名一致，六至八名比较接近。至于广东人才（巍科人物排名第九）上升了四位，除了广东在进士时空分布中的特殊性（详见后文），还与广东特殊的地理位置：较早开放，最先沐浴欧风美雨，在近代出了大量的新式人才有关。

除了进士的质量，进士与人才的关系，还与各省内部进士的集中程度有关。研究表明，明清全国人才的空间分布，不仅取决于各省进士的绝对值，还取决于各省内部进士的集中程度。如果一省进士总数较多，但分布较均匀，没有形成相对的科举中心，该省人才中心就不可能出现，人才总数也不会很多，如清代的山东省和江西省就是如此。反之，如果某省进士总数不多，但只要集中在某些地区，这些地区就有可能人才辈出，乃至形成全国性的人才中心。如近代岭南人才异军突起，就与晚清广州全国科举重镇的形成有关。近代湘省的情形就属于后一种。

清代湖南虽然不是科举发达的省份，但其715名进士的近六成隶籍长沙府，且与湖南全省一样，长沙府的进士大多中式在后期。越到近世，长沙府在全省全国的地位越显赫。如咸丰至光绪，长沙府的进士已位居全国各府第三名；尤其是长沙府的巍科人物有12人之多，遥居全国各府榜首。晚清长沙已成为名副其实的全国科举重镇。这里要强调，明清全国进士与巍科人物双双领先的地区，等于具备了人才辈出的"双保险"。凡符合这一条件的地区，必然会成为全国的文化、人才重镇！所谓近代湖湘学风炽热，人才辈出，其实，说到底主要是长沙府的学风炽热，人才辈出。出生在长沙府的人才，约占湖南全省的三分之二[23]。晚清广州人才蔚起的原因及在广东的比例，均与此极为相似。

也许是时间上的便利，笔者在清代人才的统计中，感到绝大多数专家学者产生在清中后期，尤其是在近代。同时，清代是个少数民族统治的国家，权力主要掌握在满人手里。但在清后期，特别是在太平天国战争爆发后，汉人的军政地位大幅上升，所以，同样是清代的进士，尤其是科名高的进士，越到后来与区域的关系越密切，无论是文臣武将，还是专家学者。前已论及，湖南的进士，主要产生在中后期，故清代湖南的名人在全国的比例，自然要超过湖南的进士在全国的比例，但超过浙江，应属夸大，更何况是在何文的A组中。因为《国朝耆献类征初编》收录人物的下限是道光三十年（1850），此时湖南人物的爆发期还未到来。那么，朱君毅、何炳棣对A组中湖南人物"多征"或"钟爱"的批评是可以理解的[24]。然而，也仅仅在这个质疑上，何炳棣是正确的。此外，何文A、B两组中对湖南、安徽、江苏、浙江、河北五省的十个质疑中的其他九个，都经不起再质疑。

作为一代史学大师、曾对清代全国进士的地理分布做过专题研究，并提出进士是人才分布乃至历史人文地理研究的"最佳资料"的何炳棣教授[25]，对清代进士分布与其他人文地理关系的认识尚不全面，一般人对清代进士分布与其他人文地理关系的了解，就可想而知了。因此，对清代全国进士时空分布的探讨，多角度、多层次、全方位的研究势在必行。于是我想，虽然把按科年统计的进士籍贯的动态信息，挂在网上还未到时候，但可以先把静态数据公布出来。而对清代历科进士的省级分布，以及进行县/科年为单位的探讨，便是其中的基础性工作。笔者旧题重拾，就主要先做这两项工作。

二 清代历科进士、历朝巍科人物的省级分布

（一）清代历科进士的省级分布

这次重操旧题，在统计上需要说明几点。第一，总人数的确定。清代共进行了112科（114榜）会试、殿次，学术界对此的分歧是，有的学者未把顺治九年、十二年的两榜满榜进士共100人计入，如张仲礼、何炳棣[26]；有的学者把这两榜100人计入，如毛晓阳、江庆柏、吴根洲[27]。似《题名碑录》对顺治九年、十二年两常科题名，对汉军进士均只注旗分，未注族别。《索引》如实录之，如顺治九年进士刘名世（3/261，斜杠前数字为其甲第，斜杠后数字为其所在甲第名次，下同），仅录为"正黄旗"[28]，而没有标汉或满或蒙等族别，则人们难以确定这两常科是否有满（含蒙）人，因此也就不能区别这两科是否满（含蒙）汉（含汉军）分榜，故笔者当初也没有把这两榜满榜进士100人计入，确定清代文进士总人数为26747人。现江庆柏根据相关资料，考证出顺治九年、十二年两榜常科中的旗籍进士的族别均为汉军，而两榜满榜进士中均无汉军。笔者同意吴根洲把这两科为"分满汉两榜"的说法[29]，本文统计加上这两榜计100人的旗籍进士（不过，是否加这100名旗籍进士，与分省统计无关）。再据毛晓阳的考证，去掉《索引》误收的嘉庆十九年江西南昌人周昌祺（实为贡士），加上《索引》遗漏的光绪三年福建台湾府台湾县黄裳华、光绪六年山西平定州盂县人王清绶、光绪二十一年广东广州府南海县康有为[30]，则总人数为26849人[31]，与当今的主流倾向一致。

第二，统计以《题名录》为蓝本，对照《索引》校核《题名录》《索引》中存在的问题，参考吴根洲、毛晓阳等的考证；纸质文本还没有解决（或本人没看到）的问题，参考网络。如乾隆七年向廷柱（3/136），《索引》和《题名录》均作湖南沅宁或湖南辰州府沅宁县人。同科张载远（3/229），《索引》和《题名录》均作湖南长宁或湖南衡州府长宁县人，但湖南并无沅宁和长宁。现从网上的"长沙志馆即

事"[32],"清代湖南进士录"[33]中获知,他们分别应是湖南辰州府沅陵县人和衡州府常宁县人,系地名音近致误。

第三,笔者当初主要是把明清时期的进士,与那时专家学者的地理分布作比较,而当代人撰写历史人物时往往以今天的行政地名来介绍。故笔者在进士所在县(州、厅)的省份归属上,以地图出版社1974年出版的《中华人民共和国分省地图集》为标准,这就与他人的统计产生了不少差别。典型的如笔者把清时属安徽的婺源纳入江西,而仅这一项,就使得明清两代两省进士的误差有一百多人。这次统计先把各省所属行政区复原到清代的行政区,这涉及11个省、22个县、219人(还不包括清属甘肃省,1949年后属宁夏省而归"其他"的那部分)。所以,本文中各省进士人数,与《明清全国进士与人才的时空分布及其极互关系》中的出入,主要的地方和原因均在这个方面。不过,清代的行政区划,先后也有相当的变更,本文大致以雍正后光绪前的政区为标准[34]。如俊县、滑县,顺治时属直隶大名府,雍正三年属于河南之卫辉府,至清末未变,就全部按河南省计[35]。再如,迪化在光绪十年新疆建省前属甘肃,为与原始记录保持一致,仍归属甘肃进士。但该州仅出了同治四年崔文海(2/19)1人,迪化不列入甘肃州县数的统计。此外,与原统计不同,这次对既标户籍又录乡贯的双籍进士(按《索引》统计,清代仅16名),均按户籍计;《题名录》校注中根据《登科录》等权威资料,凡有"某某籍某某人"记载的,本文都按"某某籍"计[36]。还有,为不增加省区,本文把奉天和没有旗分的满州人都划入辽东;旗籍进士均不划入行政区。

表1 清代历科进士的省级分布

省区\科年	江苏	浙江	河北	山东	江西	河南	山西	福建	湖北	安徽	陕西	广东	四川	湖南	云南	贵州	广西	甘肃	辽东	旗籍	小计
顺治三年	2	4	98	93	0	85	78	1	1	2	8	0	0	0	0	0	0	0	1	0	373
顺治四年	97	10	58	25	4	24	27	0	8	27	18	0	0	0	0	0	0	0	0	0	298
顺治六年	77	68	62	63	1	28	11	14	27	21	22	0	0	0	1	0	0	0	0	0	395
顺治九年汉	70	48	31	39	17	30	16	28	35	21	31	3	0	4	0	0	0	2	0	22	397
顺治九年满	-	-	-	-	-	-	-	-	-	-	-	-	-	-	-	-	-	-	-	50	50
顺治十二年汉	75	49	49	49	8	29	23	17	20	21	12	3	4	2	0	0	0	2	1	35	399

续表

省区\科年	江苏	浙江	河北	山东	江西	河南	山西	福建	湖北	安徽	陕西	广东	四川	湖南	云南	贵州	广西	甘肃	辽东	旗籍	小计
顺治十二年满	-	-	-	-	-	-	-	-	-	-	-	-	-	-	-	-	-	-	-	50	50
顺治十五年	43	51	34	43	19	19	22	24	42	8	14	11	4	7	0	0	1	1	0	0	343
顺治十六年	24	23	58	61	12	47	44	6	43	19	30	2	2	5	0	0	0	1	0	0	377
顺治十八年	51	47	44	44	20	34	25	28	20	17	25	15	5	3	0	0	1	3	1	0	383
小计	439	300	434	417	81	296	246	118	196	136	160	34	15	21	0	1	2	9	3	157	3065
康熙三年	24	34	22	28	9	17	19	8	7	7	9	5	3	3	1	0	3	1	0	0	200
康熙六年	23	28	14	18	6	12	15	12	3	10	10	1	2	0	0	0	1	0	0	0	155
康熙九年	36	36	41	30	31	19	11	13	21	15	12	10	7	0	3	2	2	1	1	8	299
康熙十二年	22	29	22	14	2	15	6	9	7	4	11	7	3	1	3	2	2	0	1	6	166
康熙十五年	43	26	34	35	1	17	18	0	5	4	6	2	0	0	0	1	0	0	3	14	209
康熙十八年	30	21	14	25	2	17	12	2	11	9	4	1	0	1	0	1	0	1	0	0	151
康熙二十一年	41	25	24	15	6	8	14	11	11	8	12	3	0	0	0	0	0	1	0	0	179
康熙二十四年	29	23	25	23	5	9	14	4	7	12	5	2	2	2	1	0	1	0	0	0	164
康熙二十七年	37	23	17	16	4	8	13	4	4	7	4	2	3	1	2	0	0	1	0	0	146
康熙三十年	27	19	21	20	6	16	6	5	5	9	6	4	3	2	0	0	0	1	2	5	157
康熙三十三年	16	23	17	15	10	18	11	13	10	0	3	6	4	4	2	4	1	1	0	10	168
康熙三十六年	20	11	19	9	16	12	11	2	13	1	9	6	4	1	3	3	0	0	2	8	150
康熙三十九年	39	46	36	25	19	22	22	13	16	12	15	6	4	3	4	2	2	2	4	13	305
康熙四十二年	35	27	27	14	7	11	2	3	8	7	7	0	1	1	2	1	1	0	3	9	166
康熙四十五年	50	49	23	34	10	17	19	17	11	6	15	4	3	4	4	3	2	1	6	12	290

续表

省区\科年	江苏	浙江	河北	山东	江西	河南	山西	福建	湖北	安徽	陕西	广东	四川	湖南	云南	贵州	广西	甘肃	辽东	旗籍	小计
康熙四十八年	58	35	45	24	8	27	17	11	14	13	7	7	2	7	4	2	2	2	0	7	292
康熙五十一年	48	19	21	20	4	12	10	7	5	5	7	1	1	1	3	3	2	2	1	5	177
康熙五十二年	27	24	21	15	13	21	12	9	10	6	9	5	4	2	4	3	3	1	2	5	196
康熙五十四年	22	29	22	16	12	12	9	13	8	5	8	6	5	4	4	3	2	2	8	0	190
康熙五十七年	19	20	17	13	14	9	12	12	8	5	6	7	3	2	4	2	3	2	1	6	165
康熙六十年	20	19	23	14	14	12	11	10	9	0	5	6	4	2	2	2	1	1	1	7	163
小计	666	566	505	423	199	311	264	178	193	145	170	91	58	41	46	34	28	20	35	115	4088
雍正一年	35	34	27	16	21	9	9	21	18	5	7	7	2	3	7	4	2	3	0	16	246
雍正二年	27	35	38	24	27	18	16	19	13	13	8	10	5	8	5	5	2	2	2	23	300
雍正五年	25	0	28	17	19	16	18	17	10	5	11	11	5	6	10	5	4	3	2	14	226
雍正八年	44	71	41	23	23	22	22	21	14	9	12	21	9	9	13	11	3	4	3	24	399
雍正十一年	37	43	27	22	22	16	15	24	18	7	10	20	8	14	13	8	6	2	1	15	328
小计	168	183	161	102	112	81	80	102	73	39	48	69	29	40	48	33	17	14	8	92	1499
乾隆一年	39	40	36	20	29	20	18	22	17	11	11	19	8	10	9	8	4	4	1	18	344
乾隆二年	37	40	28	25	30	20	17	22	14	12	11	17	7	7	11	6	4	1	0	15	324
乾隆四年	33	38	33	21	30	17	19	21	14	8	11	19	10	8	8	7	4	3	16		328
乾隆七年	32	28	30	22	32	17	19	21	15	9	16	20	11	10	10	9	7	0	2	13	323
乾隆十年	28	34	26	19	32	14	20	18	14	9	16	21	11	8	10	10	8	2	2	11	313
乾隆十三年	24	33	22	15	26	10	16	16	13	11	12	17	10	6	8	7	6	1	1	10	264
乾隆十六年	21	28	20	14	24	14	18	14	11	7	9	15	9	9	7	5	5	1	1	7	243

续表

科年\省区	江苏	浙江	河北	山东	江西	河南	山西	福建	湖北	安徽	陕西	广东	四川	湖南	云南	贵州	广西	甘肃	辽东	旗籍	小计
乾隆十七年	22	28	21	12	26	9	15	14	10	9	8	14	8	3	7	7	5	4	1	8	231
乾隆十九年	27	29	20	15	25	12	16	14	11	6	11	15	8	4	7	7	5	1	1	7	241
乾隆二十二年	24	30	18	13	25	10	15	15	12	10	11	15	9	5	8	7	5	3	1	6	242
乾隆二十五年	24	29	14	9	18	3	8	8	6	5	6	7	7	4	4	4	3	0	1	4	164
乾隆二十六年	26	30	19	12	18	13	11	7	10	11	10	10	7	5	6	7	6	2	1	6	217
乾隆二十八年	22	29	12	9	22	10	10	11	6	11	7	9	7	5	4	4	4	1	1	4	188
乾隆三十一年	26	29	21	14	20	13	12	9	8	8	9	9	7	5	5	6	4	1	1	6	213
乾隆三十四年	22	26	13	12	18	8	9	7	5	7	3	3	3	2	1	3	2	2	1	4	151
乾隆三十六年	19	25	14	11	19	11	8	7	5	9	5	5	4	5	2	3	3	1	1	4	161
乾隆三十七年	19	25	14	11	18	10	8	10	5	10	4	5	5	3	2	3	3	2	1	4	162
乾隆四十年	22	26	13	11	18	11	10	8	4	9	3	3	3	4	2	2	2	2	1	4	158
乾隆四十三年	26	23	15	11	17	10	10	9	4	5	2	5	2	3	2	3	2	3	1	4	157
乾隆四十五年	23	24	15	12	18	10	8	9	4	7	3	2	3	2	3	3	3	2	1	4	155
乾隆四十六年	23	23	15	13	19	9	10	10	5	7	3	5	4	5	4	3	3	3	1	4	169
乾隆四十九年	14	21	13	9	10	6	6	6	3	7	2	3	3	2	1	2	1	0	1	4	112
乾隆五十二年	25	19	14	11	12	7	8	7	4	5	2	4	3	3	2	2	2	3	1	4	137
乾隆五十四年	26	7	10	10	7	5	7	5	2	2	0	2	2	2	1	2	1	2	1	4	98
乾隆五十五年	17	7	10	10	7	4	6	3	9	0	3	3	2	1	3	2	2	1	4		97
乾隆五十八年	14	12	11	7	9	4	5	4	1	5	0	1	1	4	0	1	1	0	0	1	81
乾隆六十年	15	11	12	11	9	6	2	2	6	7	2	6	5	3	2	3	2	1	1	5	111

续表

科年\省区	江苏	浙江	河北	山东	江西	河南	山西	福建	湖北	安徽	陕西	广东	四川	湖南	云南	贵州	广西	甘肃	辽东	旗籍	小计
小计	650	694	489	359	538	283	311	300	212	214	176	255	159	127	129	129	99	52	29	179	5384
嘉庆一年	14	15	13	11	18	6	6	6	5	9	5	7	4	5	3	3	2	2	2	8	144
嘉庆四年	18	23	26	15	20	10	11	15	7	13	7	10	7	7	8	5	3	2	1	12	220
嘉庆六年	22	25	24	19	21	16	15	19	14	14	9	15	9	11	10	9	8	3	0	12	275
嘉庆七年	20	24	23	17	21	13	11	15	11	14	9	11	9	9	10	7	5	3	1	15	248
嘉庆十年	20	21	27	21	18	12	13	12	11	14	7	7	7	8	11	9	5	3	2	15	243
嘉庆十三年	22	23	27	20	21	14	14	14	12	14	8	8	7	8	10	12	8	6	3	2	16	261
嘉庆十四年	20	23	23	18	18	10	12	12	11	14	4	10	7	8	11	9	6	6	2	17	241
嘉庆十六年	19	23	22	18	17	10	12	14	11	15	8	6	7	10	10	9	6	2	2	16	237
嘉庆十九年	19	20	22	19	18	10	11	11	11	14	8	6	7	9	10	6	1	2	2	15	226
嘉庆二十二年	20	22	23	18	19	13	13	12	11	14	6	11	8	10	12	11	7	5	2	18	255
嘉庆二十四年	20	19	23	14	17	8	11	14	9	15	5	6	8	8	9	9	6	4	2	17	224
嘉庆二十五年	21	24	22	19	15	11	12	11	12	14	5	9	9	8	12	9	7	6	2	18	246
小计	235	262	275	209	223	133	141	156	125	164	81	106	88	101	117	98	67	40	20	179	2820
道光二年	19	20	22	18	18	10	9	11	10	13	7	9	6	5	9	8	5	1	2	20	222
道光三年	18	24	22	20	20	11	11	13	11	15	6	10	7	11	10	6	6	2	2	21	246
道光六年	21	25	24	19	20	12	13	13	11	15	9	12	8	11	11	7	7	1	2	24	265
道光九年	18	22	22	19	16	9	9	11	9	14	4	10	6	7	8	7	6	2	2	20	221
道光十二年	17	21	20	16	16	9	9	9	10	12	5	9	6	7	5	6	1	2	2	20	206
道光十三年	18	21	20	15	19	9	11	10	14	6	10	9	7	9	4	5	2	2	20	220
道光十五年	19	21	22	22	21	19	13	16	15	14	4	9	8	10	11	9	10	5	2	22	272

续表

科年\省区	江苏	浙江	河北	山东	江西	河南	山西	福建	湖北	安徽	陕西	广东	四川	湖南	云南	贵州	广西	甘肃	辽东	旗籍	小计
道光十六年	14	18	19	16	15	5	7	7	5	8	3	6	7	5	6	5	5	1	1	19	172
道光十八年	18	17	19	18	18	12	8	7	8	8	8	7	6	5	6	5	5	1	1	17	194
道光二十年	16	18	21	16	17	6	7	6	6	7	3	7	6	5	6	6	5	4	2	16	180
道光二十一年	18	19	20	19	18	9	9	8	7	8	4	8	7	6	7	6	5	4	2	18	202
道光二十四年	20	21	20	19	18	9	11	9	8	9	5	9	8	6	6	6	6	3	3	13	209
道光二十五年	16	18	20	17	15	15	10	12	9	7	9	11	7	9	8	7	6	4	2	15	217
道光二十七年	18	19	22	19	19	16	9	8	9	12	11	11	8	7	8	7	6	2	2	15	231
道光三十年	13	16	16	17	16	18	8	9	6	10	12	11	9	8	7	7	7	5	2	15	212
小计	263	300	309	268	266	169	142	150	134	166	96	139	108	108	119	95	91	42	29	275	3269
咸丰二年	19	19	16	17	18	22	10	12	12	11	9	8	10	8	10	6	5	9	2	16	239
咸丰三年	11	16	19	16	17	20	10	7	7	8	12	10	11	7	11	9	6	9	4	12	222
咸丰六年	15	21	24	17	14	18	9	10	8	8	15	7	11	6	7	5	2	6	2	11	216
咸丰九年	13	17	17	13	9	16	9	9	7	7	12	5	9	5	4	4	8	4	1	11	180
咸丰十年	11	14	16	16	16	19	9	8	9	5	14	6	8	5	4	5	6	4	3	11	189
小计	69	87	92	79	74	95	47	46	43	39	62	36	49	31	36	29	27	32	12	61	1046
同治一年	13	9	20	15	12	16	11	1	8	7	18	8	7	6	4	9	8	2	2	11	193
同治二年	16	13	21	17	18	18	6	9	12	6	6	11	5	6	4	3	12	0	1	16	200
同治四年	21	13	29	24	22	18	12	10	12	12	5	14	14	13	6	3	12	3	5	17	265
同治七年	23	25	18	17	23	18	8	20	11	14	6	15	16	14	4	10	11	0	3	14	270
同治十年	26	25	22	21	23	20	11	22	14	17	16	16	15	14	11	10	14	2	5	19	323
同治十三年	26	23	25	24	23	18	10	20	15	20	20	15	14	15	10	14	14	8	3	20	337

续表

省区\科年	江苏	浙江	河北	山东	江西	河南	山西	福建	湖北	安徽	陕西	广东	四川	湖南	云南	贵州	广西	甘肃	辽东	旗籍	小计
小计	125	108	135	118	121	108	58	82	72	76	71	79	71	68	43	44	72	23	17	97	1588
光绪二年	25	24	23	21	19	19	11	23	15	17	13	15	15	14	15	12	13	9	4	17	324
光绪三年	26	23	28	21	24	17	11	21	13	17	17	18	14	14	11	10	12	8	4	20	329
光绪六年	26	29	24	22	19	18	10	21	13	19	15	16	15	14	14	10	14	9	2	18	330
光绪九年	27	23	21	18	23	17	12	21	12	19	12	15	11	13	11	13	13	8	1	18	308
光绪十二年	22	24	24	22	21	16	10	24	15	14	13	15	13	15	13	11	13	10	5	19	319
光绪十五年	24	23	22	19	22	15	9	18	16	19	14	14	12	13	14	12	10	8	2	18	296
光绪十六年	28	22	25	22	22	16	11	24	14	14	15	18	14	13	13	12	14	9	5	15	326
光绪十八年	26	23	22	22	22	20	9	18	13	14	15	18	15	12	10	11	10	9	3	25	317
光绪二十年	23	25	16	22	22	16	9	18	14	22	11	19	14	14	10	15	9	3	22	314
光绪二十一年	16	15	27	18	17	17	11	17	15	12	17	10	14	14	12	11	12	11	2	25	293
光绪二十四年	29	26	22	26	22	16	8	28	14	12	14	13	20	16	14	12	13	13	9	4	23	346
光绪二十九年	23	26	28	21	22	17	12	20	15	14	12	14	14	15	12	9	11	11	8	3	12	315
光绪三十年	23	20	21	20	20	14	9	16	13	16	10	18	13	12	9	9	13	7	2	8	273
小计	318	303	307	274	272	218	132	269	182	215	177	205	181	178	157	143	165	114	40	240	4090
合计	2933	2803	2707	2249	1886	1694	1421	1401	1230	1194	1041	1014	758	715	695	606	568	346	193	1395	26849

（二）清代历朝巍科人物的省级分布

前文已述，考察清代进士与区域人文的关系，不仅要看进士的数量，还要看进士的质量，即巍科人物的多少。则巍科人物的分布，自然也是本文讨论的内容。但限于篇幅，对此的统计仅以清代每朝为经（详见表2）。以下，对巍科人物的分布特征做一初步的分析。

表2 清代历朝巍科人物的省级分布

省区＼朝代	江苏	浙江	安徽	河北	江西	山东	湖南	广东	湖北	福建	河南	广西	山西	陕西	四川	贵州	云南	辽东	甘肃	旗籍	小计
顺治	15	6	2	8	1	1	0	0	2	1	1	0	0	0	1	0	0	0	0	8	46
康熙	46	24	7	6	0	3	0	1	2	2	3	0	0	1	0	0	0	0	0	0	95
雍正	9	5	1	2	0	0	0	0	1	0	1	0	0	0	0	0	0	0	0	1	20
乾隆	45	45	16	4	8	4	0	1	1	2	0	0	0	0	1	0	0	1	0	0	128
嘉庆	18	10	6	1	4	1	4	2	5	2	1	0	0	0	0	1	0	0	0	3	58
道光	15	15	3	6	10	1	7	2	2	0	1	1	1	1	1	1	0	0	0	2	73
咸丰	4	8	3	0	0	4	1	2	0	2	0	0	0	0	0	0	0	0	0	0	24
同治	6	5	0	4	0	0	2	3	2	1	1	1	0	1	0	0	0	0	0	2	30
光绪	11	7	2	7	2	5	12	3	1	3	0	2	1	2	2	3	0	0	0	4	65
合计	169	125	41	38	25	23	20	19	18	14	8	6	4	4	4	3	1	1	0	16	539

注：(1) 巍科人物是指会试中的会元（第一名），殿试中的状元（一甲第一名），榜眼（一甲第二名），探花（一甲第三名），传胪（二甲第一名），即会试第一名、殿试前四名的合称，每科共5人。(2) 有的会元，同时又是该科的状元，或榜眼，或探花，或传胪者，由于重复出现，所以统计时排除（只按1人计）。清代巍科人物的满额是570人，其中重复出现者为31人，所以本文实计539人。

1. 各省巍科人物的排名、比例与进士大都不一致

从排名看，除了江苏、浙江、江西、湖北、贵州五省份一致，其他省份巍科人物的排名与进士都不一致。再以全国平均约每50个进士出1个巍科人物的比例分析，两者更几无可比性可言。除了广东省的比例比较接近——20.3（理论值，下同）：19（实际人数，下同），其他省份的比例都较悬殊。如江苏是58.7：169，实际人数是理论值的2.9倍，而更多省份是远低于平均值，如山西是28.4：4，云南是13.9：1。这些看似不成比例的资料，却是清代科举区域政策的基本反映。

从政治等角度考虑，清代会试是分区录取的。会试中额初承明制，主要在南北卷取中；康熙五十一年后，分省取中。虽然会试也是全国性的考试，但上榜者的文化并不代表全国的水平。因为各省的贡士及其参加无黜落的殿试后成为的进士，其数量只是分区乃至按省分配的结果。而殿试的名次，至少从理论上来说，是所有参加的贡士完全自由竞争后分出高下的，这才真正代表全国的水平。所以，各省巍科人物的排名、比例与进士存在较大的差距，完全是客观的，是清代科举区域政策的投射。所以，笔者早就认为，从宏观上讲，清代的巍科人物更能代表当时的区域人文景观。

2. 巍科人物由江浙垄断趋向全国相对均衡，完成了进士分布由量变到质变的过程

除了清代开科的前四科，河北省凭借其特殊的京畿地位，取得6个（已排除1

个会元复出者）名额，暂居全国第二外，自顺治后期开始到咸丰朝，江浙两省的巍科人物都占全国的四成以上[37]。其中，康雍乾三朝均占全国的七成及以上，尤其是康熙朝，达到顶峰的73.7%。然从嘉庆朝开始，江浙独大的地位开始松动，嘉道咸三朝，没有一朝超越半数的。至同治朝，占比降至四成以下。到了光绪朝，继续下滑，占比已不足三成。而此时巍科人数的翘楚，竟然让位给了昔日的"蛮荒之地"——湖南。迨至清末，除了甘肃省，全国的其他省份都出现了巍科人物。这是从量变最终到质变的典型，即随着康熙五十一年后分省取中政策的实施，全国各省的进士趋于均衡。而不少省份随着进士人数的递增和积累，巍科人物的出现也水到渠成，最典型的莫过于湖南省[38]。

3. 巍科人物集中产生在进士较多的州县这一特征始终未变

这里有两层含义：第一，巍科人物的州县分布比进士更为集中。如清代全国出50个及以上进士的州县有117个，合计产生的进士占全国的43%，这一比例已相当高了。而清代全国出2个及以上巍科人物的州县仅86个，却出了417个巍科人物，占全国的77.4%，这说明后者比前者还要集中。第二，巍科人物大多产生在出进士较多的州县。如出巍科人物最多的前30个州县，即出5个及以上的州县，无一不是全国进士排名在前100位的州县。在出3~4个巍科人物的27个州县中，有20个即将近四分之三的州县出的进士也在全国前100位。具体地说，仅在全国进士排名前100名中的50个州县，就出了336个巍科人物，占总数的62.3%。剩下的巍科人物，也大都出在拥有进士较多的州县。这就是说，巍科人物是靠州县的进士群体为依托的，无论进士的省际分布如何变化，其集中产生在进士较多的州县的特征没有改变。而江浙进士发达的州县超过全国的三分之一，且几乎都连成一片，产生人才集聚效应，则这里的巍科人物和专家学者都占全国的半数左右也是不意外的。

三 简短结论

由上可见，虽然清代进士在人文地理中的重要作用在学术界几成共识，但具体到不同的研究方法和视角，仍有可能出现不尽如人意的结论。要真正体会进士在清代人文地理研究中的不可替代性，就要对进士分布的数量、质量和内部进士的集中程度及产生时段等，进行多角度、多层次、全方位的探讨，对普遍性和特殊性作全面揭示。其中，了解巍科人物的分布，有助于我们进一步认识清代进士与人才、人物分布的相互关系，弥补单纯的进士研究的不足，超越其反映人文景观之局限。

本文的探索，就是为有志于此的研究者提供方便，并为从事清代进士时空分布的"极限"研究——县/科年为单位的动态研究准备条件。

注　释

[1] 沈登苗:《明清全国进士与人才的时空分布及其相互关系》,《中国文化研究》1999年第4期。以下凡涉及该文的史料,不再作为引文。

[2] 沈登苗:《近代湖湘人才辈出最直接的原因是什么?》,《湖湘论坛》2000年第3期;《南宋已形成苏—杭人才轴线了吗?》,《浙江社会科学》2004年第5期;《教育的深远影响——清代全国科举发达县与当代经济发达地区的分布基本一致》,《社会科学论坛》2004年第8期;《废科举前我国教育还城乡一体化吗?——也谈科举终结对农村教育的影响》,《招生考试研究》(上海)2009年第1期;《百年树人　一脉相承——清代巍科人物与当代两院院士的籍贯分布基本一致》,载沈登苗:《文化的薪火》,社会科学文献出版社,2015,第153~161页。

[3] 沈登苗:《明代双籍进士的分布、流向与明代移民史》,《历史地理》第20辑,2004;《双重断裂的代价:新中国为何出不了诺贝尔自然科学奖获得之回答》,《社会科学论坛》2011年第6~9期;《著名美籍华裔科学家的来源、构成及原因初探》,《社会科学论坛》2012年第8期。

[4] 吴根洲:《清代进士历史地理分布研究》,《考试研究》2011年第3期。

[5] 2016年9月8日毛晓阳博士给笔者的来信。

[6] 毛晓阳:《清代文进士总数考订》,《清史研究》2005年第3期;《〈明清进士题名碑录索引〉进士籍贯刊误述论》,《中国文化研究》2005年第3期;《〈明清进士题名碑录索引〉清代福建进士籍贯误刊例析》,《闽江学院学报》2007年第4期;等等。

[7] 毛晓阳:《〈增校清朝进士题名碑录·附引得〉进士籍贯刊误述论》,《中国历史地理论丛》2007年第1期。

[8] 吴根洲:《清代进士历史地理分布研究》,《考试研究》2011年第3期。此外,《题名录》中尚存若干《索引》未曾解决的进士籍贯问题,以及《题名录》自身增加的一批州县的府名归属问题和其他笔误。由此可见,目前任何有关清代进士籍贯标注的专著,都还不能做到完全正确。故笔者一直主张,对清代进士籍贯的研究,仍应考据与应用并进。由此感到,我们对前人的勘误应多一些宽容。

[9] 李润强:《清代进士的时空分布研究》,《西北师大学报》2005年第1期;〔美〕何炳棣:《明清进士与东南人文》,载缪进鸿、郑云山:《中国东南地区人才问题国际研讨会论文集》,浙江大学出版社,1993,第219页。下引该书,只标书名、页码,不再注明作者、版次。

[10] 陈尚敏:《清代甘肃进士的地理分布》,《中国历史地理论丛》2009年第4期;朱乐平:《清代福建进士的时空分布管窥》,《教育与考试》2015年第5期。

[11] 朱乐平:《清代福建进士的时空分布管窥》,《教育与考试》2015年第5期。

[12] 李润强:《清代进士的时空分布研究》,《西北师大学报》2005年第1期。

[13] 这一现象以及受康熙五十一年后会试名额实行"分省取中"(《清史稿》卷一○八《选举志》)的影响,省际的人数越来越均衡,构成清代进士分布的两大趋势。

[14] 见陈谷嘉、邓洪波:《中国书院史资料》(中册),浙江教育出版社,1998,第854~855页。

[15] 巨志忠:《宏道书院:明清时期我国教育史上的一颗明星》,《三秦文化研究会年录》(2009)。

[16] 张仲礼:《中国绅士——关于其在19世纪中国社会中作用的研究》,李荣昌译,上海社会科学院出版社,1991,第80页。

[17] 李兵:《血榜——中国科举舞弊案》,中国民主法制出版社,2015,第238页。

[18] 令笔者不解的是,《索引》和《题名录》,都把张謇的籍贯作通州或通州直隶州。为求得籍贯取舍标准的统一,本文也作通州。

[19] 李兵:《血榜——中国科举舞弊案》,中国民主法制出版社,2015,第243页。

[20] 〔美〕何炳棣:《明清社会史论》,徐泓译注,台湾联经出版事业股份有限公司,2013,第117~120页。

[21] 清代江苏的攫高科者，不仅表现在巍科人物的特别多，还反映在总体上的名次奇高。如康熙四十八年己丑科，该省不仅获得了一甲中的状元和探花，还占据了二甲前十名中的七个席位。而这种盛况在清前期并不罕见。如此看来，对进士甲第、名次的研究，有可能成为新的学术增长点。

[22] 沈登苗：《百年树人　一脉相承——清代巍科人物与当代两院院士的籍贯分布基本一致》，载沈登苗：《文化的薪火》，社会科学文献出版社，2015，第153~161页。

[23] 沈登苗：《近代湖湘人才辈出最直接的原因是什么?》，《湖湘论坛》2000年第3期。

[24] 如在朱君毅的《中国历代人物之地理的分布》（《厦门大学学报》第1卷第1期，1931）中发现，湖南的"守令""僚左""方技"，分别占全国的28%、39%、42%，这显然是不客观的。

[25] 《中国东南地区人才问题国际研讨会论文集》，第216页。

[26] 张仲礼：《中国绅士——关于其在19世纪中国社会中作用的研究》，李荣昌译，上海社会科学院出版社，1991，第158~162页；《中国东南地区人才问题国际研讨会论文集》，第219页。

[27] 毛晓阳：《清代文进士总数考订》，《清史研究》2005年第4期；江庆柏：《清朝进士题名录》（上册），中华书局，2007，第83页；吴根洲：《清代进士历史地理分布研究》，《考试研究》2011年第3期。

[28] 朱保炯、谢沛霖：《明清进士题名碑录索引》（下册），上海古籍出版社，1979，第1989页。

[29] 吴根洲：《清代进士历史地理分布研究》，《考试研究》2011年第3期。

[30] 毛晓阳：《清代文进士总数考订》，《清史研究》2005年第4期。

[31] 根据江庆柏的考证，除了这4名进士的出入，《索引》还误减了顺治十六年山西临晋人王恭先（2/78），误增乾隆四十六年河南光山人关际泰（实为贡士），则两者相抵与总人数无关。见江庆柏：《清朝进士题名录》（上册），中华书局，2007，第83~84页。

[32] http://www.changsha.com.cn/travel/29223.html 2016-10-29。

[33] http://www.360doc.com/content/14/1123/18/6065729_427448017.shtml 2016-10-29。

[34] 州县归属，主要参考《清史稿·地理志》；傅林祥等：《中国行政区划通史．清代卷》，复旦大学出版社，2013。

[35] 由此方法统计的若干省的若干时段的人数和总人数，与完全按《登科录》，或不作调整的《索引》《题名录》统计的人数会产生差异，但一个州县，只能划归一个省，必须如此处理。另，对于卫所进士，凡可考的，都归入所在地的州县。

[36] 江庆柏编著的《题名录》有一个特征，在每科的名录之后都有一个"校记"，比较详细地标注校核所用的史料及出处，其中对一些籍贯有争议的，往往标以"某某籍某某人"。但江著的取舍不统一，如顺治十八年进士申穟（2/17），据《顺治十八年辛丑科进士三代履历便览》云："长洲籍，吴县人"，《题名录》取长洲籍。（见上册第131、145页）。但康熙九年进士汪鋅（3/27），《康熙九年庚戌科进士三代履历便览》称其为"休宁籍江夏人"，然《题目录》取"江夏籍"（见上册第168、177页）。由于清代科举考试考生在户口所在地报考，故凡此类进士，本文一律取户籍（含寄籍）所在地为籍贯。

[37] 似乎有个约定俗成的默契，清代一个省份可以垄断一甲三名及其会元，如康熙十二年的这四个名额均被江苏省占有，但一个省份不可以同科占有巍科人物的五个名额。所以，终清一代，一个省份同科包揽巍科人物的情况未曾出现，否则，江浙的比例可能会更高。

[38] 不能仅看有清一代的湖南巍科人物只比其后的广东、湖北多一二个，还要看到在清代的最后六十年里，湖南尤其是长沙府的进士素质是最好的。湖南进士在晚清历史上的人均影响就要比其他省的进士大，出名人的概率自然就高。

（责任编辑　王立嘉）

鲁王监国时期张岱行实考补

◎ 周 霄

提　要：由于文献材料匮乏，有关张岱在鲁王监国时期的行实，学界长期考证不详。沈复燦钞本《琅嬛文集》中新见张岱上鲁王朱义海的五封笺文，言张岱参与鲁监国政权事甚详，既可添补南明鲁王政权史料之阙，也可窥探鲁王监国时期张岱的行实及思想状况。

关键词：张岱　鲁王　监国时期

作者周霄，上海师范大学博士研究生（邮政编码　200234）。

天一阁新见的沈复燦钞本《琅嬛文集》中，有张岱上鲁王朱义海的五封笺文（《上鲁王第一笺》《上鲁王第二笺》《上鲁王第四笺》《上鲁王第五笺》《上鲁王第六笺》）。这五封信属于新见材料，记载了张岱在顺治二年乙酉（1645）到顺治三年丙戌（1646）期间即鲁王监国前后的行实。南明属易代之际，战乱频发，文献难以保存，再加上清廷对南明历史的禁毁删改，这一期间的史实需要仔细辑佚、考辨。相较于弘光、隆武、永历等几大政权，有关南明鲁王政权的文献资料极度匮乏。所以新发现的这几封上鲁王信笺，可以添补修订南明鲁王政权史料之阙讹，并且可以对张岱在此期间的行实及思想情况有所订补。

一　补订南明鲁王政权史实阙讹

新见史料显示，张岱曾极力劝导鲁王赴台监国，并且招郑遵谦、裘尚爽，扫清鲁王赴绍兴途中的各种障碍，为鲁王最终成功赶赴绍兴建立政权做出重大贡献。然而现存史料记载不详，且鲜有提到张岱的有关经历。

（一）鲁王监国前张岱的行实

1645年，清顺治二年六月，随着潞王降清，杭州沦陷。据张岱《上鲁王第一笺》记叙，清廷大肆利用潞王的书信以及重金利诱，试图招引浙江各路藩王。"时周王寓萧山，惠王寓会稽，崇王寓钱塘，鲁王寓临海，贝勒遣骑修书，以参貂等物为赞，邀诸王相见。鲁王以道稍远，辞疾不至。周、惠两王渡江，偕崇王赴召，寻送南京，同弘光帝、潞王俱北去。"本来张岱还欲留住寓居绍兴的惠王，并著《上惠王笺》，但"惠王不能从，且有随即返国之语。"惠王最终也落入圈套，为清廷所杀。故浙西藩邸中最终只有鲁王未至北幕。张岱言："今浙西藩邸未至北幕者，止我殿下一人。"《上鲁王第一笺》写作于1645年闰六月初一日，时鲁王尚在台州，还未迎立监国。他在信里夸赞鲁王，鼓励鲁王待机中兴复明。张岱已经洞察到越地将有义军起事："臣观降官暴虐，逼勒剃头，旬日之间，必有民变。"此外张岱积极稳定越地。当时各镇逃兵至越借粮，百姓扰攘。张岱称："登高一呼，应声而集者万有余人，随臣至五云门，四下驱逐。各兵皆望风远遁，不敢正视越城。"并且张岱担心鲁王为清廷所赚，离台北上，故遣派其子张鉽、张斋、张启入台，遮留鲁王。张岱为迎请鲁王至绍兴监国，率众稳定越地治安，这段历史不见于其他南明史料，可作增补。

（二）鲁王至绍监国时间考订

明朝第一代鲁王朱檀是朱元璋第十子，封于山东兖州。张岱家与鲁藩渊源甚深，其父张耀芳曾为鲁王朱义海父亲的长史。张岱感念鲁王对其父的恩情，故对鲁王极为忠心，君臣关系融洽。1645年，鲁王自台州赴绍兴监国，曾亲临张岱府第，张岱晚年在《陶庵梦忆》中曾回忆道：

福王南渡，鲁王播迁至越，以先父相鲁先王，幸旧臣第。岱接驾，无所考仪注，以意为之。踏脚四扇，氍毹借之，高厅事尺，设御座，席七重，备山海之供。鲁王至，冠翼善，玄色蟒袍，玉带，朱玉绶，观者杂沓，前后左右用梯、用台、用凳，环立看之，几不能步，剩御前数武而已。传旨："勿辟人。"岱进，行君臣礼，献茶毕，安茶再行礼。不送杯箸，示不敢为主也。趋侍坐，书堂官三人执银壶二，一斟酒，一折酒，一举杯，跪进上。膳一肉簋，一汤盏，盏上用银盖盖之，一面食，用三黄绢笼罩，三臧获捧盘加额，跪献之。书堂官捧进御前，汤点七进，队舞七回，鼓吹七次，存七奏意。是日，演《卖油郎》传奇，内有泥马渡康王故事，与时事巧合，睿颜大喜。二鼓转席，临不二斋、梅花书屋，坐木犹龙，卧岱书榻，剧谈移时。出登席，设二席于御坐傍，命岱与陈洪绶侍饮，谐谑欢笑如平交。睿量宏，已进酒半斗矣，大犀觥一气尽。陈洪绶不胜饮，呕哕御座旁。寻设一小几，命洪绶书笺，醉捉笔不起，止之。剧完，饶戏十余出，起驾转席。后又进酒半斗，睿颜微酡，进辇，两书堂官掖之，不能步。岱送至阃外，命书堂官再传旨曰："爷今日大喜，爷今日喜极！"君臣欢洽，脱略至此，真属异数。[1]

对于这次鲁王亲临张府宴饮的时间，张则桐认为是1645年闰六月二十七日，[2]夏咸淳先生则认为发生在1645年七月。[3]张岱《上鲁王第二笺》写于1645年七月初九。信中称："臣又留剡三日，未得就道……恳主上速命典仪，整饬卤簿，速赴行在。"[4]可见至少在当年七月初九前，鲁王尚未到达绍兴，且张岱还在奔波途中。再者，林时对《荷牐丛谈》载："王于七月自台至蠡城，以守道署为行宫。各官奉表劝进，即监国位。"[5]《海东逸史》亦言："七月十八日（《小腆纪年》作闰六月十八日），王至绍兴，行监国事，以分守公署为行在。"张岱《上鲁王第二笺》又云："臣意不合，十二日即徒步入台……十八日抵台，蒙主上召臣……臣遂留台三日……臣于七月初一日命署府事……初三日臣即尽鬻家产，招兵三千余人。率领郑遵谦长子懋绳、原任副总兵鲁明杰前来扈驾。"[6]由此可见，七月初三，郑遵谦才遣派人员来迎鲁王驾入绍兴，之前鲁王尚在台州。故张岱《石匮书后集》"鲁王世子"载"鲁王于是年六月至绍兴监国"[7]，当理解为鲁王六月离开台州赶赴绍兴监国，而不是六月在绍兴监国。说明鲁王至绍兴绝不可能在七月前，张岱的宴请时间更不会发生在闰六月，《小腆纪年》以及张则桐的考证有误。夏咸淳先生的考证准确可信。

学界对鲁王于绍兴监国的具体日期，存在很大分歧。谢国桢认为是"1645年闰六月"[8]，而顾城认为是"1645年七月十八日"[9]，司徒琳则认为是在"1645年八月底九月初"[10]。结合张岱的新材料，鲁王至绍兴监国的时间不会早于七月。故谢国桢的结论基本不成立。

（三）记叙郑遵谦迎鲁经过

清顺治二年（1645）六月，浙东一群有志之士，因剃头改制而引发多次反清起义。其中绍兴义士郑遵谦迎奉鲁王的经过，由于史书记载不详，长久以来不为人所知。顾城在其著作《南明史》中对此事有如下考述：

1645年六月，潞王降清，浙江省会杭州被清军占领，不少州县也递上降表，归顺清朝。"闰六月初旬，颁开剃之令，人护其发，道路汹汹；又郡县奉檄发民除道开衢为驰马之地，人情益恇扰。"在这种情形下，亡国之痛以强迫剃头为引线迅速点燃了一场反清的熊熊烈火。闰六月初九日,明原任九江道佥事孙嘉绩起义于余姚,杀清朝委署知县王玄如;初十日,生员郑遵谦起兵于绍兴;十二日,又发生了宁波的抗清运动。[11]

张岱作为郑遵谦的同乡,与郑熟识,在《上鲁王第二笺》中,详细交代了张岱劝谏郑遵谦迎奉鲁王的经过:

此时通判张愫降房,蹿升越守,逼勒剃头,大作威福。臣同事郑遵谦等不胜义愤,于本月十一日奋臂一呼,义徒毕集,杀伪复城。随捧高皇帝圣像,演武场祭旗,发兵划江守汛。臣与郑遵谦议,但以"东瀰义士"移文郡县,而郑遵谦不听臣说,自称"义兴大将军"。臣曰:"吾辈平平,杀伪官而自署官衔,于理不协。今幸鲁国主近在台垣,何不迎请监国?则吾辈首创起义之人,何患无官衔耶?遵谦唯唯。"[12]

据顾城考证,郑遵谦"初十日起兵于绍兴"。然查继佐的《罪惟录》载:"(郑遵谦)十一日,辄鼓其众,入府署。"[13]《海外恸哭记》云:"绍兴府通判張愫,以城降房,房即以愫守绍兴府,而别迁彭万里以为会稽知县。弘光元年闰六月十一日遵谦建义,皆斩之。"《浙东纪略》亦云:"十一日,绍兴义士郑遵谦率诸壮士入府署。"

所以张岱在《上鲁王第二笺》中称郑遵谦于六月十一日率众杀伪官起义是准确的,顾城的记述有误。

在沈本《琅嬛文集》中所有张岱上鲁王的信上,开头都自称"江东布衣臣张岱谨启"。其他版本,仅有《上鲁王第三笺》以"臣岱谨启"开头。张岱反对郑遵谦等人自署官职,建议应以"东瀰义士"移文郡县,并迎请鲁王监国,以得到有正统官方承认的合法化官衔。由此可见,张岱十分注重正统礼法。

然而事情的进展有波折。就在张岱劝郑遵谦迎鲁王朱义海的同时,郑遵谦身边的陈学贯提出反对意见。据《明清史料己编》载:"浙闽总督张存仁等残启本中载:今据为越国公方国安统率马兵五百、步兵七千,并伪内阁方逢年、张国维、伪新建伯王业泰、伪总兵陈学贯。"[14]可知,后来被鲁王政权封为总兵的陈学贯,早年是跟随郑遵谦一同起义的。张岱在笺中称:"而傍有武弁陈学贯者献媚遵谦,语多恣肆,且曰:'楚藩已莅越境,何庸远求耶?'"[15]陈学贯反对张岱的意见,认为郑遵谦不该舍近求远迎鲁王,而应迎请已经在越境内的明楚藩王。

有关南明时期楚藩的情况,学界甚少提及。楚藩始于朱元璋六子朱桢,洪武十四年(1381)朱桢就藩武昌。到明中期愍王时,楚藩衰落明显,宗藩常为一己之利互相攻讦,甚至父子成仇,同宗相残,最后导致愈演愈烈的楚藩内乱。

通过考索,当年(1645)一批明代楚国宗室藩王盘踞在江苏、安徽、浙江一代。如起兵于安徽石埭的朱盛浓;起兵于江苏茅山的朱议沥、朱议滺;起兵于浙江长兴的朱盛澂以及起兵于淞江的朱绍鲲。这些所谓的楚国宗室藩王有很多滥竽充数者，只是借王室的名号，行起义之事。张岱对此心知肚明，曾说："楚藩以一将军名号，敢与主上抗焉？"[16]他认为楚藩比鲁王号召力小，不足以号召群众，故劝郑遵谦不应就近迎楚，而应奉迎号召力更强的鲁王朱以海。

张岱这封信写于顺治二年乙酉七月，从各藩的地理位置来看，郑遵谦欲投的楚藩，最可能是明代楚藩通城国宗室朱盛澂政权，所谓通城王是藩王之一的楚王系下的郡王。朱盛澂其人，《南疆逸史》里有详细记载："朱盛澂字青潮，通城王宗室也。授剑州知州，未赴，乙酉避于太湖之西山，易姓曰'林西山人'。蔡永新任侠好事，乃与职方郎中王朝升及礼部主事吴景奠等奉之起兵，称为通城王。朝升摄内外事；设五总兵，以永新、徐震海、许爕等分将之。初，山中人或梦揭竿其地，上书'青潮'二字。而王之字适与之符，众以为祥，故多应之者。檄至长兴，长兴人奉笺称贺，乃遣许爕将千人会之以攻湖州。"[17]

郑遵谦一度犹豫于投鲁王或楚王之间，于是张岱于六月十二日，即起义后第二天，就步行去台州面见鲁王。张岱在笺文中说："臣意不合，十二日即徒步入台，繇会稽山出嵊县。崇山峻岭，蹠五进一，胫血缕缕至踵。十八日抵台，蒙主上召臣，至便殿抱头痛哭。赐膳几前，语至夜分。臣劝主上速至江干，亲统六师，躬冒矢石。圣颜大喜，臣遂留台三日。"[18]

从这段材料可见，张岱对鲁王政权抱有极大的希望，为此甘愿徒步急行，去投靠身在台州的鲁王。鲁王当时对他也是极为亲善的，君臣抱头痛哭，还赐宴，与之夜谈。然而就在此时，郑遵谦却令吴廷猷持檄文一份送交鲁王，表明自己已迎立楚藩入城。张岱信中记载：

道臣吴廷猷持郑遵谦檄文一纸，内有"已迎立楚藩入城"字样，举朝惶惑。主上与道府诸臣及台州乡宦陈函辉、柯夏卿等畚御便殿，速召臣至，出郑遵谦檄示臣曰："既立楚藩、尔何复来迎予？"臣曰："诚有是议。臣此来原不与郑遵谦谋，臣请主上以重兵压之，遵谦敢不开门迎驾？楚藩以一将军名号，敢与主上抗耶？今既见疑，臣虽不材，愿学狄梁公取日虞渊，臣以三寸舌见郑遵谦，必反楚为鲁，遵谦必秣马脂车，恭迎圣驾。"诸臣于殿前向臣罗拜。[19]

可见，对于郑遵谦的檄文，张岱并没有慌张，而是先澄清自己并未与郑合谋，然后提出威逼郑遵谦的方案。建议鲁王不必理会郑遵谦的檄文，只要用重兵弹压威胁，楚藩名号不正，必然不敢与鲁王相抗，并表示愿学唐代狄仁杰"取日虞渊"。"取日虞渊"典出唐代吕温赞颂狄仁杰语。据《新唐书卷一百一十五 列传第四十 狄仁杰》载："武后乘唐中衰，操杀生柄，劫制天下而攘神器。仁杰蒙耻奋忠，以权大谋，引张柬之等，卒复唐室，功盖一时，人不及知。故唐吕温颂之曰：'取日虞渊,洗光咸池。潜授五龙,夹之以飞。'世以为名言。"[20]张岱准备亲赴郑遵谦处,劝其反楚为鲁,自比当年狄仁杰引荐张柬之,以复唐室。可见张岱的自信以及对鲁王政权抱有极大期望。在张岱的记叙中,鲁王的臣下对张岱罗拜以谢,足见张岱在鲁王政权初期还是受到朝臣尊敬的。

经过张岱的再三开谕,以及沙弥寂惺在楚藩反复宣布鲁王威德,最终楚藩避走。郑遵谦失去靠山之后,亲赴张岱家里,表示愿受鲁诏。笔者仅见温睿临的《南疆逸史》对上述史实有过记载:"(郑遵谦)将迎楚宗室为王,无何鲁监国诏至,乃遣子懋绳率副将吴明杰以兵三千迎王。"[21]只是对郑遵谦反楚适鲁的史实一笔带过;其中的起因曲折以及张岱的贡献,以往文献都无记载。

此外,张岱为鲁王所授官职情况,目前学界并无清晰认识。据这封信所载:

> 臣于七月初一日命署府事,推官陈达情为都统制,勒其即日出师江干,勿得逗留越郡。次日遵谦即遵旨出江,越郡宁辑。初三日即尽鬻家产,招兵三千余人。率领郑遵谦长子懋绳、原任副总兵鲁明杰前来扈驾。郑遵谦进名马一匹,路费二千两。[22]

可见,在劝得郑遵谦迎鲁之后,张岱七月初一被封为鲁王命署府事。《上鲁王第五笺》中又说:"迎请主上监国,视师江干,录臣微劳,授臣锦衣卫指挥,署掌卫事。"[23]可知,张岱被授任的是锦衣卫指挥,署掌卫事。锦衣卫指挥使属正三品,一般为皇帝亲信担当,可以看出鲁王对张岱的信任。张则桐认为,张岱被授予的是兵部职方司主事。[24]但其他文献中并无这条授职信息,张岱研究专家夏咸淳也未提到张岱曾任兵部职方司主事。《浙东纪略》载:"杀金吾张岱之子张鉽。"[25]金吾与锦衣卫指挥都属亲卫,而与兵部职方司主事差别过大,且新见张岱的文稿里也未提及自己曾任兵部职方司主事,故张则桐的观点难以成立。

郑遵谦原副总兵鲁明杰其人,李聿求的《鲁之春秋》(清咸丰刻本)作"吴明杰","遣子懋绳帅吴明杰以兵三千迎鲁王监国于绍兴。"[26]温睿临的《南疆逸史》亦作"吴明杰"。朱翊清《埋忧集》(清同治刻本)则作"胡明杰",曰"鲁王监国诏至乃遣子懋绳率副将胡明杰迎王至绍。"[27]由于清代文献对南明史料删改严重,而沈本《琅嬛文集》里文字更加接近原貌,故郑遵谦派遣迎鲁王的原副总兵应为鲁明杰,"胡明杰""吴明杰"当为音近致讹。

此外张岱在信里,还透露了郑遵谦先被封为都统制,而非一步到位为义兴将军、义兴伯。

《浙东纪略》载:"十四日,嵊县亦有好义者,偕僧众十余人至嵊城招兵,嵊邑裘尚夔尽杀之，与其党自募一旅以起。"[28]此时张岱正好路过嵊县，知嵊县起义生员裘尚夔缺粮，便筹措银一千六百两招得裘尚夔，将其寄顿于吴凯麾下。张岱在信中记叙道：

> 臣路经嵊县，起义生员裘尚夔等踞守县治，从兵卤掠，遣官迎臣。至县向臣言义兵二千余人，缺粮半月，众兵汹汹，行将抢掠富家，事出无奈，请臣裁夺。臣思嵊民不堪重困，方今筚路蓝缕，政为主上驱除道路，万一嵊邑有阻，恐妨警跸。臣自措囊中，併贷典户，措银一千六百两，与与裘尚夔为千日粮。臣即亲往演武场，点名给散，军中苴牲歃血，拜臣为盟主，听臣指使。臣方有事扈从，不能携带守江。时值台温镇臣吴凯提兵至剡，臣即以裘尚夔等寄顿吴凯麾下带往江干，剡民案堵，父老垂涕，欲立祠祀臣，臣坚却之。[29]

张岱自措银两，为缺粮半月的裘尚夔筹得千日粮。此举不仅招得裘尚夔归鲁，同时也免除了嵊县百姓被抢掠之苦。嵊县民众感念张岱之恩，欲为其立生祠，为张岱所拒。此后裘尚夔被鲁王封为宣义将军，吴凯封为开远伯。张岱的这段行实，拨开历史尘埃，让今人窥知一二。

综上，张岱往来奔波、自筹家产，千辛万苦招抚郑遵谦、裘尚夔等地方劲旅，为鲁王政权的最终建立立下汗马功劳，因而被封为锦衣卫指挥，成为鲁王亲信。张岱后来为报主恩，提出了很多基于现实考量的军政建议，这在以往的张岱研究中从未被关注。

二 鲁王监国时期张岱军政思想及行实考补

张岱在鲁王监国期间，为鲁王提供了许多军政建议，然而由于其政治上过于激进，为自己招来各种势力的攻击，最终仅仅入仕两年，便被逼辞官归隐。虽然辞官后张岱依旧为鲁王建言，但是细读之后，可窥见其思想发生了变化。笔者从时间维度，将张岱的军政思想及行实分为在政、激辩及在野两个时期。其中在政与激辩时期，是从1645年七月鲁王开始监国到当年九月张岱辞官入剡，历时两个月；在野时期则是次年二月到八月间。

（一）在政时期

张岱1645年七月二十三的《上鲁王第四笺》，主要记载其在朝期间，根据历史经验和内察外省，为鲁王提出许多军政方面的建议，体现了张岱的军政思想。

首先是请立内府重兵，加强朝廷中央的军事统治力，使鲁王拥有兵势，以收各镇之兵，中兴大明。信中写道：

>……为义师蜂起,权未归一,请立内府重兵,以收居中制外之势事。……
>……臣故谓中兴之主欲混一区宇,则在于重主权;欲重主权,则在于一兵势;欲一兵势,则在于收各镇;欲收各镇,则在于重禁兵。……[30]

之前的南明弘光政权,由于江北四镇"定策之功"导致权势过大,跋扈自雄,弘光朝廷为这些地方军阀控制,最终导致覆灭。基于弘光小朝廷的前车之鉴,再加上汉光武、宋高宗这些中兴之主的历史经验,张岱认为中兴之主必须手握重兵,身莅戎伍。同时张岱还打算将自己手下的五千人马,归入禁卫。信笺云:

>臣部下有骠兵五千,可入禁卫。臣见有原任总兵官某某等五人,皆嘈嗜旧将,身经百战者,是可急使。臣再请旨召募挑选,以万人分为五营,各署一将,乘诸藩尚未派定,先拨其一府钱粮,以供糗饷。俟粮以次渐足,兵亦以次渐增,每营迟至五千,朝夕训练,数月之间,必无不一以当百矣。[31]

张岱对鲁王政权下的地方义军,有充分的认识。认为各郡县起义之人优劣不齐,必须挑选忠义善战骁勇的人。孱弱无能之辈,不可滥竽充数于军中,而应遣散归农,以节约军粮。此外张岱还建议鲁王身先士卒,督战江干。他认为,如此便可以进退自如,"进则冲锋陷阵,拔寨以前,退则刁斗烽烟,划江以守。"[32]

张岱在政时期敢于直言,其军政思想主要集中于加强补充中央禁军的实力,以弹压地方,即"居中制外"。这是吸取弘光王朝覆灭的教训,具有一定的战略眼光。然而张岱计划将自己的部下补充入禁卫,不顾地方藩镇的利益,表现出政治上的激进与天真,所以被同僚们排挤攻击是不可避免的。

(二)激辩时期

张岱不避斧钺,为鲁王直言建策。但由于过于直白激进,又未顾及各方利益,遭到各方势力的排挤。同年九月初五,张岱辞官归剡,撰《上鲁王第五笺》,总结自己两个月来所受的打压,表明心志,对攻击者予以反击。信中言:

>臣三十不第,绝意仕进,闭门著书。祗因北骑长驱,舍身报国。更因臣父曾为鲁相,缘是反楚拒唐,始终为鲁。迎请主上监国,视师江干。录臣微劳,授臣锦衣卫指挥,署掌卫事。[33]

除了曾经参劾马士英以及请立禁旅重兵成为他们的由头,攻击的重点是张岱非科甲出身的身份。用张岱的话说,"以臣非出身科甲,不许骤历崇阶。又以臣新进书生,不许妄诋大臣。又以臣为狎邪小人,私进美女梨园,希图大用。"[34]

针对上述攻击,他在信笺里一一加以驳斥。具体为五条,张岱称为"死不瞑目者五条"。

第一条,张岱反击那些攻击自己的科道言官,认为国家坏事实由科道。如果太祖高皇帝当年设立科道,则"刘伯温必以曾仕元朝立行退黜,常开平王必以绿林大盗立赐诛夷。"[35]此外张岱指出,那些"辫发投诚者半属科道,殿上相争如虎,而阶下乞怜如狗。"[36]张岱称这些祸国的科道言官为"狐群狗党"。

第二条,张岱反击那些地方军阀,认为这些藩镇"冒兵以自重,冒饷以自肥"。[37]这些地方藩镇攻击自己请设禁旅重兵的借口,是"居重轻御"之说,而实则中央禁旅是肉,地方藩镇军队不过是皮毛。清军的主要目的是食肉,所以重点在于朝廷中央禁军的力量。这些地方藩镇攻击自己,不过是因为怕被实力过强的中央禁旅弹压控制。

第三条,张岱斥责那些轻视科甲之外者的不肖之人。认为科举制使天下举子辛苦万状,应该变通。"我明三百年不变,以致朝廷之上颇多不肖之人。故前日贝勒至则朝贝勒,今日主上至又朝主上,捷若转圜,软如绕指。及今弹丸之地,又复站满朝端,植立党与,反谓科甲之外不宜妄用一人。"[38]张岱因为自己非科甲出身,饱受歧视,于是直言不讳地斥责那些科甲出身的人,认为他们驱利附势,又广植党羽,没有资格轻视科甲之外的人。

第四条,张岱反击乱臣贼子马士英及其爪牙。他认为马士英弑军卖国,神人共愤,自己曾请求君上诛杀马士英,然鲁王并未处决马士英。其爪牙门徒遍布各地藩镇,欲杀张岱以报复。信中言:"今乃藩镇诸臣非其门徒,即其走狗,蜮射鬼弹,思图报复,真欲杀臣而无罪者。"[39]

第五条,张岱反击那些攻击自己献美女梨园给鲁王的人。他认为这种攻击更加无稽,并质问鲁王:"美女十人,梨园二十四人,进之者臣,受之者主上也。有此事与无此事,主上胸中了然,随口可答,何糊模承顺,不赐一言昭雪。臣故不足惜酒色声伎,主上亦岂甘为弘光之续耶?"[40]

(三)在野时期

1645年九月初五,张岱辞别鲁王,携家人入剡,信中说:

> 故于九月初五日弃先人敝庐,携家人入剡,辞陛而去。臣至剡中,有田可耕,有园可灌,有松花枸杞足以酿酒,有笋蕨葵茗足以资粮,臣亦可以无憾矣。但愿吾主上专心致志,信任藩镇,颛用科甲,责其实效,恢复神京,澄清南北,长保此一块土终为明地。[41]

虽然信里张岱自称无憾,但实际上是带着极大的遗憾与失落感辞官归隐的,仍对鲁王寄予厚望。足见张岱强烈的复明之心和对鲁王的一片忠心。

仅仅两个月的为官生涯结束,张岱辞官隐居剡中。《上鲁王第六笺》是张岱于一年后的1646年(丙戌)年五月十八日所写,此时张岱已经远离仕宦半年多了。当年二月,定南伯俞玉聘张岱出山,商榷军务。染疾在身的张岱去俞玉处,历时百日有余。这段史实,之前史料未见,可补张岱生平。信中说:"今春二月,蒙定南伯俞玉聘臣出山,商榷军务,县官敦促至再至三。臣不得已,力疾到营,同在舟中百日有余日。"[42]

《鲁之春秋》载:"玉,山阴人,尝为方国安中军,监国封定安伯。"[43]《岭海焚余》则载:"而会稽县库额征之饷,复为方国安中军藩封定南伯俞玉者劫去。"[44]《浙东纪略》亦载:"而方国安中军定南伯俞玉又欲分十之五以饷兵。"[45]由此可见,《鲁之春秋》所说"定安伯",当为"定南伯"之讹。

再度出山的张岱,目睹江上羸弱的藩镇,觉得大势已去,撰"绝缨大笑三条"及"抚膺长叹六条",向鲁王陈述己见。通过张岱的表述,可见当时鲁王政权的状况。

"绝缨大笑"第一条,张岱指出当时各地藩镇数量冗多,且居安不思危。正所谓"北骑不来,偷安江上,不知所见而今日该封伯矣,又何所见而明日该晋侯矣,明日又该晋公矣。"[46]

"绝缨大笑"第二条,指出鲁王政权冗官严重,官僚机构腐败。"今之挂印开府者已二百二十余人矣。每日抄报一本,挂印者必列有数人。""是以大帅之虎符,轻视为佛图之印信也。"[47]

"绝缨大笑"第三条,指出各镇作战怯弱,且谎报不实之功。"各镇打仗从不上崖,视天晴日朗,浪静波恬,张帆扬斾,箫鼓楼船,量北兵鸟铳弩不及之地,乘风往来,骗隔岸放炮数十,即便收兵,遂获全胜,飞报辕门。"[48]甚至八百多鲁王军,被六骑清军追杀。"一日,方兵上珠桥、范村与敌打仗。我兵八百余人环列沙际,但见冲锋六骑,逢山上驰下,未反里许,我兵奔溃,声似屠猪,惨烈可悯,争先下船坠水死者无数。北骑拍手揶揄,按辔而去。"[49]这些兵士宁愿逃跑落水致死,也不敢与清军一搏,可见当时鲁军士卒怯懦之极。然而就是这样的溃败,也被报之以捷。"次日以非常大捷伸报朝廷,愿赏有差。此臣所目击,不一而止,是以枢部之军功,视作戏场之报捷。"[50]

此外张岱还有"抚膺长叹六条",向鲁王阐述自己所见之弊。

第一条,悲叹各藩差官科敛富户,致使"山阴、会稽、萧山三县,有十亩之产者无不立尽。"[51]

第二条,悲叹各藩助饷入私橐,而非入公帑。张岱举例:"拿一乡宦,强半入方靖南、黄明辅之私囊，御前俱用特其百分之一耳。"[52]

第三条，悲叹各藩克剥小民，强取民脂民膏更甚。导致"昔之取民者如梳，今之取民者如篦矣。"[53]

第四条，悲叹各藩买官卖官现象严重。而且"昔之卖官价贵，今之卖官价贱矣。"[54]

第五条，悲叹当时国戚宦官专权且拥有兵权。"昔之国戚、阉宦无兵，今之国戚、阉宦有兵矣。"[55]

第六条，悲叹各镇冒兵冒饷严重。"如荆藩兵不满两万，而冒十六万之饷，县官怒呼，民不堪命。各藩差强将雄兵，催科里迟，轻则捆打，重则枭示。昔之征粮用官法，今之征用军法矣。"[56]

在直言"绝缨大笑三条"及"抚膺长叹六条"之后，张岱又以布衣的身份给鲁王提出建议。他认为那些一步登天的官员最为可恨，"就此数者之中尤可恨者，朝为徒步，暮拥八驺；朝为布衣，暮服蟒袍；朝为贼盗，暮拜公侯。名器至此，狼藉已甚；冠裳至此，秽杂可羞。"[57]他自知自己也曾朝为布衣，一步登天，所以这样的话带有自嘲的味道。"读他的文章，你感觉不到徐渭、李贽那样的愤世嫉俗。不是不懂，而是看透，一切都经历过，也都明了。因此，看人看事，比较通达，也比较洒脱。一个明显的标志，就是不怎么愤怒与孤傲。"[58]从信的字里行间，可以看出这一时期的张岱，不再有昔日的自信与狂傲。虽然有不满，但是少了愤怒，多了一切明了后的无奈。

张岱不再言辞激烈地攻击那些宵小，而是以旁观的视角去观察鲁王政权存在的问题现状，建议鲁王以守待机，合理利用地形优势，作出防御部署。"尽越为水国，淖湿流通，蟠委错珍，势难急攻，况偃潴瓯更，步骑皆困。"[59]如果清军东渡，则用巷战之法，利用林麓优势，埋伏弓弩铳手伏击，还可破坏交通，堵截清军。还为鲁王谋划退路："沿江一带，海塘延亘数百余里，直达临山、观海，此路须宿重兵，摆列火炮，坚设木城以防窥伺。"[60]张岱认为越郡虽小，却有险可守。危局实不可解之时，便可在此困守数年，以待天下之动。

然而张岱的建议并没有起到作用。不久之后，北骑渡江，鲁王宵遁。丙戌（1646年）八月，张岱避兵剡之西白山，见鲁王政权之溃败，在写给母亲的《讳日告文》一文中曰："儿见时势如此，欲捐躯报国，踵巫咸之遗者数矣。乃自想国亡身亡，故是臣节，古人有田子春、陶靖节辈避迹山居，力田自食，亦不失为义士，或亦可以不死。又以儿著《石匮书》，记大明事实，纂辑至隆庆矣，三五年方得卒业，故忍死须臾，或亦可以不死。"[61]从这篇新见文献可知，鲁王政权溃败时，张岱本欲捐躯殉国。然《石匮书》未成，便学太史公，忍辱负重，以待复明之日。

综上，在一年左右的鲁王监国时光里，张岱经历了大起大落，也目睹了鲁王政权的兴衰。细读其不同时期的笺文，可以看出张岱心理的变化和转折。这种转折，是他走向成熟、走向独立人格的开始。这种心理的变化，对其日后创作风格的形成有着不可忽视的影响。

三 结语

鲁王监国政权本身顽疾过深，内斗严重。张岱个性鲜明，直言不讳，未能协调好各方利益集团，树敌过多，从地方藩镇军阀到朝廷的科道言官、科甲仕宦，都有所得罪。最终仕鲁不足两月，以致于现存史料里几乎看不到张岱与鲁王政权的任何记载。这几封新发现的《上鲁王笺》，时间贯串鲁王绍兴监国前后。不仅可以对南明鲁王政权的一些史实阙讹进行添补修订，而且通过对张岱在鲁王监国前后的行实的考察，可以发现其心理变迁，启发我们关注社会动乱对于个体心灵的影响。

注 释

[1] 张岱著、林邦钧注《陶庵梦忆注评》"鲁王"条，上海古籍出版社，2014。
[2] 张则桐：《张岱探稿》，凤凰出版社，2009，第287页。
[3] 《张岱诗文集（增订本）》，上海古籍出版社，2014，第547页。
[4] 张岱：《沈复燦钞本琅嬛文集》，浙江古籍出版社，2016，第266页。
[5] 林时对：《荷牐丛谈》卷四"蠡城监国"条。
[6] 张岱：《沈复燦钞本琅嬛文集》，浙江古籍出版社，2016，第265页。
[7] 张岱：《石匮书后集（台湾文献史料丛刊第五辑）》，台湾大通书局，1987，第82页。
[8] 谢国桢：《南明史略》，上海人民出版社，1957，第109页。
[9] 顾诚：《南明史·上》，光明日报出版社，2011，第189页。
[10] 司徒琳：《南明史》，上海古籍出版社，1992，第61页。
[11] 顾诚：《南明史·上》，光明日报出版社，2011，第186页。
[12] 张岱：《沈复燦钞本琅嬛文集》，浙江古籍出版社，2016，第264页。
[13] 查继佐：《罪惟录》，浙江古籍出版社，1986，第1954页。
[14] 《明清史料己编·第一本》，中华书局，1987，第17页。
[15] 张岱：《沈复燦钞本琅嬛文集》，浙江古籍出版社，2016，第264页。
[16] 张岱：《沈复燦钞本琅嬛文集》，浙江古籍出版社，2016，第265页。
[17] 温睿临：《南疆逸史》，中华书局，1959，第374页。
[18] 张岱：《沈复燦钞本琅嬛文集》，浙江古籍出版社，2016，第264、265页。
[19] 张岱：《沈复燦钞本琅嬛文集》，浙江古籍出版社，2016，第265页。
[20] 《钦定四库全书 新唐书》卷115。
[21] 温睿临：《南疆逸史》，中华书局，1959，第416页。
[22] 张岱：《沈复燦钞本琅嬛文集》，浙江古籍出版社，2016，第265页。
[23] 张岱：《沈复燦钞本琅嬛文集》，浙江古籍出版社，2016，第271页。
[24] 张则桐：《张岱探稿》，凤凰出版社，2009，第287页。

[25] 徐芳烈：《浙东纪略》，浙江古籍出版社，1985，第114页。
[26] 李聿求：《鲁之春秋》，浙江古籍出版社，1984，第196页。
[27] 参见朱翊清《埋忧集》（清同治刻本）卷八。
[28] 徐芳烈：《浙东纪略》，浙江古籍出版社，1985，第109页。
[29] 张岱：《沈复燦钞本琅嬛文集》，浙江古籍出版社，2016，第265、266页。
[30] 张岱：《沈复燦钞本琅嬛文集》，浙江古籍出版社，2016，第269页。
[31] 张岱：《沈复燦钞本琅嬛文集》，浙江古籍出版社，2016，第270页。
[32] 张岱：《沈复燦钞本琅嬛文集》，浙江古籍出版社，2016，第270页。
[33] 张岱：《沈复燦钞本琅嬛文集》，浙江古籍出版社，2016，第271页。
[34] 张岱：《沈复燦钞本琅嬛文集》，浙江古籍出版社，2016，第272页。
[35] 张岱：《沈复燦钞本琅嬛文集》，浙江古籍出版社，2016，第272页。
[36] 张岱：《沈复燦钞本琅嬛文集》，浙江古籍出版社，2016，第272页。
[37] 张岱：《沈复燦钞本琅嬛文集》，浙江古籍出版社，2016，第272页。
[38] 张岱：《沈复燦钞本琅嬛文集》，浙江古籍出版社，2016，第273页。
[39] 张岱：《沈复燦钞本琅嬛文集》，浙江古籍出版社，2016，第273页。
[40] 张岱：《沈复燦钞本琅嬛文集》，浙江古籍出版社，2016，第273页。
[41] 张岱：《沈复燦钞本琅嬛文集》，浙江古籍出版社，2016，第274页。
[42] 张岱：《沈复燦钞本琅嬛文集》，浙江古籍出版社，2016，第274页。
[43] 李聿求：《鲁之春秋》卷21，浙江古籍出版社，1984，第200页。
[44] 参见金堡《岭海焚余》（民国适园丛书本）卷上。
[45] 徐芳烈：《浙东纪略》，浙江古籍出版社，1985，第114页。
[46] 张岱：《沈复燦钞本琅嬛文集》，浙江古籍出版社，2016，第275页。
[47] 张岱：《沈复燦钞本琅嬛文集》，浙江古籍出版社，2016，第275页。
[48] 张岱：《沈复燦钞本琅嬛文集》，浙江古籍出版社，2016，第275页。
[49] 张岱：《沈复燦钞本琅嬛文集》，浙江古籍出版社，2016，第275页。
[50] 张岱：《沈复燦钞本琅嬛文集》，浙江古籍出版社，2016，第275、276页。
[51] 张岱：《沈复燦钞本琅嬛文集》，浙江古籍出版社，2016，第276页。
[52] 张岱：《沈复燦钞本琅嬛文集》，浙江古籍出版社，2016，第276页。
[53] 张岱：《沈复燦钞本琅嬛文集》，浙江古籍出版社，2016，第276页。
[54] 张岱：《沈复燦钞本琅嬛文集》，浙江古籍出版社，2016，第276页。
[55] 张岱：《沈复燦钞本琅嬛文集》，浙江古籍出版社，2016，第276页。
[56] 张岱：《沈复燦钞本琅嬛文集》，浙江古籍出版社，2016，第276、277页。
[57] 张岱：《沈复燦钞本琅嬛文集》，浙江：浙江古籍出版社，2016，第277页。
[58] 陈平原：《"都市诗人"张岱的为人与为文》，《文史哲》2003年第5期。
[59] 张岱：《沈复燦钞本琅嬛文集》，浙江古籍出版社，2016，第277页。
[60] 张岱：《沈复燦钞本琅嬛文集》，浙江古籍出版社，2016，第277页。
[61] 张岱：《沈复燦钞本琅嬛文集》，浙江古籍出版社，2016，第323页。

（责任编辑　王立嘉）

百年中国文学中的杭州想象[*]

◎ 黄道友

提　要：呈现在百年中国文学中的杭州物化形象，集中体现在梵声塔影、温山软水和坊巷老街，杭州精神形象则是宁静优雅、闲适逍遥。一个世纪以来，作家们在对杭州城市的想象中表达了无尽的赞美，播扬了杭州的美名，但其间也夹杂着不少对杭州的批评之声。杭州城市文学与中国其他主要城市的文学书写相比，显得薄弱。这需要杭州作家们增强书写杭州的自觉意识，将杭州地域文化资源发掘与自身艺术创新结合起来，相互促进，努力补齐杭州文学书写这一短板。

关键词：杭州形象　中国文学　优雅　闲适

作者黄道友，浙江商业职业技术学院人文学院讲师（邮政编码　310053）。

文学有着认识的功能，文学作品呈现的自然环境、社会风貌、人生图景能够影响读者的认知，引导读者建构属于自己的"想象的"世界。一百年来，中国的作家们正是通过自己的文学书写，为读者呈现出一座座个性鲜明的城市形象：雍容大度、官场气息浓厚的北京，时髦摩登、开风气之先的上海，大气豪迈、敢作敢为的武汉，雾霭弥漫、奋发有为的重庆，里巷深深、小桥流水的苏州，等等。杭州这座千年古城，也正是因为作家生花妙笔的播扬，才使她的艳名日益深入到万千读者的心中。通观百年中国文学，杭州的物化形象集中在香火缭绕的丛林寺院中、浓淡相宜的西

---

[*] 杭州市哲学社会科学规划课题"百年中国文学中的杭州想象"（G16JC008）的研究成果。

湖山水间和繁华娴雅的街头巷弄里。

一

"杭州西湖的周围,第一多若是蚊子的话,那第二多当然可以说是寺院里的和尚尼姑等世外之人了。……你若上湖滨去散一回步,注意着试数一数,大约平均隔五分钟总可以见到一位缁衣秃顶的佛门子弟,漫然阔步在许多摩登女士的中间。"[1]这是郁达夫在《玉皇山》中的文字。100年来,几乎任何一篇书写杭州的美文,都少不了会涉及杭州的寺庙丛林、梵声塔影。灵隐净慈二寺,雷峰保俶六和三塔,自古就是杭州的象征。杭州寺庙究竟有多少,在杭州出家的著名文艺僧人弘一法师说有2000余所。[2]这数字没有见证于官方统计,但寺庙之多大概是不假的。纵然历经时代风雨,经过大破坏和大整合,现在到杭州旅游的人们仍然能感受到杭州佛门信仰之风的浓厚和寺庙香火的旺盛。

蔡元培曾讲到杭州寺庙多的原因,是因为佛门借助西湖的美景,来增进人们对于佛的信仰。西湖的山水之美与佛门的信仰之力,都必须借助于人的情感来体认,西湖山水有助于人们情感的转移。[3]杭州寺庙多,进香礼佛成了杭州民众日常生活中的一件大事,多少故事就发生在到寺庙进香游赏的路上。杭州旧谚"一月灯,二月鹞,三月上坟市里看姣姣",郁达夫的《逃亡》写的就是一个发生在杭州近郊富阳,进香路上"看姣姣"后发生的故事。直到今天,人们行走在虎跑路、灵隐路、龙井路上,仍可看到成群结队的烧香男女。作为杭州的一道独特"风景",他们的故事曾经被书写,今后仍将被不断书写。

杭州的寺庙佛塔不仅多,而且名气也大。灵隐寺历史悠久,曾为东南第一禅林。净慈寺曾经与灵隐寺齐名,济公和尚在佛门中的特立独行与南屏山浑厚悠扬的钟声,是许多文学作品咏叹的对象。雷峰塔与净慈寺本为一体,民国时期,南山路修筑,净慈寺被一分为二。1924年,雷峰塔倒掉,因为这座佛塔的盛名,它的倒掉成为当时东南社会的一件大事。鲁迅连写两篇文章,借雷峰塔的倒掉,批判一切束缚人们自由的思想和行为,呼唤彻底的革新精神。

鲁迅这两篇关于雷峰塔的杂文,也在不经意间再次揭示了杭州人佛教信仰的深厚,虽然他们因信仰而生出的行为,让人觉得滑稽可笑。这种信仰,即使在抗日战争的漫天硝烟之中,也不曾消减。八·一三淞沪会战开始,日本飞机轰炸杭州,杭州人拖家带口逃到西湖周边群山中躲避炸弹。几天过去,市区安然无恙,人们返回后,感佛祖菩萨恩德,在灵隐寺大做法事,并禁屠三天。

杭州寺庙吸引了杭州本地和苏州、上海、嘉兴、湖州等地的香客,带动了杭州香市贸易的繁荣。同时寺庙兼作客栈，为香客提供斋饭茶水之便。在西湖周边这些大大小小的寺庙里，游客累了可以在寺庙禅房休息，饥渴之时也可在寺庙饮茶就餐，甚至停下来住宿。曾经担任过旧浙江省民政厅长的阮毅成认为，以龙井、虎跑、灵隐、理安、云栖为代表的诸多寺庙，为杭州现代旅游业的发展起到了奠基和催生的作用。

杭州寺庙多，杭州寺庙里的和尚也与别处更富有传奇色彩。"鞋儿破、帽儿破、袈裟破"的济公和尚，在正统佛教人士的眼里，就属于旁门左道。辛亥革命前，离净慈寺不远的白云庵成了革命活动的据点，白云庵出了两个身在佛门，心陷尘世的革命和尚得山和意周。李叔同、苏曼殊两个名僧出家杭州，归葬杭州，更给杭州的佛门增添了一抹浪漫的色彩。这些或不遵常规，或挣扎在红尘俗世和菩提净地之间的僧人，更能吸引作家和读者，为百年文学中的杭州形象塑造提供了历久弥新的素材。

寺庙在很多杭州人的生活中占据着不可或缺的地位。在时代的暴风疾雨中，当人们的生活被抛出正轨之时，寺庙也同样受到影响。"文化大革命"时期，杭州除了灵隐寺等少数寺庙得以保全之外，其他寺庙被破坏殆尽。王旭烽在《茶人三部曲》中，借杭嘉和为读者描述了上天竺寺被破坏的情形：上天竺放生池的老乌龟，"活了多少朝代，日本人手里都没有遭劫，现在肚皮翻翻都一命呜呼了。……不要说在大雄宝殿里拉屎撒尿，放生池里钓鱼也嫌烦了，干脆弄根电线下去，一池子的鱼虾螺蛳加千年乌龟，统统触杀"[4]。

二

"天下西湖三十六，就中最好是杭州。""未能抛得杭州去，一半勾留是西湖。"天下明山秀水之地众多，唯有西湖最让人留恋不舍。无西湖不成杭州，写杭州也多写西湖。西湖春夏秋冬的四时美景、阴晴雨晦的不同变化，无不出现在作家们的笔下。那些数不胜数的杭州游记，即使没有写到西湖，也并不表明西湖不在作家们心中，而是世间赞美西湖的语言已经用尽。作家们的感触，有类于"眼前有景道不得，崔颢题诗在上头"。

搜检百年中国文学的杭州书写，简直可以勾勒出一部"文学版"的百年西湖变迁史。我们可以从中看到，苏白二堤高高的拱桥改成可通汽车的平桥后，在杭州人和异乡客心中激起的回响；可以看到湖堤上始种桃柳，续种桑树，再种樱花，复种桃柳的过程。《茶人三部曲》中的文化汉奸李飞黄就先后积极参与了拔桃种樱和除樱复桃的活动，被亲朋耻笑。自民国肇始到1937年，西湖边的庄园别墅渐渐多了起来。有作家欣欣然寓居湖边的欢乐，铺写湖畔夜饮的畅快；有作家愤慨于权贵阔佬侵山圈湖，减少了公众游乐的空间，破坏了西湖传统的柔美和谐。日本人进驻杭州后，湖山荒废，湖上游乐被长期禁止，湖边庄园别墅换了主人。麦家在写《风声》时，就将人物活动的主要地点安排在西湖北山路人去楼空的裘庄以及西湖周边各处。1949年后，西湖风景得以恢复，环湖绿地增加，各种疗养院陆续兴建，作家们在创作中对这一新变也给予了及时的回应。《上海的早晨》里，劳动模范、先进生产工作者如汤阿英、管秀芬就被送到杭州工人疗养院疗养。《最后一个渔佬儿》中写到的九溪，之所以存在鱼市，正是因为九溪十八涧附近分布着多家疗养院，对鱼的需求量大。也有作家在作品中忧虑于"园林成了疗养院，一般人反而进不去"的现象。"大跃进"时期，工厂开到了风景区，杭州这座消费城市要变成生产城市。"文革"时期，古迹都属于四旧，风景名胜是有钱人吃喝玩乐的地方，是资本主义生活方式，于是"南屏晚钟被关了禁闭，柳浪闻莺受到月下老人的牵连"。[5]

上述出现在散文、小说中的对西湖风物的表现和对西湖变迁的不同反应，称赞也罢，反对也好，其实人们心中都隐藏着一个对杭州湖山的基本定位：温婉秀丽，易于亲近，作品都是基于这一定位的言说。

西湖的出名，向来不只在自然景观。如西湖一样的自然景观在别处也容易见到，正如李一氓在文章中对"西湖十景"所做的剖析："如平湖秋月，只要是湖，都能题上平湖秋月这一景。如柳浪闻莺，只要有柳在水边，也就能题上柳浪闻莺这一景。至于双峰插云，只要有两个山峰大体一般高，位置相距不太远，也同样可以题这样一景。"[6]湖山还需人增色，百年文学在书写西湖时，自然少不了对西湖人物的咏叹。这里面有缔造西湖之美的白苏二公，有为君国尽忠的岳飞、于谦、张苍水，有侠肝义胆的巾帼英雄秋瑾，有坚贞柔情的苏小小、范小青，有至纯至性的林和靖，有在秀美湖山中领悟宇宙人生真谛的李叔同、苏曼殊，有氤氲在西湖山水之间的众多民间故事和传说。这一切在大量的杭州游记散文、西湖文化散文中反复出现，共同塑造和加强了杭州温山秀水、人杰地灵的城市形象。

三

俞平伯曾在他的文章中，思考过"一半勾留是西湖，另一半是为什么"的问题。他没有给出明确的答案，但那意思是指向清河坊这类街巷的。他大赞清河坊逼窄得好，不修马路，只铺着石板，是典型的杭州街道，空气中流散着一种闲适的味道。"杭州清河坊的闹热，无事忙耳。他们越忙，我越觉得他们是真闲散。忙且如此，不忙可知。"[7]江南阴雨连绵的天气，在这样坚硬且湿滑的石板铺成的小巷，才会诞生《雨巷》这样惆怅凄迷的诗歌。

杭州不似北京，北京层层叠叠的四合院中深藏了太多的豪门大族、皇裔贵胄。但杭州是自古文风鼎盛之地，也不乏累世为官的望族大家。横河桥一带就是杭州自古缙绅较集中的地方，通俗历史小说作家高阳就出生成长在那里。他在《我的老家"横桥吟馆"》一文中，深情地回忆了大家族过冬至，做值年、值祭的过程，写了在老屋消夏、看闲书、吃零嘴，到羊坝头吃羊汤饭的种种童年往事，给读者留下了难得的杭州望族大宅里人们生活的面影。

比较同一时期国内其他大城市的文学想象，上海的文学地标是外滩洋房、现代化工厂、舞厅跑马场证券交易所，天津的文学地标是劝业场、五大道，北京的文学地标是天桥、胡同和四合院，武汉的文学地标是码头、租界、汉正街。而杭州的文学地标，在西湖之外，则是充满了传统气息的清河坊、官巷口、河坊街、清波门等处。

其实杭州并非没有更具现代意味的事物。辛亥革命后，杭州有过一段飞速发展的时期。1921年，永华汽车公司开行从城区到西湖的公共汽车；1929年，规模宏大的西湖博览会在杭州举行，展期137天，极大促进了杭州市政建设的发展。1931年，杭州自来水厂建成。1932年闸口电厂发电，闸口电厂与南京下关电厂、上海杨树浦电厂合称江南三大电厂。1949年后，杭州因为地处海防前线，最初国家在杭州没有建设大型项目。自"大跃进"时期开始，杭州规划了半山、拱宸桥等十大工业区。1958年的杭州城市规划，更是将杭州定位于"重工业为基础的综合性城市"，虽然规划未获得国务院批准，但此后的杭州建设受此规划影响很大。一百年来，杭州的现代工商业发展水平，数次位居全国省会城市前列。杭州还有现代大工业的力构，完工于1937年的钱塘江铁路公路两用桥，是20世纪50年代武汉长江大桥建成前中国最伟大的桥梁建筑，但却不为作家们所关注。其在杭州城市想象中的意义，远不如武汉长江大桥之于武汉，南京长江大桥之于南京，外白渡桥之于上海，黄河铁桥之于兰州。

作家对于杭州的书写，除了梵声塔影、温山软水外，注目的是杭州充满了古色古香韵味的坊巷和传统街市。如今杭州的历史街区经过整治，面貌焕然一新。河坊街、中山路、大兜路、胜利街、中河东河两岸、吴山脚下的坊巷街市，仍然是杭州最具传统气息的地方，成为外地游客游览杭州城市风光，感受杭州气息的首选地。在众多的杭州游记和关于杭州的文化散文中，这些带着古老气息的古街里巷仍然是作家们想象杭州的主要载体。无论是游客还是作家，工商业高度发达的杭州，钱塘江畔日月同辉、高楼林立的杭州，都不是他们想象中所期待的杭州。

四

  人们谈到杭州这座城市的气质时,很容易想到优雅闲适这两个词。中国似乎再无第二座城市担得起这一特质。成都算是闲适的,可人们很难把优雅与它联系在一起。与杭州气质类似的也许只有苏州,但没有西湖的苏州总是少一些韵致。百年中国文学对杭州城市气质的形塑和传播功不可没。

  在上海奔波忙碌艰难求生的人们,往往会选择到杭州来透透气,寻得身体的放松和精神的抚慰,这是许多文学作品常有的情节。《上海的早晨》里,徐义德在私营工商业社会主义改造中,没了精气神,"希望快离开这个劳什子的厂。不能在富春江住,先到杭州去白相白相也好。"[8]连作家们自己也常常随着他们笔下的人物一起,跑到杭州来放松身心。俞平伯在《城站》一文中写道:"在上海作客的苦趣,形形色色,微尘般的压迫我,而杭州的清暇甜适的梦境悠悠然幻现于眼前了。"有了这样对杭州的心理好感,他觉得城站"站外兜揽生意的车夫尽管粗笨,也总比上海的'江北人'好得多了"。[9]

  悠闲是浸在杭州人的骨血中的。施蛰存比较过上海杭州两地黄包车夫的不同情形:"上海虽亦有不少酒店,但一个黄包车夫把他的车子停在马路边,自己却偷闲吃一碗老酒的情形却是从来没有看见过的。于是我不能不惊异于杭州地方酒之普遍而黄包车夫之悠闲了。"[10]八·一三淞沪会战之初,日本飞机轰炸杭州笕桥机场,杭州市区并未遭到破坏,四散在附近山中逃空难的杭州人很快就回来了,连一口水也不喝,赶快去看看久违的西湖。日军占领杭州期间,不允许杭州人荡舟西湖。日本投降后,"虽然三岛历经劫难,尚未恢复花容月貌,但迫不及待的杭州人,已经一船船地朝湖上拥去了。"[11]山河破碎,家国危亡,这样的沉重事实,似乎都阻挡不住杭州人游湖的脚步。他们借着西湖的秀丽山水,以一颗闲适之心消解尘世的无尽烦恼。

  品茶是一种优雅闲适的活动,杭州出产好茶,杭州人也好饮茶。"文革"期间,茶叶的生产销售都由国家统一计划和管理,杭州人为了买到一点茶末末,在大街上排出数百米的队伍。《茶人三部曲》中,无忧茶庄的主人,种茶世家,凭票才能在春节买半斤茶叶。先前的帮工小撮着让人捎去二两自留地里种出的龙井,无忧茶庄的几个女人才得以在花木深房中,用藏起来的青瓷茶杯和黑色的天目盏品茶。有花,有茶,有器,还赏了《琴泉图》,以片刻的优雅和放松抚慰饱经创痛的身心,那是动荡年代绝境般的寒冬里难得的温馨时刻,有着和王安忆笔下《长恨歌》里程先生雨夜偷煮咖啡一样的隐喻意义。

  在生活富足、温山软水中保持一份从容和闲适,在闲适中保留一份宁静和优雅,这既是异乡客对杭州的固有印象,也是杭州人对这座城市的自我体认。当城市生活的现实与这种先验的判断背离时,异乡客会失望地觉得"杭州也不过如此",杭州人则会感到痛苦万分。在杭州,曾经有一个时期,西装旗袍高跟鞋和它们的主人一起,成了被批斗的对象。在频繁的社会运动不断地相互斗争中,杭州人变得粗俗了。援非回来的杭汉,在菜场买黄鳝,遭到女营业员的"革命性"辱骂,他惊叹:"杭州,出苏小小的地方,女子都该如西施一般的,怎么可以手指戳戳,老子老子,一副青洪帮的吃相!"[12]

杭州人的优雅闲适是西湖的温山软水滋养出来的,是杭州城内城外四季不断的梵声香火带给他们的启迪。一方水土一方人,杭州人的气质与杭州的山川风物是契合的。丰子恺在《山中避雨》一文中,记叙他1935年秋天在西湖山中避雨拉琴,女儿歌唱,三家村的青年们一起相和的情景。我们从中丝毫感受不到时代大动荡中的纷乱和苦痛。柯灵记录过抗战结束那一天杭州的样子:清早"堤上静得出奇,偶尔有鸟语一两声;一个少女骑着自行车,穿过夹道的垂杨,在如雾如烟的绿色中逝去,留下的还是一堤空寂"。[13]战乱之中,西湖仍保持着它的柔美和宁静,看不出这是一座经历过战争、被敌人占领过的城市,大大异于现代文学作家对于日寇侵占过的其他中国大城市的描写。

五

百年中国文学中,杭州收获的不全是赞美之声,也有对它的批评。这些批评既指向杭州的自然环境、人工建设,也指向杭州人的精神气质。许多作品在铺陈西湖的春秋之美时,不忘提及杭州冬天的湿冷和夏日的酷热。郁达夫有"冷雨埋春四月初"的诗句,写的是杭州春寒的难熬。春天尚且如此,冬天的阴冷更可以想见。而与冬天冷雨相比,更可怕的是夏日的酷暑。徐志摩在《丑西湖》中说,夏日水浅的西湖像个干血痨的美女,还带着股腥味。川岛的散文中写到鲁迅在杭州游览时患病,正与杭州的酷热有关。

20世纪二三十年代,西湖兴起现代化建设运动,西湖周边的洋房别墅多了起来,许多传统的湖边建筑也改建成了中西合璧的样式或者纯西洋的样式。汽车开上了苏白二堤,汽油船在三尺柔波里轰鸣而过,工厂的烟代替了出岫的霞,西湖博览会纪念塔高高地"霸"在孤山前的水面上。这一切让深爱中国传统文化的现代作家们大为不满,惋叹西湖"分明天生俊俏的一个少女,生生地叫一群粗汉去替她涂脂抹粉"[14]。恨屋及乌,连西湖里的蚊虫也格外的大、格外的毒,杭州话里那卷过了头的"儿化音",听起来也让人心烦。

一些作家把对杭州的批评，更指向了杭州人的性格和气质。郁达夫在以《杭州》为题名的总括性书写杭州的文章中，将现在杭州人的性格概括为："意志的薄弱，议论的纷纭；外强中干，喜撑场面；小事机警，大事糊涂；以文雅自夸，以清高自命；只解欢娱，不知振作。"[15]他甚至认为杭州人四时的游逛，也是仪式，也是为了撑面子。春秋佳日，时令假期，若不出去走一遭，便被人看不起。这只是印象式的概括，郁达夫并没有给我们提供几个可以证实他判断的具体可感的杭州人形象。倒是王旭烽在她着意书写杭州的长篇巨著中，借东北流亡青年罗力，更具体形象地表达了对杭州人的看法。"他虽从军在杭，对杭州人却是真有那么几分瞧不起的。一看到那些节假日拖儿带女一家子，腋下夹着一领席子就到西湖边去的家庭妇男，罗力就鼻子直哼哼。""杭州的官员们动不动就到楼外楼吃醋鱼，边吃醋鱼边讨论抗战，边远眺三潭映月，边吟诵气吞山河的七律五绝，却又整个儿一副醉生梦死的架势。"[16]罗力也不喜欢杭州姑娘，认为都是小家碧玉。"豆腐西施，馄饨西施，弄堂西施——肩是塌塌的，脸是白白的，腰倒是细，胸却像两粒小豌豆。"[17]

鲁迅因为雷峰塔的倒掉，写过两篇与之相关的杂文，表达了对以"西湖十景"为代表的"十景病"的不满，批判了追求圆满和谐的传统文化意识。虽没有直接批评杭州和西湖，但他对于杭州的逸乐氛围是有感受的，并将自己对杭州的态度写在给郁达夫的《阻郁达夫移家杭州》一诗中。

总体而言，赞美杭州的文学书写远多于批评杭州的文学书写，赞美和批评的背后是文化心态、价值观念、作家个性情趣的差异。20世纪二三十年代，在国家迈向现代化的过程中，部分深染传统文化习气的作家还没有完成文化和心理的转型，他们对杭州的变化，尤其对西湖的新变，还难以完全接受。日籍作家青木正儿在他关于杭州的书写《杭州花信》中，对这种心态进行了深入的分析，认为"决不能把西湖仅仅看作一个古迹名胜"，"毁掉一两个景观没有什么大惊小怪的"，并指出"中国民族的伟大就在于吸收外来文化，以壮大自己"。[18]日本比中国更早开始现代转型，日籍作家的态度更具前瞻性。事实上，批评杭州的作家们，面对杭州，内心也是矛盾的。郁达夫仍移家杭州，丰子恺常住西湖，徐志摩也承认，西湖虽丑，但在当时的中国，也算是最好的所在了。

作家鲁迅与小说中的人物罗力都是战士，战士渴望力与火的生活，杭州的闲适优雅，当然令他们不满。同样在以阶级斗争为纲的20世纪六七十年代，杭州的悠闲气质与时代氛围格格不入，杭州的历史禀赋与现实生活难以自洽相通，杭州在同期的文学书写中隐匿不见。有意味的是，现在的杭州在物阜民丰的基础上继续以优雅闲适作为自己的名片。小说中曾经讨厌杭州的罗力，最后也娶了杭州女儿寄草，在杭州度过了他的余生。

六

　　一百年来，中国文学对杭州的书写，有四多四少的特点：写景抒情的散文多，描摹世情、刻画人物的小说少；描绘杭州风景的多，展现杭州人情的少；写老杭州传闻掌故的多，涉及当下状况的少；外地作家写杭州的多，杭州本土作家写杭州的少。

　　外地作家以游客视角讲述的"他乡"风景和故事，难免深受"书本上的杭州"的既定印象影响，难以摆脱已有的定见，写出的作品难免浮光掠影，人云亦云。本土作家乐于翻检老杭州的"一山二月，两堤三塔，三竺六桥，九溪十八涧"，敷陈老杭州的名人轶事，写出大量所谓"文化散文"的篇章。这些甚至不能称为"创作"的书写，除了成为内外游客了解杭州的速成读本外，没有其他更深的意义。书写杭州的大量作品，景大于人，只见美景，不见人物，有些类似于某些"戏不足，景来凑"的表现边地或少数民族生活的劣质影片。甚至连景物也是朦胧的，如同中国的写意山水，人物更只剩下面目模糊的几个小点。这种只见景物不见人物，或者景物与人物相分离的书写，构不成反映杭州城市地域文化特色的风俗画卷。

　　正是因为杭州文学想象的种种缺憾，王旭烽的长篇小说《茶人三部曲》便有着突出的意义。它是迄今为止以长篇小说的形式有意识地表现杭州、书写杭州的最成功作品。它有着杭州的山水风物、风土人情、生活习俗，有着丰富而鲜活的杭州生活画面，充满了杭州的气息，为广大读者提供了充盈饱满的杭州立体形象。比如，很多作家在散文中写到的杭州的逸乐氛围和杭州人的闲适情调，多是模糊不清的几声感慨，而《茶人三部曲》却给读者提供了具体可感、真实可信的艺术细节。日军占领时期，清明时节，杭州人照例涌出清波门悼念逝者，拥抱春天。日军司令官小堀一郎在清波门关卡，骑在高头大马上，脸上一副凶神恶煞的样子，"心里却在想象着张岱笔下中国江南的这幅其乐融融的民俗画卷。这种暗藏着的精神享受是不可告人的，和他的身世一样不能反思却又充满诱惑"[19]。罗力那些非东北姑娘不娶的老乡们经过西湖温山软水的浸染，已经统统娶了杭州姑娘，安了新家，中秋之日，与其他杭州男人一样，腋下夹着一领凉席到平湖秋月赏月去了。

　　百年中国文学中，许多作家专注于书写某一座城市，他们以自己的创作为读者贡献出一座座丰富生动的文学想象之城。反过来，因为他们杰出的创作，因为他们在文坛上的声誉，他们笔下的想象之城，得以被更多人所认知。老舍笔下的北京，林希、冯骥才笔下的天津，方方、池莉笔下的武汉，施蛰存、王安忆笔下的上海，巴金笔下的成都，叶兆言笔下的南京，陆文夫、范小青笔下的苏州，贾平凹笔下的西安，莫不如此，这样的名单还可以拉得更长。

上述作家,之所以执着地书写一座城市,能够将他们曾经生活过或者依然生活于其间的城市表现得那样丰富深刻,与他们的创作观念有关;有意识地自觉地去书写他们"歌哭于斯"的城市,是他们共同的特征。王旭烽也有过类似的表白,她说:"我心里一直有一个梦想,就是在我的有生之年,能建造一个虚构的文学杭州,其背景是杭州、西湖,但内容不是感性的,而是理性的,哲学的。"[20]

比较而言,有意识地大规模深入书写杭州的作家不多,因为书写杭州而取得重要文学成就,在文坛上占有一席之地的作家更少。这使得关于杭州的文学书写不仅在现代文学时期显得薄弱,在新时期以来的文学书写中也大大落后于国内其他重要省会城市。杭州作家如何更加自觉地通过文学创作呈现杭州形象,如何把自己的作品与杭州城市生活更加紧密地结合起来,如何将切近的杭州体验与传统的杭州形象自洽对接,如何使杭州地域文化资源发掘与自身艺术创新相互促进,这是杭州文学书写需要着重考虑的问题。

注 释

[1] 郁达夫:《玉皇山》,《郁达夫文集》,当代世界出版社,2010,第117页。

[2] 弘一:《我在西湖出家的经过》,《杭州市志》第十一卷,中华书局,2000,第427页。

[3] 蔡元培:《学校是为研究学术而设——在西湖国立艺术院开学式演说词》,《杭州市志》第十一卷,中华书局,2000,第405页。

[4] 王旭烽:《茶人三部曲》第三部,人民文学出版社,2004,第273页。

[5] 夏衍:《〈西湖旧踪〉代序——让西湖更美》,《杭州市志》第十一卷,中华书局,2000,第561页。

[6] 李一氓:《〈西湖十景〉后记》,《杭州市志》第十一卷,中华书局,2000,第528页。

[7] 俞平伯:《清河坊》,《杭州市志》第十一卷,中华书局,2000,第452页。

[8] 周而复:《上海的早晨》第三部,人民文学出版社,1958,第245页。

[9] 俞平伯:《城站》,《人生不过如此》,湖南文艺出版社,2002,第83页。

[10] 施蛰存:《玉玲珑阁丛谈》,转引自李杭育《老杭州》,浙江文艺出版社,2016,第136页。

[11] 王旭烽:《茶人三部曲》第二部,人民文学出版社,2004,第525页。

[12] 王旭烽:《茶人三部曲》第三部,人民文学出版社,2004,第83页。

[13] 柯灵:《在西湖——抗战结束的那一天》,《杭州市志》第十一卷,中华书局,2000,第489页。

[14] 徐志摩:《丑西湖》,《徐志摩文集》,时代文艺出版社,2004,第124页。

[15] 郁达夫:《杭州》,《郁达夫文集》,当代世界出版社,2010,第251页。

[16] 王旭烽:《茶人三部曲》第二部,人民文学出版社,2004,第33页。

[17] 王旭烽:《茶人三部曲》第二部,人民文学出版社,2004,第33页。

[18] 青木正儿:《杭州花信》,《16城记》,吉林出版集团有限责任公司,2012,第74、75页。

[19] 王旭烽:《茶人三部曲》第二部,人民文学出版社,2004,第326页。

[20] 王旭烽:《曲院风荷·历史风貌与文化叙述》,转引自陈力君《现代文学中杭州形象的解读与反思》,《中国文学研究》2006年第3期,第77页。

参考文献

阮毅成:《三句不离本"杭"》,台湾正中书局,1974。

麦家:《风声》,南海出版公司,2007。

周而复:《上海的早晨》,人民文学出版社,1958。

李杭育:《最后一个渔佬儿》,《小说月报》1983年第6期。

陈星:《丰子恺新传》,北岳文艺出版社,1998。

鲁迅:《论雷峰塔的倒掉》,《再论雷峰塔的倒掉》,《坟》,人民文学出版社,1980。

杭州市地方志编纂委员会:《杭州市志》第七卷,中华书局,1999。

杭州市地方志编纂委员会:《杭州市志》第十一卷,中华书局,2000。

(责任编辑　王立嘉)

繁华落尽　胜景难留
——韩侂胄南园考述

◎ 张雅丽

提　要：宁宗时，慈福太后将高宗别馆赐给韩侂胄。韩修葺后命名为南园，请陆游作记，在南园宴请宾客。本文根据文献和文集里的诗词资料，整理南园的兴衰流变和当时南园发生过的事情，以及宋以后文人关于南园的诗词。

关键词：韩侂胄　南园　兴废

作者张雅丽，上海社会科学院文学研究所2016级研究生（邮政编码　200030）。

绍熙五年（1194年），宋光宗被逼退位，宁宗在韩侂胄、赵汝愚的拥戴下继位，而后韩、赵两派进行了一年的斗争后，韩侂胄一派胜出，赵党被贬黜。后韩侂胄又被封为"平章军国事"，享尽权贵。慈福太后对韩侂胄恩宠备至，将高宗时的别馆赐给韩侂胄。韩命名为"南园"，大兴土木，扩展范围，极湖山之美，又让陆游作《南园记》，来标榜自己的功德[1]。关于南园，鲜有人做较为详细的研究，大多是辑录南园概况。如日本冈大陆的《中国宫苑园林史考》[2]，仅收录胜景园（南园）的概况；赵黎明的《放翁与〈南园记〉》[3]，仅对陆游写《南园记》做考证和辨析；林正秋的《南宋宰相与西湖》[4]，也仅仅概述韩侂胄被赐南园的情况。只有陈天声在《南宋"南园"考》中，对陆游《南园记》的写作日期、南园的具体地点和人们对《阅古泉记》《南园记》的误解做出考述，但没有对整个南园的概况和流变做较为全面的论述[5]。本文根据文献和文集里的诗词资料，在现有的研究基础上，整理南园的兴衰流变和当时南园曾发生过的事情,以及宋以后文人关于南园的诗词。

一 韩侂胄时期南园盛况

(一) 南园胜景

韩侂胄官至平章军国事,在朝野可谓呼风唤雨,他的私园自然也不寻常。陆游在《南园记》里描述,其"地实武林之东麓,而西湖之水汇于其下,天造地设,极湖山之美"。"前瞻却视,左顾右盼,而规模定。因高就下,通塞去蔽,而物象列。奇葩美木,争效于前。清泉秀石,若顾若揖。于是飞观杰阁,虚堂广厦,上足以陈俎豆,下足以奉金石者,莫不毕备。升而高明显敞,如脱尘垢;入而窈窕窦深,疑于无穷。"周密在《武林旧事》记载道:"有许闲堂、和容射厅、寒碧台、藏春门、凌风阁、西湖洞天、归耕庄、清芬堂、岁寒堂、夹芳、豁望、矜春、鲜霞、忘机、照香、堆锦、远尘、幽翠、红香、多稼、晚节香等亭。秀石为山,内作十样锦亭,并射圃、流杯等处。"[6]吴自牧的《梦粱录》称:"园内有十样亭榭,工巧无二俗。"[7]

陆游并未去过南园,仅凭介绍,便不吝夸饰之辞。韩对于陆游的这篇《南园记》相当满意。后来郑域作《南园记》献给韩,韩没有理会,[8]以致郑撰《南园记》今已无从找寻。文人的描述或许有夸饰之处,但当时韩侂胄势力之大,南园景色之胜,却并非空言。

陆游在这篇记文中,劝诫韩侂胄效仿其曾祖父韩琦,建立自己的功业,齐忠献之名,这与韩侂胄不谋而合。《南园记》云:

> 公之为此名,皆取于忠献王之诗,则公之志,忠献之志也。与忠献同时,功名富贵略相埒者,岂无其人?今百四五十年,其后往往寂寥无闻。而韩氏子孙,功足以铭彝鼎、被弦歌者,独相踵也。迨至于公,勤劳王家,勋在社稷,复如忠献之盛。而又谦恭抑畏,拳拳于忠献之志,不忘如此。公之子孙又将视公之志而不敢忘,则韩氏之昌将与宋无极。

陆游与杨万里等人历来主战,韩侂胄不会不知。当时金国已有衰败之势,韩侂胄用兵之前曾派张嗣古、李壁出使金国,可以说有所准备。陈登原先生也认为,"当时亦未必无可乘之机"[9]。他希望同曾祖韩琦一样,成为千古名相,所以用兵之初意,是为传世之功名。其为南园亭台楼阁所取之名,多承袭韩琦。诸如"阅古堂"承韩琦定州"阅古堂"之名,韩琦曾作《定州阅古堂记》[10];"清芬堂"取自"清芬逾众芳"句[11];"晚节香"采自"且看黄花晚节香"[12]句等。甚至"南园"

之名，都可能是取自韩琦相州的"康乐园"。韩琦在《相州新修园池记》中写道："南北二园，皆植名花杂果、松柏杨柳所宜之木，几数千株。既成而遇寒食节，州之士女无老幼，皆摩肩蹑武，来游吾园。或遇乐而留，或择胜而饮，叹赏歌呼，至徘徊忘归。"[13] 可见，韩侂胄对曾祖父韩琦是相当崇拜和向往的。所以陆游这篇《南园记》，正合韩侂胄的心意。陆游在文中苦心劝说，无非是为促使韩侂胄出兵北伐，这也算是这位爱国诗人为国为民做出的一点儿贡献。

（二）南园的故事和文学

韩侂胄对慈福所赐的南园十分看重，一再邀请同僚去游玩，其间发生了一些啼笑皆非的故事。

1. 赵师𢍉犬吠之事

赵师𢍉在庆元四年官至工部侍郎，在官制上，属正四品下，是高层文官。最早记载赵师𢍉犬吠之事的，是李心传《朝野杂记》。说韩侂胄与宾客在南园饮酒，赵师𢍉也在座。路过山庄茅舍，韩侂胄对众宾说："此真田舍间气象，所惜者欠鸡鸣犬吠耳！"少顷，便听得有犬吠之声，众人一看，是赵师𢍉蹲坐在地，拟犬吠之声。这一举动逗得韩侂胄大笑，自此更加信任偏爱他。[16]

关于赵师𢍉犬吠南园这件事，历来未有定论，叶绍翁最先否认：

虽师𢍉固附韩者也，亦岂至是？李秀岩心传不谙东南事，非其所目击，乃载其事《朝野杂记》。诸生犬吠，斋郎之诗特详焉，后之作史者当考。或谓有穿狗窦而入见韩者，亦非。[17]

李心传在《朝野杂记》自序曰："……远而朝廷四方，……其未闻与未知者亦不少矣。"李心传为四川人，乡试不举，便埋头写书。所以叶绍翁所说他"不谙东南事"，不算冤枉。

太学生讥诮之诗，在今存《朝野杂记》中的，只有"也曾学犬吠村庄"句。《鹤林玉露》中有较为详细者，诗曰："堪笑明庭鸳鹭，甘作村庄犬鸡。一日冰山失势，汤燖镬煮刀刲。"[18] 冯梦龙在《古今谭概·鸡鸣犬吠》篇中还录另一首诗：韩平原作南园于吴山上……后平原败，复有诗云："侍郎自号东墙，曾学犬吠村庄。今日不须摇尾，且寻土洞深藏。"[19]

叶绍翁以外，周密在《齐东野语》为韩侂胄辩护，还举例论证。此书的《南园香山》写道：

事有一时传伪，而人竞信之者。阅古之败，众恶皆归焉。然其间率多浮诞之语，抑有乘时以丑名恶声以诋平日所不乐以甘心者，如"犬吠村庄"等事是也。姑以《四朝闻见录》所载一事言之，谓蜀师献沉香山高五丈，立之南园凌风阁下。今庆乐园即昔之南园也，所谓香山尚巍然立于阁前，乃枯桱耳。初，非沉香也。推此以往人言未可尽信也。如此,余尝戏赋绝句云:旧事凄凉尚可寻,断碑闲卧草深深。凌风阁下槎牙树,当日人疑是水沉。[20]

当日情况究竟如何,已无从知晓。或真有其事,或如叶绍翁和周密等人所说,是太学生的夸大构陷。文献资料里没有更多的记载,我们也只能留着谜题。

2. 游春黄胖

除了赵师异犬吠之事,《万历·杭州府志》记载游春黄胖一事:

侂胄冬月游湖回至南园,张宴有献傀儡,为士负小儿者,名为迎春、黄胖。韩顾一族相之子为院判者,命咏诗,乃献一绝云:"脚踏虚空手弄春,一人头上要安身。忽然线断儿童手,骨肉具为陌上尘。"韩大不安,遂罢宴,未几祸作。侂胄封平原郡王而官太师,一时献佞者皆称师王。时参知政事钱象祖尝谏用兵,与侂胄有隙。史弥远遂与合谋,既得罢旨,遂私谋批杀之,宁宗实不知也。都下为之语曰:"释伽佛中间坐,胡汉神立两旁。文殊普贤自斗,象祖打杀师王。"闻者绝倒。[21]

游春黄胖事,褚人获《坚瓠集》三集卷二也有收录。由此可知,韩侂胄曾经与朝士饮于南园,有人作诗《游春黄胖》。此诗咏的为土偶,通俗称之泥人。因为此诗含凶兆,韩大不安,于是罢宴。不久以后,史弥远与钱象祖合谋,将韩侂胄罢官谋杀。一代枭雄落幕,南园盛况不再。

3. 山中宰相

以上两则故事,无论是否夸大其词,至少是宋人有明确的文献记载和考证。而"山中宰相"的故事,明代《问奇类林》中才有记录:

《鹤林玉露》又考侂胄宁宗朝以定策功进位太师,官至平章,威权隆重,朝野侧目,天子拱手而已。一日过南园山庄,赵师异偕行……俄见林薄中一牧童骑犊,且行且歌曰:"朝出耕田暮饭牛,林泉风月相悠悠。九重虽窃阿衡贵,争得功名到白头。"师异呵曰:"平章在此,谁敢唐突!"牧童笑曰:"吾但识山中宰相,安知朝内平章?"胄曰:"汝宰相何人?奈未识。"荆童曰:"公如欲见,枉驾草庐。"欣然而行,至则竹篱茅舍,石磴藤床,书画琴棋,亦甚整洁。屏间有二律诗,其一曰:"病国妨贤主势孤,生民无计乐樵苏。伪名枉玷朱元晦,谋逆空污赵汝愚。羊质虎皮千载耻,民膏血脉一时枯。若知不可同安乐,早买扁舟客五湖。"其二曰:"定策微劳总是空,一时狐假虎威风。不知积下滔天罪,问欲谋成盖世功。披露奸心愚幼主,彰闻恶德辱先公。玉津园内行天讨,怨血空流杜宇红。"胄阅毕,勃然变色……[22]

郭良翰说《鹤林玉露》对此事有考证,但相关记载今《鹤林玉露》中已不存,应当是后来散佚了。从中知道,小儿嘲其"争得功名到白头",茅舍题诗也讽其构陷赵汝愚,可见当时人们对韩侂胄的印象不佳。

二 韩侂胄以后南园的流变

韩侂胄去世，南园复归御前。《万历·杭州府志》卷五十有对胜景园的记载：

> 在长桥南，旧名南园，一名庆乐园。宋慈福太后以赐韩侂胄，后复归御前。理宗更赐福王，御书"胜景"二字为匾。内有石假山，三峰奇峭，今漫不可寻矣。[23]

南园重归朝廷以后，改名"庆乐园"，后宋理宗将南园赐给福王赵与芮，并亲题"胜景"二字，自此南园便成了"胜景园"。从记载可见，在万历之前南园就不存在了。元代还有文人写游南园的作品，到了明清，大多是怀古咏史之类的作品了。所以大体可以推断，南园是在明代消失的。至于消失的原因，姜南《蓉塘诗话》载："余为童子时，见所谓庆乐园者，其峰磴石洞，犹有存者，至正德间，尽为有力者移去矣。"[24]

明代中后期，园林处于极其兴盛的状态，夏咸淳在其《中国园林美学思想史》中这样评价："明代中叶正德、嘉靖以来，经济与文化呈现加速发展的趋势，思想活跃，文风兴盛，达官名士之家构建园林渐成时尚……尤以吴中最盛，所谓苏州名园甲天下。"[25]

明代建园之盛，导致废旧园林之原料被利用，这也就可以解释姜南所谓"为有力者移去"的原因所在了。至于后来的情况，《万历杭州府志》卷二十五有记载：

> 熙宁间，县令陆元长临北流为亭……对岸号"南园"，旧有台榭之胜，自双溪跨桥以入。一日水大至，桥坏而亭摧，邑人自是无骋目纵步之地。[26]

可见，南园之石被后人挪用，而最终毁于水灾。《中国灾害通史·明代卷》统计，明代浙江发生过的水灾就有102次[27]，所以《杭州府志》的记载应当无误。至于毁灭的具体年份，至今已不可考，应当是明正德至万历年间。

三 南园后咏

韩侂胄既死，南园盛况也不复存，后人见之，往往颇有感慨。从宋至清，不乏咏怀的诗句词章。

（一）宋代（以周密、董嗣杲、张炎为例）

上文说过，周密认为赵师异犬吠一事，是太学生伪作，说明周密对韩侂胄是有

所同情的。《武林旧事》载有周密为南园写的两首诗:

弁阳翁诗云:"清芬堂下千株桂,犹是韩家旧赐园。白发老翁和泪说,百年中见两平原。"又云:"旧事凄凉尚可寻,断碑空卧草深深。凌风阁下槎牙树,当日人疑是水沉。"

周密晚年号弁阳老人,文中的弁阳翁是他的自称。白发老翁看着清芬堂和凌风阁破败的景色,想起昔日之胜,不免悲从中来。

除《武林旧事》外,《齐东野语》卷十九《贾氏园池》,记载了同是南宋权相的贾似道的私人园池,其中提及韩侂胄的南园。吴人汤益有诗云:"檀板歌残陌上花,过墙荆棘刺檐牙。指挥已失铁如意,赐予宁存玉辟邪。败屋春归无主燕,废池雨产在官蛙。木绵庵外尤愁绝,月黑夜深闻鬼车。"李彭老有绝句一首:"瑶房锦榭曲相通,能几番春事已空。惆怅旧时吹笛处,隔窗风雨剥青红。"[28]

除了周密以外,董嗣杲《西湖百咏》也记载当时已经是胜景园的南园,有诗云:

名花袅袅草纤纤,台榭随幽逐胜添。十样结亭环水树,一碑述记卧风檐。
梅关桥落停换钥,射圃楼空失垛帘。向日相传谁学吠?村庄毕竟出沽帘。

和　韵

春来芳草绿纤纤,亭榭园中比旧添。芍药日烘迷彩槛,芭蕉风动拂雕檐。
花边碧沼堪垂钓,竹外青山称卷帘。误国平章何处也?东风还飐酒家帘。[29]

关于董嗣杲,《宋人传记资料索引》记载:"董嗣杲,字明德,号静传,杭州人。景定间榷茶富池,咸淳末为武康令。宋亡,入山为道士,改名思学,字无益,有《西湖百咏》《庐山集》。"[30]和韵的作者,纪昀等人在《西湖百咏》序中提到,为明人陈贽。董嗣杲所唱及陈贽所和皆九十六首,南康知府陈敏始以二家所作合刻。嘉靖中,周蕃重刻之时,疑有脱页,所以所载不全,即现所见《西湖百咏》本。

董嗣杲是南宋遗臣,想必是对南园的盛名有所耳闻,甚至曾慕名拜访。名花袅袅,芳草纤纤,梅关桥落,射圃楼空。当日的平章政事如今何在?不过是云烟过眼。村庄依旧在,只是人已非。

南宋词人张炎有《高阳台》词并序:

庆乐园即韩平原南园,戊寅岁过之,仅存丹桂百余株,有碑记在荆榛中。故末有亦犹今之视昔之感。复叹葛岭贾相之故庐也。
古木迷鸦,虚堂起燕,权游转眼惊心。南圃东窗,酸风扫尽芳尘。貂蝉飞入平原草,最可怜、浑是秋阴。夜沉沉。不信归魂,不到花深。

吹箫踏叶幽寻去,任船依断石,袖裹寒云。老桂悬香,珊瑚碎击无声。故园已是愁如许,抚残碑、却又伤今。更关情,秋水人家,斜照西泠。[31]

张炎生于淳祐八年(公元1248年),晚年归隐杭州,约在公元1320年卒。所说戊寅年,为公元1278年,当时他所见的南园已经凋敝,仅剩丹桂和碑记立于园中。自陆游为南园作记始,已过八十年。贾似道和韩侂胄都位极人臣,官高权重。贾似道的故庐也跟南园一样,有往日之繁华。今之视昔,葛岭故庐、西湖南园,都已没落,一片凋零,已非贾似道韩侂胄行乐之时。时间流逝,南宋几近灭亡,作者悲从中来。

(二)元代(以姜仲泽、白珽为例)

宋代的灭亡,对南宋遗民来说无疑是最痛心的事。到了元代,有一批爱国的文人,自发组织了一个诗社——月泉吟社。"月泉吟社"是元初宋遗民创立的人数最多、规模最大、影响最深的诗社,其作品《月泉吟社》是中国现存最早的一部诗社总集。月泉吟社的姜仲泽写过一首诗,回忆当时赵师异犬吠南园之事:

老盆倾酒试新尝,社鼓村村闹夕阳。麦垄风微牛睡稳,芹塘泥滑燕归忙。

半村飞雨断烟湿,一迳落花流水香。鼎贵安知此中意,徒能学犬吠村庄。[32]

宋末,吴曾官义乌令,入元隐居吴溪,创月泉吟社,请方凤、谢翱、吴思等主持。诗作和平温厚,并无非常出彩的篇什,却多含追怀宋室之意。多借歌颂田园风光来抒发亡国之痛和故国之思,表明诗人不仕元朝的情操。姜仲泽的这首诗,就是借犬吠事来怀念故国。

经历了一系列战争,南园虽凋敝,但保存了下来。元人白珽有《西湖赋》一篇,记录南园景色:

……庆乐有梅关桂林之胜,珍鸟异兽之繁。庭连栋为十锦,碑蚀苔以千言。记南园之绝景,區西湖之洞天。此皆始属于禁御,又不但尝锡之侯藩。……[33]

(三)明代(以姜南为例)

南园到了明代,地位已远远不及韩侂胄之时。上文说过,因为当地人随意搬动假山之石,又历经洪水,南园在明代正德到万历年间已不存。明人姜南在《蓉塘诗话》中载有张炎的《高阳台》,并写下自己的感悟:

张叔夏（张炎）过钱塘西湖庆乐园，赋《高阳台》词……余尝读此词，不觉为之增叹再三，夫花石之盛，莫盛于唐之李赞《皇读平泉庄记》则见之矣，而宋之艮岳，至南渡愈盛，而临安园囿如此者，不可屈指数也。今谁在？余为童子时，见所谓庆乐园者，其峰磴石洞，犹有存者，至正德间，尽为有力者移去矣。……君子贻厥孙谋，当训之以勤俭，慎毋蹈此，而取诮于后人焉。余因读叔夏之词，重有感也于戏。[34]

作者经历了已经破败的南园逐渐消失，目睹人事变迁，读到《高阳台》时感慨万千，故作此文。

（四）清代（以丁丙、黄增禄为例）

清人丁丙在《松梦寮诗稿》中写到当时犬吠南园之事：

犬吠南园地，蛮鸣西域坟。礼仪文锦守，治绩武昌闻。
羁旅违门荫，流传异里枌。至今怀尚论，忠孝有余芬。[35]

丁绍仪在《国朝词综补》（今《清词综补》）中记载黄增禄忆当时之胜景，感慨而作《百字令忆西湖旧游》：

迷离烟雨，指湖山畅好，故乡无此。别后莺花谁管领，赢得相思难已。塔影欹红，柳丝漾碧，约略图中记，星星春色，落英飞堕，怀里遥想，葛岭亭台，南园泉石，都付沧桑矣。桂馥荷香，犹似旧画舫，于今有几？且任清游重期，后约莫道销金易，淡妆浓抹，只应常比西子。[36]

结　语

南园从修缮到消失，其间大约四百年。在韩侂胄鼎盛之时，南园里尽是饮宴游乐；南园破败之时，仅剩丹桂碑石，此时已是南宋末年。南园从兴到败，前后八十年的光景。宋以后，很多文人想象当时南园的兴盛，纷纷作怀古诗词，感叹世间变迁。最后，用过春山[37]的《台城路》一词来结束本文：

东风又入荒园畔，繁华已成尘土。太液芙蓉，未央杨柳，会见当年歌舞。危栏谩抚，叹事逐飞，云梦随香雾。指点江山，斜阳一片下平楚。

悠悠此恨谁诉，想青磷断续，还过南浦。铁马凭江，香车碾月，忍读昭仪词句。凄凉几许，但山鬼吟秋，杜鹃啼雨。回首宫斜，白杨深夜语。[38]

注　释

[1]（宋）叶绍翁：《四朝闻见录》卷五戊集《阅古南园》，上海古籍出版社，2012，第122页。

[2]〔日〕冈大陆：《中国宫苑园林史考》，农业出版社，1988，第126页。

[3] 赵黎明：《放翁与〈南园记〉》，《泰山乡镇企业职工大学学报》2001年第1期。

[4] 林正秋：《南宋宰相与西湖》，《杭州通讯》（生活品质版）2009年第4期。

[5] 陈天声：《南宋"南园"考》，《杭州研究》2009年第3期。。

[6]（宋）周密：《武林旧事插图本》卷五《湖山胜概》，中华书局，2007，第125页。

[7]（宋）吴自牧：《梦梁录》卷十九《园囿》，三秦出版社，2004，第288页。

[8]（宋）叶绍翁：《四朝闻见录》卷二乙集《陆放翁》，上海古籍出版社，2012，第49页。

[9] 陈登原：《陈登原全集·国史旧闻二》，卷三九《开禧用兵》，浙江古籍出版社，2016，第407页。

[10] 舒大刚：《宋集珍本丛刊六·安阳集》卷二十一《定州阅古堂记》，线装书局，2004，第484页。

[11] 舒大刚：《宋集珍本丛刊六·安阳集》卷一《夜合》，线装书局，2004，第412页。

[12] 舒大刚：《宋集珍本丛刊六·安阳集》卷十四《九日水阁》，线装书局，2004，第462页。

[13] 舒大刚：《宋集珍本丛刊六·安阳集》卷二十一《定州阅古堂记》，线装书局，2004，第486页。

[14]（元）脱脱：《宋史》卷一百六十三《职官三》，中华书局，1977，第3831页。

[15]（元）脱脱：《宋史》卷一百七十一《职官十一》，中华书局，1977，第4101页。

[16]（宋）李心传：《建炎以来朝野杂记》附录一，徐规点校，中华书局，2006，第909页。

[17]（宋）叶绍翁：《四朝闻见录》卷五戊集《犬吠村庄》，上海古籍出版社，2012，第128页。

[18]（宋）罗大经：《鹤林玉露》乙编卷三《村庄鸡犬》，王瑞来点校，中华书局，1983，第165页。

[19]（明）冯梦龙：《古今谭概》容悦部卷十七《鸡鸣犬吠》，栾保群点校，中华书局，2007，第204页。

[20]（宋）周密：《齐东野语》卷五《南园香山》，中华书局，1983，第84页。

[21] 刘伯缙：《中国方志丛书·浙江省杭州府志》，《（万历）杭州府志》卷九十四，成文出版社有限公司印行，中华民国七十二年，第5153页。

[22]《四库未收书辑刊》七辑15，《问奇类林》卷之八《方正》，北京出版社，2000，第224页。

[23] 刘伯缙：《中国方志丛书·浙江省杭州府志》，《（万历）杭州府志》卷五十，成文出版社有限公司印行，中华民国七十二年，第3197页。

[24] 顾廷龙：《续修四库全书·集部·诗文评类》，姜南《蓉塘诗话》卷十二《庆乐园词》，上海古籍出版社，2002，第16页。

[25] 夏咸淳：《中国园林美学思想史·明代卷》，《卷前语》，同济大学出版社，2015，第1页。

[26] 刘伯缙：《中国方志丛书·浙江省杭州府志》，《（万历）杭州府志》卷之二十五，成文出版社有限公司印行，第1834页。

[27] 邱云飞、孙良玉：《中国灾害通史·明代卷》，郑州大学出版社，2009，第33页。

[28]（宋）周密：《齐东野语》卷十九《贾氏园池》，中华书局，1983，第355页。

[29] 张智：《风土志丛刊·西湖百咏》卷下，广陵书社，2003，第118页。

[30] 昌彼得、王德毅：《宋人传记资料索引》，台湾鼎文书局，2006，第3223页。

[31]（宋）张炎《山中白云词》卷三《高阳台》，辽宁教育出版社，2001，第73页。

[32] 吴渭:《丛书集成初编·月泉吟社诗》,中华书局,1985,第29页。

[33] 李修生:《全元文》卷四百六十,江苏古籍出版社,1998,第285页。

[34] 顾廷龙:《续修四库全书·集部·诗文评类》,姜南《蓉塘诗话》卷十二《庆乐园词》,上海古籍出版社,2002,第16页。

[35] 顾廷龙:《续修四库全书·集部·别集类》1559,丁丙《松梦寮诗稿》卷五,上海古籍出版社,2002,第468页。

[36] 顾廷龙:《续修四库全书·集部·词类》1732,丁绍仪《国朝词综补》卷四十五,上海古籍出版社,2002,第411页。

[37] 过春山,清初人,有《湘云遗稿》传世。

[38] 顾廷龙:《续修四库全书·集部·别集类》1731,王昶《国朝词综》卷三十七,上海古籍出版社,2002,第280页。

(责任编辑　王立嘉)

《杭州学刊》投稿须知

（一）基本要求

来稿字数，一般要求在 6000~15000 字范围内。文章标题下，按顺序分别为作者姓名、提要（200 字左右）、关键词（4~5 个），以及作者单位、职务（职称）和邮政编码。文后附通信地址、联系电话、电子信箱。

属杭州市规划课题或杭州市社会科学界联合会课题的文章，需注明项目全称及课题编号，并标注于文章首页下，标题右上角及页下说明前均加"＊"。

（二）正文标题序号

一级标题用一二三……，二级标题用（一）（二）（三）……，三级标题用 1. 2. 3.……，四级标题用（1）（2）（3）……，一段文字内用① ② ③……。

（三）图表

一篇文章内，图表一般不超过 4 幅。能用文字表述的，尽量不用图表，尤其是图。制表要求：①左右开放（不加线封闭）。②上、下线加粗。③表内数字个位数对齐；有小数点时，小数点对齐。

（四）著录项目与著录格式

文章注释一律为尾注。采用电脑 Word 文档自动生成之序号，路径为：插入—引用—脚注和尾注—尾注（编号格式为① ② ③……），然后选择"插入"。

注释和参考文献著录项目的排列。①专著的顺序。示例，朱宏达、朱磊：《苏东坡与西湖》，杭州出版社，2004，第 153 页。②连续出版物的顺序。示例，徐宝余：《论两宋词对杭州诗性文化形象的建构》，《浙江学刊》2006 年第 5 期。请严格按照示例要求标注。③国别和朝代加在作者前。国别用〔 〕，如〔美〕；朝代用（ ），如（唐）。④参考文献置于注释之后，不编序号。⑤相关专著著录项目、专著中的析出文献著录项目、连续出版物著录项目、电子文献著录项目及著录格式等，须标注引用页码。参见杭州社科网，http：//www. hzsk. com。

凡年份之间及数量、数值范围的表示，一律用波浪线"~"。年份后一律加"年"字。

（五）投稿方式

文章一律通过电子邮件方式投稿。投稿后一个月内未见回复，可自行处理。

投稿信箱：hzyj85811580@ 163. com；hzyjbjb@ sina. cn。QQ 群：95723407。

投稿网址：http：//www. hzsk. com，路径：杭州社科网—杭州学刊—投稿箱，按要求操作。

编辑部地址：浙江省杭州市解放东路 18 号 D 座 811 室（电话：0571 - 85811580；邮政编码：310026）。

图书在版编目(CIP)数据

杭州学刊. 2018年. 第1期/杭州市社会科学界联合会，杭州市社会科学院编. -- 北京：社会科学文献出版社，2018.2

 ISBN 978 - 7 - 5201 - 2256 - 6

Ⅰ.①杭… Ⅱ.①杭…②杭… Ⅲ.①杭州 - 丛刊 Ⅳ.①K925.51 - 55

中国版本图书馆 CIP 数据核字（2018）第 027701 号

杭州学刊　2018 年第 1 期

编　　者 / 杭州市社会科学界联合会
　　　　　 杭州市社会科学院

出 版 人 / 谢寿光
项目统筹 / 恽　薇　冯咏梅
责任编辑 / 王玉山

出　　版 / 社会科学文献出版社·经济与管理分社（010）59367226
　　　　　 地址：北京市北三环中路甲 29 号院华龙大厦　邮编：100029
　　　　　 网址：www.ssap.com.cn
发　　行 / 市场营销中心（010）59367081　59367018
印　　装 / 三河市尚艺印装有限公司
规　　格 / 开　本：787mm × 1092mm　1/16
　　　　　 印　张：15.25　字　数：299 千字
版　　次 / 2018 年 2 月第 1 版　2018 年 2 月第 1 次印刷
书　　号 / ISBN 978 - 7 - 5201 - 2256 - 6
定　　价 / 55.00 元

本书如有印装质量问题，请与读者服务中心（010 - 59367028）联系

▲ 版权所有 翻印必究